Romanistische
Arbeitshefte   36

Herausgegeben von
Volker Noll und Georgia Veldre-Gerner

Nikolaus Schpak-Dolt

Einführung in die französische Morphologie

4., durchgesehene und ergänzte Auflage

De Gruyter

ISBN	978-3-11-044083-6
e-ISBN (PDF)	978-3-11-044085-0
e-ISBN (EPUB)	978-3-11-043316-6
ISSN	0344-676X

Library of Congress Cataloging-in-Publication Data
A CIP catalog record for this book has been applied for at the Library of Congress.

Bibliografische Information der Deutschen Nationalbibliothek
Die Deutsche Nationalbibliothek verzeichnet diese Publikation in der Deutschen Nationalbibliografie;
detaillierte bibliografische Daten sind im Internet über http://dnb.dnb.de abrufbar.

© 2016 Walter de Gruyter GmbH, Berlin/Boston

Druck und Bindung: CPI books GmbH, Leck
∞ Gedruckt auf säurefreiem Papier

Printed in Germany

www.degruyter.com

Vorbemerkung zur ersten Auflage

Dieses Arbeitsheft beruht auf verschiedenen Lehrveranstaltungen zur Morphologie des Französischen, die ich in den letzten Jahren abgehalten habe. Es ist ein Versuch, den Stoff zusammenzustellen, den ein Romanistikstudent unbedingt beherrschen sollte. Bei der Ausarbeitung standen zwei Dinge im Mittelpunkt: Zum einen wurde versucht, eine gewisse Sorgfalt bei der Definition der Grundbegriffe aufzuwenden, zum anderen sollten die Tatsachen der französischen Wortbildung und Flexion in einer vertretbaren Breite dargetan werden, und zwar sowohl für die geschriebene als auch für die gesprochene Sprache. Das Ziel war eine Gesamtdarstellung nach einheitlichen Prinzipien.

Keine Darstellung, die mehr sein will als eine undurchdachte Faktensammlung, kommt ohne Grundbegriffe und Grundannahmen aus. Terminologie und Methode dieses Skriptums orientieren sich weitgehend am Strukturalismus amerikanischer Prägung. Diese Ausrichtung ist nicht als Ausdruck einer wissenschaftlich rückwärtsgerichteten Haltung zu verstehen. Sie ist vielmehr in der großen Beobachtungsnähe der strukturellen Methode begründet, was dem Anfänger sehr entgegenkommt. Hinzu kommt, daß keine modernere Theorie von den Errungenschaften des Strukturalismus absehen kann. Auch in den fortschrittlichsten Werken bilden strukturelle Begriffe und Betrachtungsweisen immer die Grundlage. Als ein Beleg unter vielen sei nur die Einführung von John T. Jensen erwähnt (Jensen 1990).

Dem Charakter einer Einführung entspricht es, daß für die gesprochenen Formen sehr einfache phonologische Annahmen gemacht werden. Dies betrifft vor allem die Halbkonsonanten und das *e muet*, die hier als eigenständige Phoneme gelten, ohne daß dies weiter problematisiert wird. Das erscheint mir aus didaktischen Gründen als gerechtfertigt. Die elementare Darstellung eines Sachgebiets sollte nicht zu sehr mit subtilen Überlegungen aus einem angrenzenden Gebiet belastet sein. Im übrigen müssen regelmäßige Alternationen ja nicht notwendigerweise als phonologische Prozesse dargestellt werden. Vieles lässt sich auch durch morphophonemische Regeln ausdrücken.

Ch. Schwarze, Konstanz, sei herzlich gedankt für die unerschöpfliche Geduld bei der kritischen Durchsicht großer Teile des Manuskripts in verschiedenen Entstehungsstadien und für eine große Zahl wertvoller Hinweise. Gedankt sei auch B. Kielhöfer, Berlin, und P. Scherfer, Wuppertal, für eine Reihe sehr nützlicher Anregungen. Schließlich danke ich S. Kempgen, Konstanz, für die geduldige Hilfe bei der Herstellung der Druckvorlage.

Vorbemerkung zur zweiten Auflage

Die vorliegende Neubearbeitung enthält, unter Beibehaltung der strukturalistischen Grundkonzeption, eine Reihe von Veränderungen gegenüber der Erstauflage. Sie betreffen das Erscheinungsbild, die Gliederung und den Inhalt dieses Arbeitshefts.

Die Neugliederung besteht, neben einigen kleineren Umstellungen, vor allem in der Vertauschung der Reihenfolge zweier Hauptteile: Nunmehr wird die Flexion (Teil II) vor der Wortbildung (Teil III) abgehandelt. Die Unterrichtserfahrung, auch die von Kollegen, hat gezeigt, daß es didaktisch geschickter ist, die strukturellen Methoden zunächst auf die Formenlehre anzuwenden. Mit dieser Umgliederung erfolgt auch eine gewisse Angleichung an die Arbeitshefte zur italienischen und zur spanischen Morphologie, die in dieser Reihe erschienen sind (Seewald: RA 39; Schpak-Dolt: RA 44).

Der I. Teil (Grundlagen) wurde einerseits gestrafft, andererseits im Abschnitt 1.8. "Morphophonemik" erweitert. Der II. Teil (Flexion) ist im wesentlichen unverändert; an verschiedenen Stellen wurden kleinere Ergänzungen eingefügt, in II., 2.3. eine Pluralanalyse revidiert. Der III. Teil (Wortbildung) wurde am stärksten bearbeitet; dies betrifft vor allem die Abschnitte 2.4. "Volkstümliche und gelehrte Derivation", 2.5. "Nullsuffigierung", 2.6. "Eine Auswahl von Suffixen", 3.3. "Abgrenzung der Präfigierung gegenüber der Komposition", ferner das Kap. 4. "Parasynthese", das neu hinzugekommen ist, und das Kap. 5. "Komposition", das erweitert wurde. Diese Veränderungen betreffen in erster Linie die Ausführlichkeit der Darlegung, nur in III, 3.3. wurde die ursprünglich vertretene Auffassung revidiert. Darüber hinaus wurde der gesamte Text in zahllosen Details überarbeitet: Umständliche Formulierungen wurden ersetzt durch einfachere, weniger treffende Beispiele durch treffendere. Das Literaturverzeichnis wurde stark erweitert, neuere Arbeiten wurden dabei soweit berücksichtigt, wie dies den Zwecken einer Einführung dienlich schien.

Den folgenden Personen möchte ich meinen herzlichen Dank aussprechen: H. D. Bork, Köln, für die gründliche Durchsicht einer weit fortgeschrittenen Fassung des Manuskripts und für zahlreiche nützliche Anmerkungen; M.-O. Hinzelin, G. Kaiser, C. Kelling und Ch. Schwarze, Konstanz, für die kritische Lektüre verschiedener Textfassungen und für die gründliche Diskussion von Einzelproblemen; M. Lorenz-Bourjot, Konstanz, für Auskünfte in Zweifelsfragen der Aussprachenorm. Für die Gesamtbetreuung des Hefts danke ich G. Veldre und V. Noll, Münster, als Herausgebern der Romanistischen Arbeitshefte und B. Zeller, Tübingen, als Cheflektorin des Max Niemeyer Verlags. Die Hinweise der Genannten haben mich vor manchem Irrtum und mancher Verstiegenheit bewahrt. Für die sicherlich verbliebenen Fehler und Mängel in der Darstellung bin ich natürlich selbst verantwortlich.

Vorbemerkung zur dritten Auflage

Die vorliegende dritte Auflage enthält gegenüber der zweiten eine Reihe von kleineren Änderungen und Korrekturen. Neu hinzugekommen sind das Glossar und die Lösungsskizzen zu den Aufgaben, die man auf der Homepage des Verlags findet.

Herzlich gedankt sei V. Noll für eine Reihe von Hinweisen, die er mir als Herausgeber der Reihe gegeben hat, U. Krauß vom De Gruyter Verlag für die verlegerische Betreuung des Hefts und N. Alvermann von der Herstellungsabteilung des Verlags für die Hilfe bei zahllosen technischen Problemen.

Vorbemerkung zur vierten Auflage

Die vorliegende vierte Auflage enthält einige kleinere Korrekturen und Ergänzungen. In Teil III wurden die Abschnitte 2.4.2. "Kombinatorik", 2.4.3. "Finale und nichtfinale Suffixvarianten" überarbeitet, der Abschnitt 5.4.2. "Gelehrte Bildungen" wurde erweitert, und neu hinzugekommen ist das Kapitel 6. "Komplexe Wörter". Gänzlich neu gestaltet wurde der Anhang II. An einzelnen Stellen wurden Formulierungen und inhaltliche Details verbessert, z. B. die Darstellung des Suffixes -ier in III, 2.6.1.3. Das Literaturverzeichnis wurde behutsam aktualisiert.

Herzlich gedankt sei J. Reinhardt, Konstanz, H. D. Bork, Köln, und M.-O. Hinzelin, Hamburg, für eine Reihe von nützlichen Hinweisen. Ganz besonders danke ich Ch. Schwarze, Konstanz, für die ausführliche Diskussion verschiedener Einzelfragen und B. Krisl-Kaiser, Konstanz, für das Korrekturlesen einer weit fortgeschrittenen Fassung dieser Arbeit.

Inhalt

Abkürzungen und Symbole XIII
Phonembestand XIV

Einleitung 1
1. Gegenstandsbereich der Morphologie 1
2. Diachronie und Synchronie 2

Teil I. Grundlagen der strukturellen Morphologie 3
1. Das Morphem 3
   1.1. Sprachliche Form 3
      1.1.1. Begriff der sprachlichen Form 3
      1.1.2. Synonymie und Homonymie sprachlicher Formen 4
   1.2. Morph 5
   1.3. Morph und Bedeutung 7
   1.4. Morphem 8
   1.5. Klassifikation von Morphen zu Morphemen 10
      1.5.1. Grundbegriffe der Distributionsanalyse 10
      1.5.2. Klassifikationsprinzipien 11
   1.6. Allomorph 13
   1.7. Besondere Formen von Allomorphie 14
   1.8. Morphophonemik 15
      1.8.1. Alternationstypen 16
      1.8.2. Basisallomorph und morphophonemische Regel 17
2. Das Wort 21
   2.1. Grammatisches und lexikalisches Wort 21
      2.1.1. Grammatisches Wort 21
      2.1.2. Lexikalisches Wort 22
      2.1.3. Rückblick 24
   2.2. Morphemtypen 25
      2.2.1. Freies und gebundenes Morphem 25
      2.2.2. Grammatisches und lexikalisches Morphem 26
      2.2.3. Wurzel und Affix 27
   2.3. Affixtypen 29
      2.3.1. Präfix und Suffix 29
      2.3.2. Flexions-, Derivations- und Stammerweiterungsaffix 29

3. Wortstruktur 31
   3.1. Unmittelbare Konstituenten 31
   3.2. Prinzipien der Konstituentenanalyse 32
   3.3. Endung, Stamm, Radikal, Derivationsbasis 36
Aufgaben und Fragen zu Teil I 39

Teil II. Flexion 41
1. Allgemeines zur Flexion 41
   1.1. Flexionsschema und Paradigma 41
   1.2. Grammatische Kategorien 42
2. Substantivflexion 44
   2.1. Grammatische Kategorien des Substantivs 44
   2.2. Der Plural 45
   2.3. Der Singular 46
3. Adjektivflexion 47
   3.1. Grammatische Kategorien des Adjektivs 47
   3.2. Die Endung 47
   3.3. Der Stamm 49
   3.4. Zur Morphophonemik des Adjektivs 52
4. Verbflexion 54
   4.1. Grammatische Kategorien des Verbs 54
   4.2. Verbklassifikation 55
   4.3. Aufbau einer Verbform 57
      4.3.1. Stamm und Endung 57
      4.3.2. Bestandteile von Stamm und Endung 58
      4.3.3. Drei Paradigmen 59
      4.3.4. Regelmäßige und unregelmäßige Bildungen 62
   4.4. Finite Verbformen: die Endung 62
      4.4.1. Das Person-Numerus-Affix 63
      4.4.2. Das Tempus-Modus-Affix 66
   4.5. Finite Verbformen: der Stamm 69
      4.5.1. Die Stämme bei den regelmäßigen Bildungen 69
      4.5.2. Die Stämme bei den unregelmäßigen Bildungen 72
   4.6. Die infiniten Verbformen 73
   4.7. Ein deskriptives Problem: das "starke" Passé simple 74
Aufgaben und Fragen zu Teil II 77

Teil III. Wortbildung	79
1. Allgemeines zur Wortbildung	79
1.1. Überblick über die Wortbildungsverfahren	79
1.2. Simplex, Derivat, Kompositum	80
1.3. Derivationsbasis	82
1.4. Motivation und Produktivität	83
1.5. Historische Schichten im Wortschatz	84
1.6. Volkstümliche und gelehrte Elemente	85
2. Suffigierung	86
2.1. Allgemeines zur Suffigierung	86
2.2. Alternationen in der Derivationsbasis	88
2.2.1. Überblick	88
2.2.2. Phonologisch bedingte Alternation	88
2.2.2.1. Latente Konsonanten	88
2.2.2.2. Nasalvokal – Nasalkonsonant	90
2.2.2.3. Bindekonsonant	92
2.2.3. Morphologisch bedingte Alternation	93
2.2.3.1. Wechsel zwischen volkstüml. und gelehrter Form	93
2.2.3.2. Wechsel zwischen gelehrten Formen	95
2.3. Alternationen beim Derivationssuffix	96
2.4. Volkstümliche und gelehrte Derivation	97
2.4.1. Volkstümliche und gelehrte Suffixe	97
2.4.2. Kombinatorik	98
2.4.3. Finale und nichtfinale Suffixvarianten	100
2.5. Nullsuffigierung	102
2.5.1. Konversion	102
2.5.2. Desubstantivische und deadjektivische Verben	103
2.5.3. Deverbale Substantive	105
2.6. Eine Auswahl von Derivationssuffixen	107
2.6.1. Substantivderivation	107
2.6.1.1. Derivation V → N	107
2.6.1.2. Derivation A → N	111
2.6.1.3. Derivation N → N	112
2.6.2. Adjektivderivation	114
2.6.2.1. Derivation V → A	114
2.6.2.2. Derivation N → A	115
2.6.2.3. Derivation A → A	116
2.6.3. Adverbderivation	116

- 2.6.4. Verbderivation 117
  - 2.6.4.1. Derivation N → V und A → V 117
  - 2.6.4.2. Derivation V → V 117
3. Präfigierung..118
  - 3.1. Allgemeines zur Präfigierung..118
  - 3.2. Was ist ein Präfix?..119
  - 3.3. Abgrenzung der Präfigierung gegenüber der Komposition 121
    - 3.3.1. *sur, sous, entre, contre* 121
    - 3.3.2. *en*..124
  - 3.4. Eine Auswahl von Präfixen...125
    - 3.4.1. Substantivderivation..126
    - 3.4.2. Adjektivderivation 127
    - 3.4.3. Verbderivation 128
4. Parasynthese 129
  - 4.1. Allgemeines zur Parasynthese...129
  - 4.2. Verschiedene Beschreibungsansätze 130
    - 4.2.1. Verben 130
    - 4.2.2. Substantive und Adjektive....................................133
  - 4.3. Eine Auswahl von parasynthetischen Bildungen 134
5. Komposition 135
  - 5.1. Allgemeines zur Komposition...135
  - 5.2. Abgrenzung gegenüber der syntaktischen Fügung..........135
  - 5.3. Beziehungen innerhalb des Kompositums......................137
    - 5.3.1. Endozentrische und exozentrische Komposita 137
    - 5.3.2. Determinativ- und Kopulativkomposita................138
  - 5.4. Eine Auswahl von Komposita...139
    - 5.4.1. Volkstümliche Bildungen......................................139
      - 5.4.1.1. Substantivische Komposita: Überblick............139
      - 5.4.1.2. Substantivische Komposita: V + N 139
      - 5.4.1.3. Adjektivische Komposita.................................141
    - 5.4.2. Gelehrte Bildungen 141
6. Komplexe Wörter 143
Aufgaben und Fragen zu Teil III..146

Anhang I. Zur Analyse des Futurs und des Passé simple 147
Anhang II. Wie analysiert man gelehrte Ableitungen? 150

Glossar 153
Literatur 159
Index 165

Abkürzungen und Symbole

A	Adjektiv
Adv	Adverb
afrz.	altfranzösisch
DAf	Derivationsaffix
dt.	deutsch
engl.	englisch
FE	Flexionsendung
frz.	französisch
Gen	Genusaffix
griech.	griechisch
Inf	Infinitivaffix
ital.	italienisch
klat.	klassisch-lateinisch
lat.	lateinisch
N	Substantiv
Num	Numerusaffix
PN	Person-Numerus-Affix
Präp	Präposition
Rad	Radikal
SE	Stammerweiterung
span.	spanisch
TM	Tempus-Modus-Affix(e)
V	Verb
vlat.	vulgärlateinisch
VSt	Verbstamm

x → y	(synchronische) Derivationsbeziehung, Bsp. *poli → poliment*
x > y	*x* wird zu *y* (für diachrone Prozesse), Bsp. vlat. *misculare* > frz. *mêler*
x < y	*x* entsteht aus *y* (für diachrone Prozesse), Bsp. frz. *mêler* < vlat. *misculare*
*	nicht existente Form, Bsp. **incroyableté*
°	erschlossene, nicht belegte Form, Bsp. vlat. °*piscare* statt *piscari*
-	Morphemgrenze, Bsp. *petit-esse*, /pətit-ɛs/
.	Silbengrenze, Bsp. /pə.ti.tɛs/, /pə.ti.tã.fã/

Abkürzungen, die sich von selbst verstehen, wie z. B. "1. Pl." für "Erste Person Plural" oder "Fem." für "Femininum", sind hier nicht verzeichnet.

Phonembestand

Konsonanten:	/p/, /b/, /t/, /d/, /k/, /g/, /f/, /v/, /s/, /z/, /ʃ/, /ʒ/, /m/, /n/, /ɲ/, /l/, /r/
Halbkonsonanten:	/j/, /ɥ/, /w/
Oralvokale:	/i/, /y/, /u/; /e/, /ø/, /o/; /ə/; /ɛ/, /œ/, /ɔ/; /a/, /ɑ/
Nasalvokale:	/ɛ̃/, /œ̃/, /ɔ̃/, /ɑ̃/

Der phonologische Status der Halbkonsonanten und des *e instable* ist umstritten. Wir fassen /j/, /ɥ/, /w/ und /ə/ als eigenständige Phoneme auf.

Einleitung

1. Gegenstandsbereich der Morphologie

Die Beobachtung zeigt, dass Wörter oft aus kleineren, regelmäßig wiederkehrenden Bestandteilen aufgebaut sind. Während *fleur* keine innere Struktur aufweist, lässt sich *déstabiliser* ganz offenkundig in *dé-stabil-is-er* zerlegen. Warum ist diese Zerlegung "offenkundig"? Weil uns jeder Baustein in anderen Wörtern begegnet: *dé-* in *décentraliser, décomposer, démonter, stabil-* in *stabilisateur, stabilité, déstabilisant, -is-* in *fertiliser, économiser, alcooliser, -er* in *chanter, pleurer, discuter* usw.

Ferner leuchtet ein, dass die Elemente von *déstabiliser* nicht einfach aneinandergereiht sind, sondern einen stufenweise gegliederten Aufbau bilden: Die unmittelbaren Bestandteile des Worts *déstabiliser* sind der Stamm *déstabilis-* und die Infinitivendung *-er*, der Stamm *déstabilis-* ist seinerseits zerlegbar in *dé-* und *stabilis-*, und *stabilis-* besteht aus *stabil-* und *-is-*.

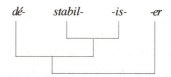

Damit ist der Gegenstandsbereich der Morphologie bereits grob umrissen. Die **Morphologie** ist diejenige Teildisziplin der Sprachwissenschaft, die sich mit der Struktur (dem "inneren Aufbau") der Wörter befasst.

Innerhalb der Morphologie unterscheidet man zwischen Formenlehre und Wortbildungslehre. Statt "Formenlehre" sagt man oft "Flexionslehre". Gegenstand der **Formenlehre** ist die Bildung unterschiedlicher Formen desselben Worts, z. B. von Adjektivformen wie *grand, grande, grands, grandes*, oder die Bildung von Verbformen wie *parle, parles, parlons*. Die **Wortbildungslehre** handelt davon, wie man von gegebenen Wörtern zu neuen Wörtern kommt. So ist von *nation* das Adjektiv *national* abgeleitet, das als Ausgangspunkt zu weiteren Bildungen dient, u. a. *nationaliste, nationalité, nationaliser, antinational, international*. Von *international* sind u. a. *internationaliste, internationalité, internationaliser* abgeleitet, und von *internationaliser* schließlich *internationalisation*.

In strukturalistisch geprägten Arbeiten ist es üblich, die Formen- und die Wortbildungslehre als die beiden grundlegenden Teildisziplinen der Morphologie anzusehen. In der vorstrukturalistischen Tradition wird unterschiedlich vorgegangen. Häufig wird die Morphologie mit der Flexionslehre gleichgesetzt, wobei dann ein Oberbegriff für Flexion und Wortbildung fehlt. Ein Beispiel ist Nyrop (1903, 1908): Der dritte Teil des Werks (= Bd. II) heißt "Morphologie", der vierte Teil (= Bd. III) "Formation des mots". Anders verfährt Ayer (1885): Der zweite Teil der Grammatik heißt "Morphologie" und gliedert sich in die beiden Abschnitte "Les espèces de mots et leurs flexions" und "La formation des mots". Eine ähnliche Einteilung hat Meyer-Lübke (1894): Der Band "Formenlehre" besteht aus zwei Teilen: I. "Wortbiegung", II. "Wortbildung".

Die Morphologie ist gekennzeichnet durch das Bestreben, regelmäßig wiederkehrende Eigenschaften der Wortstruktur zu beschreiben, aber im Einzelfall auch Abweichungen von der Regelmäßigkeit festzustellen. Je deutlicher ein Muster sichtbar und je größer der Allgemeinheitsgrad dieses Musters ist, umso regelmäßiger ist die Bildung: Die Pluralform *chiens* ist regelmäßiger als die Form *hiboux*, diese aber immer noch regelmäßiger als *yeux*. Das Imperfekt ist regelmäßiger als das Passé simple, denn es wird bei (fast) jedem Verb auf die gleiche Weise gebildet, während das Bildungsmuster des Passé simple von einer Konjugationsklasse zur anderen und auch teilweise innerhalb einer Klasse variiert. Insgesamt ist die Formenbildung regelmäßiger als die Wortbildung.

2. Diachronie und Synchronie

Grundlegend in der Sprachwissenschaft ist die Unterscheidung zweier Perspektiven: der synchronischen, bei der es um die Beschreibung eines gegebenen Sprachzustandes geht, und der diachronischen, bei der die sprachgeschichtliche Entwicklung im Mittelpunkt steht. Das soll an zwei Beispielen verdeutlicht werden.

Erstes Beispiel: Die Bildung der 1. Sg. Präs. Ind. erfolgt in der I. Konjugation allgemein durch Anfügung von *-e* an den Stamm: *aime, chante, entre, tremble*. Das ist die synchronische Beschreibung. Die diachronische Entwicklung lässt sich so zusammenfassen: Ausgangspunkt sind lat. *amo, canto, intro, tremulo*. Auslautendes *-o* verstummt außer nach bestimmten Konsonantengruppen, wo es als sog. Stütz-*e* halten bleibt. Entsprechend lauten die afrz. Formen zunächst *aim, chant, entre, tremble*. Ab dem 13. Jh. breitet sich die Endung *-e* analogisch auf alle Verben der I. Konjugation aus, daher *aime, chante* usw.

Zweites Beispiel: Betrachtet man die Wortpaare *pêcher – pêcheur* und *chercher – chercheur*, so kann man synchronisch nur sagen, dass das Substantiv jeweils vom Verb abgeleitet ist. Aus diachronischer Sicht ist Folgendes hinzuzufügen: Das erste Paar ist aus dem Lateinischen ererbt (< °*piscare, piscatorem*), beim zweiten Paar ist das Verb *chercher* ererbt (< lat. *circare*), das Substantiv *chercheur* ist dagegen nicht ererbt, sondern erst innerhalb des Französischen gebildet worden.

Teil I. Grundlagen der strukturellen Morphologie

1. Das Morphem

1. Sprachliche Form
2. Morph
3. Morph und Bedeutung
4. Morphem
5. Klassifikation von Morphen zu Morphemen
6. Allomorph
7. Besondere Formen von Allomorphie
8. Morphophonemik

1.1. Sprachliche Form

1.1.1. Begriff der sprachlichen Form

Es ist zu unterscheiden zwischen gesprochener und geschriebener Sprache.[1] Dementsprechend definieren wir den Begriff der sprachlichen Form zweimal:

(a) Für die gesprochene Sprache: Eine sprachliche Form ist eine Phonemfolge, die eine Bedeutung hat.
(b) Für die geschriebene Sprache: Eine sprachliche Form ist eine Graphemfolge, die eine Bedeutung hat.

Die Definition (a) stammt von Bloomfield (1933: 158). Die Definition (b) ist analog dazu formuliert. Am Ende von 1.3. werden wir zeigen, dass es sinnvoll sein kann, diese Definitionen etwas zu modifizieren.

Beispiele zu (a): /tydikillavuly/, /avuly/, /a/, /vuly/, /vul-/, /-y/;
Beispiele zu (b): *Tu dis qu'il l'a voulu, a voulu, a, voulu, voul-, -u.*

Eine sprachliche Form kann also ein Satz, eine Wortgruppe, ein Wort oder auch ein Wortteil sein. Keine sprachliche Form ist z. B. /-ul-/ oder *-oul-*, da es sich nicht um eine Phonem- bzw. Graphemfolge handelt, die eine Bedeutung hat. Eine Folge kann

---

[1] In der Terminologie Sölls (1985: 17): zwischen *code phonique* und *code graphique*. Diese begriffliche Trennung bezieht sich ausschließlich auf das Realisierungsmedium, nicht auf unterschiedliche Stilebenen wie *français familier, français littéraire* usw.

auch aus einem einzigen Element bestehen. So ist /a/ bzw. *a* eine sprachliche Form (Verbform von *avoir*), /-y/ bzw. *-u* ebenfalls (Suffix des Partizips *voulu*).

Die Begriffe "Phonem" und "Graphem" können wir hier nur skizzieren. **Phoneme** sind abstrakter Einheiten als Laute: Ein Phonem einer Sprache *L* ist eine Menge von Lauten, die phonetisch ähnlich sind und die gleiche distinktive Rolle in *L* spielen. So gehören im Französischen das Zungenspitzen-R [r] und das Zäpfchen-R [ʀ] zum selben Phonem, dem Phonem /r/. Ein **Graphem** ist eine Menge von graphisch ähnlichen Buchstaben mit der gleichen distinktiven Funktion; so bilden die Buchstaben *b*, **b**, b, *b* usw. das Graphem *b*. Wir notieren sprachliche Formen als Phonem- bzw. Graphemfolgen, um von denjenigen Unterschieden in Aussprache und Schreibung zu abstrahieren, die nicht bedeutungsunterscheidend sind. Es spielt z. B. keine Rolle, mit welchem *R* man *rage*, *rond*, *hauteur* usw. spricht.

Die verschiedenen Schreibweisen erläutern wir am Beispiel des Wortes *rage*: **Phonetische Notation** erfolgt in IPA-Umschrift zwischen eckigen Klammern: [ʀaːʒ]. Da wir die Formen der gesprochenen Sprache nicht als Lautfolgen, sondern als Phonemfolgen angeben, werden wir die phonetische Notation kaum verwenden. **Phonematische Notation** erfolgt in IPA-Umschrift zwischen Schrägstrichen: /raʒ/. **Graphematische Notation** wird durch Kursivschrift angedeutet: *rage*.

Obwohl wir die gesprochene und die geschriebene Sprache im Prinzip streng trennen, wollen wir überflüssige Pedanterie vermeiden. Häufig genügt es, sich auf die geschriebene Form stellvertretend für die gesprochene Form zu beziehen, ohne dass ein Missverständnis entsteht. So reicht die Angabe völlig aus, dass /-asjɔ̃/ in *organisation* vorkommt, obwohl streng genommen *-ation* in *organisation* und /-asjɔ̃/ in /ɔrganizasjɔ̃/ auftritt. Oder wenn wir sagen, dass *-ation* ein gelehrtes Suffix ist, dann meinen wir selbstverständlich die geschriebene u n d die gesprochene Form.

1.1.2. Synonymie und Homonymie sprachlicher Formen

Synonymie. Zwei sprachliche Formen mit gleicher Bedeutung, aber unterschiedlicher Phonem- bzw. Graphemgestalt nennt man synonym, z. B. dt. *Apfelsine* und *Orange*. Eine der Grundschwierigkeiten der Semantik ist die Frage: Wann sind zwei Ausdrücke synonym? Bei bedeutungsnahen sprachlichen Formen, die im gleichen Kontext stehen können, hilft eine Ersetzungsprobe weiter: Zum Nachweis der Bedeutungsverschiedenheit von *rein* und *sauber* genügt es, einen einzigen Satz anzugeben, der bei einer Substitution von *rein* durch *sauber* eine andere Bedeutung annimmt:

(1) *Mit Ariel wird Ihre Wäsche nicht sauber, sondern rein.*
(2) *Mit Ariel wird Ihre Wäsche nicht sauber, sondern sauber.*

Die beiden Sätze bedeuten offensichtlich nicht das Gleiche, denn (2) ist widersprüchlich, (1) aber nicht. Problematisch ist jedoch die Frage der Synonymie bei Formen, die niemals gegeneinander vertauscht werden können, wie in (3), (4) und (5). Hier darf man nur von Bedeutungsähnlichkeit sprechen:

(3) engl. *ex-* wie in *ex-president* und *-ed* wie in *accepted* (Nida 1948: 425)
(4) dt. *klein* und *-chen*
(5) frz. *nous* und *-ons*

Homonymie ist der Oberbegriff für *Homophonie* und *Homographie*. Zwei Formen der gesprochenen Sprache mit gleicher Phonemgestalt, aber verschiedener Bedeutung bezeichnet man als homophone Formen. Zwei Formen der geschriebenen Sprache mit gleicher Graphemgestalt, aber verschiedener Bedeutung nennt man homographe Formen. Homophonie und Homographie müssen nicht Hand in Hand gehen:

(6) nur Homophonie: /sã/ – *sang, cent, sans*
(7) nur Homographie: *négligent* – /negliʒã/, /negliʒ/
(8) Homographie und Homophonie: /pwal/ – *poêle*

/pwal/ bzw. *poêle* in der Bedeutung von 'Ofen', 'Sargtuch' und 'Pfanne' betrachten wir nicht etwa als eine sprachliche Form mit drei Bedeutungen, sondern als drei verschiedene sprachliche Formen, zwischen denen die Beziehung der Homophonie bzw. Homographie besteht. Man kann das durch Indices verdeutlichen:

/pwal$_1$/, /pwal$_2$/, /pwal$_3$/ bzw. *poêle$_1$*, *poêle$_2$*, *poêle$_3$*

Homonymie gibt es nicht nur bei Wörtern, sondern auch bei Wortbestandteilen. So beruht die Homonymie von *voler* ('fliegen' vs. 'stehlen') auf einer Homonymie im Verbstamm: *vol$_1$-* vs. *vol$_2$-*, und die Homonymie von *chantions* (Konjunktiv vs. Imperfekt) beruht auf einer Homonymie in der Endung: *-i$_1$-ons* vs. *-i$_2$-ons*.

1.2. Morph

Wie die Beispiele in 1.1.1. zeigen, können sprachliche Formen oft in kleinere sprachliche Formen aufgeteilt werden. Irgendwann hat der Zerlegungsprozess dann ein Ende. Ein **Morph** ist eine minimale sprachliche Form, d. h. eine Form, die nicht vollständig in kleinere sprachliche Formen zerlegt werden kann.

Das Adjektiv /fiskal/ ('steuerlich, Steuer-') ist eine sprachliche Form, aber kein Morph, denn es lässt sich vollständig in kleinere sprachliche Formen zerlegen, nämlich in /fisk/ ('Steuerbehörde') und /-al/ (etwa: 'zu ... gehörig'). Diese beiden Formen sind nun in der Tat Morphe, denn /fisk/ und /-al/ können zwar in kleinere Phonemfolgen aufgeteilt werden (z. B. /f-isk/, /a-l/), aber diese haben keine Bedeutung und sind somit keine sprachlichen Formen. Entsprechend zerlegen wir in der geschriebenen Sprache *fiscal* in die Morphe *fisc* und *-al*. Ein Wort kann aus einem einzigen Morph oder aus mehreren Morphen bestehen, wie die Beispiele zeigen:

Wort	enthaltene Morphe	Anzahl
/sãtr/ *centre*	/sãtr/ *centre*	1
/sãtral/ *central*	/sãtr/, /-al/ *centr-, -al*	2
/sãtralism/ *centralisme*	/sãtr/, /-al/, /-ism/ *centr-, -al, -isme*	3
/sãtralize/ *centraliser*	/sãtr/, /-al/, /-iz-/, /-e/ *centr-, -al, -is-, -er*	4
/desãtralize/ *décentraliser*	/de-/, /sãtr/, /-al/, /-iz-/, /-e/ *dé-, centr-, -al, -is-, -er*	5

Wie ermittelt man Morphe? Durch Vergleich. In der geschriebenen Sprache lassen sich aus den sechs Formen

peuvent veulent
pouvez voulez
puisses veuilles

folgende Morphe isolieren:

– aus den ersten beiden: *peuv-, veul-, -ent,*
– aus den mittleren beiden: *pouv-, voul-, -ez,*
– aus den letzten beiden: *puiss-, veuill-, -es.*

Analyseprinzip ist die Gegenüberstellung von Formen, die in Ausdruck und Inhalt partiell übereinstimmen und partiell differieren. Die so ermittelten Segmente sollen nach Möglichkeit auch in anderen Wörtern auftreten; das gilt als Bestätigung einer Analyse. So kommt *pouv-* auch in *pouvoir, pouvant, pouvons* vor, *voul-* in *vouloir, voulant, voulons, voulûmes, voulu*, und *-ez* in *chantez, parlez, finissez*.

Der Vergleich von *sol* mit *vol* erlaubt trotz der teilweisen Übereinstimmung im Ausdruck keine Segmentierung, denn welchen Inhalt sollte man dem Segment *-ol* zuschreiben? Andererseits erfährt man auch nichts über die Wortstruktur, wenn man *voulez* mit *dites* vergleicht, obwohl es ein gemeinsames Inhaltselement '2. Person Plural' gibt. Deshalb wird die partielle Übereinstimmung im Ausdruck u n d im Inhalt verlangt.

Die Definition des Morphs lehnt sich an eine frühe Formulierung Bloomfields (1926: 155) an, der aber noch keine Unterscheidung zwischen Morph und Morphem vornimmt. Zur Terminologie s. auch Bergenholtz/Mugdan (1979: 55f.). Die Technik des Segmentierens wird in allen strukturalistisch orientierten Einführungen erläutert, s. z. B. Nida (1949: 6–11), Hockett (1958: 123–128), Gleason (1961: 65–77). Übungsbeispiele findet man bei Nida (1949) und Merrifield et al. (1974). Einige Probleme, die sich bei der Zerlegung ergeben können, erörtern wir in 1.3.

1.3. Morph und Bedeutung

Das Morph wurde als minimale sprachliche Form eingeführt. Nach unseren bisherigen Definitionen hat eine sprachliche Form immer eine Bedeutung. Für ein erstes Verständnis ist diese Vorstellung ganz nützlich, aber sie ist nicht unproblematisch, wenn man an Elemente wie *-iss-* in *finissons*, *-o-* in *thermomètre*, *-cev-* in *recevoir* denkt, denen man zwar eine grammatische Funktion, aber keine klare Bedeutung zusprechen kann.

Natürlich kann man den Begriff der Bedeutung so weit fassen, dass auch grammatische Funktionen der unterschiedlichsten Art darunterfallen; hierzu s. Gleason (1961: 55). Wir ziehen es aber vor, in solchen Fällen von grammatisch relevanten Elementen zu sprechen. Eine Phonem- oder Graphemfolge ist grammatisch relevant, wenn sie als regelmäßig wiederkehrender Baustein von Wörtern oder syntaktischen Konstruktionen erkennbar ist: *-cev-* in *concevoir, décevoir, percevoir, recevoir* oder *de* in *essayer de faire qc., finir de faire qc., proposer de faire qc.* usw. Wie die Beispiele zeigen, kann eine Folge von Phonemen oder Graphemen grammatisch relevant sein, ohne dass man ihr eine greifbare Bedeutung zusprechen könnte.

Man kann das Morph auf zweierlei Weise definieren: (a) als kleinste Phonemfolge (Graphemfolge), die eine Bedeutung hat, (b) als kleinste grammatisch relevante Phonemfolge (Graphemfolge).

In vielen Fällen führen beide Definitionen zu den gleichen Segmentierungen. Ob man nun (a) oder (b) zugrunde legt, auf jeden Fall werden dt. *verkaufen, verleihen, verschenken* in *ver-kauf-en, ver-leih-en, ver-schenk-en* zerlegt; ebenso frz. *débobiner, embobiner, rebobiner* in *dé-bobin-er, em-bobin-er, re-bobin-er*. Aber das ist nicht immer so: Semantisch lässt sich *verstehen* nur in *versteh-* und *-en* analysieren. Formal ist zwar eine Zerlegung in *ver-* und *steh-* möglich, doch kann man nicht sagen, dass sich die Bedeutung von *versteh-* in irgendeiner vernünftigen Weise aus den Bedeutungen von *ver-* und von *steh-* ergibt. Im Französischen lässt sich als ähnliches

Beispiel die Reihe der Verben *commettre, promettre, permettre, compromettre, remettre, soumettre* anführen, die alle formal in *com-mett-re* usw. segmentierbar sind, während der semantische Zusammenhang mit *mettre* zumindest bei den ersten vier völlig verblasst ist.[2]

Kann man nun von einem Morph *commett-* oder *permett-* sprechen? Nach (a) muss man das sogar; das ergibt sich aus der Definition als k l e i n s t e s Segment mit Bedeutung. Eine weitere Zerlegung würde ja Elemente ohne Bedeutung liefern. Es ist sinnlos zu behaupten, *com-* und *mett-* in *commettre* hätten eine Bedeutung, wenn man nicht angeben kann, welchen Beitrag sie zur Gesamtbedeutung von *commettre* leisten. Nach (b) dagegen ist die Analyse nicht beendet, denn erst *com-, per-, mett-* sind die kleinsten grammatisch relevanten Einheiten.

Wir geben der Segmentierung *com-mett-re* und damit der Definition (b) den Vorzug. Für (b) spricht: Die Verben *commettre, promettre, permettre* usw. werden wie *mettre* konjugiert. Der formale Zusammenhang von *commettre* mit *mettre* ist nicht nur diachronisch, sondern auch synchronisch streng systematisch und nicht zufällig wie der zwischen *beaucoup* und *beau + coup*[3]. Ganz wird man allerdings nie auf den Gesichtspunkt der Bedeutung verzichten. Wie sollte man sonst begründen, dass *ménager* nicht von *nager* kommt? Oder dass *cheval, cheveu, chevet* kein gemeinsames Morph *chev-* enthalten?

Auch mit (b) können wir die Definition des Morphs als minimale sprachliche Form aufrechterhalten, wenn wir den Begriff der sprachlichen Form dahingehend erweitern, dass jedes Element, das entweder eine Bedeutung oder aber wenigstens eine klar umrissene grammatische Funktion hat, als sprachliche Form zählt.

Das Thema "Morph(em) und Bedeutung" ist viel diskutiert worden, vgl. u. a. Bolinger (1948), Bazell (1949), Nida (1949: 161–165), Aronoff (1976: 7–15), Luschützky (2000: 456–458).

1.4. Morphem

Betrachten wir noch einmal das Zerlegungsbeispiel in 1.2. mit den Wörtern *veulent, voulez, veuilles*: Die Morphe *veul-, voul-* und *veuill-* haben die gleiche Bedeutung 'woll-(en)'. Außerdem spielen sie innerhalb des jeweiligen Worts die gleiche Rolle: Sie sind immer der Wortstamm.

---

[2] Besonders im Bereich der Präfigierung lassen sich viele Beispiele anführen. Wir begnügen uns hier mit der Reihe *conduire, déduire, enduire, introduire, produire, réduire, séduire, traduire*.

[3] Diachronisch geht *beaucoup* tatsächlich auf diese beiden Bestandteile zurück, aber synchronisch ist das nicht als systematische Erscheinung zu werten.

Eine ähnliche Beobachtung lässt sich beim Vergleich von *refermer*, *restructurer*, *recondamner* mit *ranimer*, *rapprendre*, *rhabiller* anstellen: Die Morphe *re-* und *r-* haben die gleiche Bedeutung und die gleiche grammatische Funktion. Zur Verdeutlichung: Das *re-* in unseren Beispielen und *de nouveau* haben zwar die gleiche Bedeutung, aber nicht die gleiche grammatische Funktion, denn *de nouveau* ist eine selbständige Wortgruppe, während *re-* ein Wortbaustein ist, genauer: ein Präfix.

Es gibt also Morphe, die in Bezug auf Bedeutung und Funktion besonders eng zusammengehören. Um solche engen Beziehungen begrifflich zu erfassen, führt man zwei Abstraktionsebenen ein und unterscheidet zwischen **Morph** und **Morphem**. Dann kann man sagen: Die Morphe *veul-*, *voul-*, *veuill-* gehören zum selben Morphem; dieses Morphem nennen wir {voul-}. Außerdem gehören zu diesem Morphem noch *veu-* und *voud-* wie in *veux* und *voudras*. Statt "gehören zu demselben Morphem" sagt man auch "sind Allomorphe desselben Morphems" oder "sind Varianten desselben Morphems". Ebenso: Die Morphe *re-* und *r-*, außerdem noch *ré-* wie in *réaffirmer*, gehören zum selben Morphem; dieses Morphem nennen wir {re-}.

Natürlich gilt das ebenso für die gesprochene Sprache: Die Morphe /vø-/, /vul-/ usw. sind Allomorphe des Morphems {/vul-/}; die Morphe /rə-/, /r-/ und /re-/ sind Allomorphe des Morphems {/rə-/}.

Zur Schreibweise: Morpheme kann man darstellen, indem man sämtliche Varianten aufzählt, also {*veu-*, *voul-*, *veul-*, *veuill-*, *voud-*} bzw. {/vø-/, /vul-/ usw.}. Üblicherweise symbolisiert man aber Morpheme, indem man eine der Varianten zwischen geschweifte Klammern setzt. Wir haben {voul-} bzw. {/vul-/} gewählt. Wodurch ist die Wahl bestimmt? Man nimmt diejenige Variante, die man in irgendeinem Sinne für ausgezeichnet hält, z. B. diejenige, die am häufigsten vorkommt (*re-*), oder diejenige, die in der Zitierform des Worts auftritt (*voul-* wie in *vouloir*), oder diejenige, aus der man die übrigen ableiten kann (s. 1.8.2.). Oft gibt es keinen Grund, einem der Allomorphe einen Sonderstatus zuzuschreiben. Dann ist die Auswahl rein willkürlich.

Das **Morphem** ist also eine abstraktere Einheit als das Morph; ein Morphem ist eine Menge von Morphen, die unter bestimmten Gesichtspunkten besonders eng zusammengehören. Worin diese Zusammengehörigkeit besteht, präzisieren wir im Abschnitt 1.5.2. Zuerst führen wir einige Hilfsbegriffe ein, die heute linguistisches Allgemeingut sind.

Zur Terminologie: Von manchen Romanisten wird statt "Morphem" der Ausdruck "Monem" verwendet, eine Bezeichnung, die auf Martinet zurückgeht (1963: 23f.). Den Terminus "Morphem" benutzt Martinet auch, aber in einer engeren Bedeutung: Er bezeichnet damit die Einheiten, die bei den amerikanischen (und auch bei vielen europäischen) Strukturalisten "grammatisches Morphem" (s. u., 2.2.2.) heißen.

1.5. Klassifikation von Morphen zu Morphemen

1.5.1. Grundbegriffe der Distributionsanalyse

Umgebung. In einer sprachlichen Form *F* tritt ein Element *X* in der Regel nicht isoliert auf, sondern in der Nachbarschaft von weiteren Elementen der gleichen Art. Diese benachbarten Elemente bezeichnet man als die Umgebung von *X* in *F*. Die Formulierung "Elemente der gleichen Art" besagt, dass die Umgebung von Phonemen aus Phonemen besteht, die Umgebung von Morphen aus Morphen, die Umgebung von Wörtern aus Wörtern usw. Hierzu zwei Beispiele: Die Umgebung des Morphs *-is-* in *stabilisation* ist *stabil-____-ation*. Die Umgebung von *-er* in *parler* ist *parl-____*.

Streng genommen muss man zwischen engerer und weiterer Umgebung unterscheiden, doch setzt dies eine Konstituentenanalyse voraus. Im Vorgriff auf 3.2. sagen wir, dass *-is-* enger zu *stabil-* gehört als zu *-ation*. Die unmittelbare Umgebung von *-is-* ist dann *stabil-____*, die weitere Umgebung ist *stabil-____-ation*.

Kontrast. Zwei Morphe *M* und *M'* kontrastieren in der Umgebung *U*, wenn sich bei der Ersetzung von *M* durch *M'* in *U* ein Bedeutungsunterschied ergibt. Zum Beispiel kontrastieren *-ons* und *-ez* in der Umgebung *parl-____* (und natürlich noch in vielen anderen Umgebungen). Statt "kontrastieren" sagt man auch: "in Kontrast stehen". Der Ausdruck "Kontrast" ist in der amerikanischen Linguistik üblich, die europäischen Linguisten sagen statt dessen "Opposition".

Freie Variation. Zwei Morphe *M* und *M'* variieren frei in der Umgebung *U*, wenn sich bei der Ersetzung von *M* durch *M'* in *U* kein Bedeutungsunterschied ergibt. Zum Beispiel variieren *pay-* und *pai-* frei in der Umgebung *____-ement* (und in einigen anderen Umgebungen). Statt "frei variieren" sagt man auch: "in freier Variation stehen". Statt "freie Variation" gebraucht man auch den Ausdruck "freie Alternation".

Distribution. Die Distribution eines Elements *X* ist die Gesamtheit der (relevanten) Umgebungen, in denen *X* vorkommt. Man kann die Distribution eines Elements in Bezug auf eine Menge von Ausdrücken (ein Corpus) angeben oder in Bezug auf die "ganze" Sprache.

Komplementäre Distribution. Zwei Elemente *A* und *B* stehen in komplementärer Distribution, wenn es keine einzige Umgebung von *A* gibt, in der *B* auftreten kann (somit auch keine Umgebung von *B*, in der *A* auftreten kann). So sind z. B. die Morphe /le/ und /lez/ komplementär distribuiert: /lez/ steht nur vor Formen, die vokalisch anlauten, und /le/ nur vor Formen, die mit Konsonant oder mit *h aspiré* beginnen; man vergleiche die Aussprache von *les enfants, les garçons* und *les hiboux*.

1.5.2. Klassifikationsprinzipien

Der Grundgedanke ist, dass Morphe, die "miteinander etwas zu tun haben", ein Morphem bilden, während Morphe, die offenkundig nicht zusammengehören, auch dann nicht als Varianten eines Morphems zählen sollen, wenn ihre Bedeutung sehr ähnlich ist. Als Allomorphe desselben Morphems können ohne Weiteres gelten:

(1) *lev-* und *lèv-* wie in *levons*, *lèvent*
(2) *œil* und *œill-* wie in *œil*, *œillade*
(3) *mer* und *mar-* wie in *mer*, *marin*
(4) *dé-* und *dés-* wie in *débarquer*, *désarmer*
(5) *-té* und *-ité* wie in *beauté*, *spécialité*
(6) *saoul* und *soûl*
(7) *pay-* wie in *payement* und *pai-* wie in *paiement*

Andererseits verbietet es einfach der gesunde Menschenverstand, folgende Paare zu Morphemen zusammenzufassen:

(8) *faible* und *débile*
(9) *songe* und *rêve*
(10) *vacill-* wie in *vacillement* und *trembl-* wie in *tremblement*
(11) *plusieurs* und *-s*, mit *-s* wie in *chiens*
(12) *petit* und *-et*, mit *-et* wie in *garçonnet*
(13) *ex-* wie in *ex-président* und *-i-* wie in *accept-i-ons* (frei nach Nida 1948: 425)

Soweit die Intuition. Nun gilt es, nachprüfbare Kriterien anzugeben, nach denen Morphe zu Morphemen gruppiert werden, so dass Fälle wie (1) bis (7) erfasst, aber solche wie (8) bis (13) ausgeschlossen werden. Wir geben einige wichtige Prinzipien an, ohne Vollständigkeit anzustreben.

Prinzip 1: Die Morphe, die zu einem Morphem zusammengefasst werden, müssen eine hinreichend ähnliche Bedeutung haben.

Dieses Prinzip wird oft so formuliert: Allomorphe eines Morphems müssen die gleiche Bedeutung haben, so z. B. Harris (1942). Manchmal wird die Bedingung abgeschwächt: Um zum selben Morphem zu gehören, müssen die Morphe nicht exakt bedeutungsgleich sein, sondern nur einen gemeinsamen Bedeutungskern haben, der sie von anderen Elementen im System unterscheidet ("common semantic distinctiveness", s. Nida 1949: 7). Ein Problem in diesem Zusammenhang ist, ob Morphe denn immer eine Bedeutung haben; das wurde bereits im Abschnitt 1.3. diskutiert.

Prinzip 2: Die Morphe, die zu einem Morphem zusammengefasst werden, dürfen in keiner einzigen Umgebung in Kontrast stehen.

Dieses zweite Prinzip ist nur eine Präzisierung des ersten. Die Idee ist, dass die Bedeutung zweier Morphe nicht "hinreichend ähnlich" ist, wenn ihre Vertauschung in wenigstens einem Falle einen Bedeutungsunterschied ergibt: Die Existenz von *déclinaison* neben *déclination* mit deutlich anderer Bedeutung verbietet es, die Suffixe *-aison* und *-ation* als Allomorphe desselben Morphems gelten zu lassen (siehe aber S. 110 zur Diskussion dieses Beispiels).

Kontrastieren können nur Elemente, die in der gleichen Umgebung vorkommen. Bei komplementärer Verteilung ist ein Kontrast definitionsgemäß ausgeschlossen. Deshalb bilden die Paare in (1) bis (5) jeweils ein Morphem. Bei Elementen, deren Distribution teilweise übereinstimmt, sind nur die gemeinsamen Umgebungen von Interesse. So spielt für die Bewertung von *pay-* und *pai-* die Umgebung ____-*eur* keine Rolle, denn hier tritt ohnehin nur *pay-* auf, und es kann gar keinen Kontrast geben. Daneben gibt es Umgebungen, wo sowohl *pay-* als auch *pai-* vorkommen kann, z. B. ____-*ement*. Auch hier stehen die beiden Elemente nicht in Kontrast, sondern in freier Variation, denn *paiement* bedeutet das Gleiche wie *payement*. Deshalb fasst man *pay-* und *pai-* zu einem Morphem zusammen.

Anders verhält es mit den Paaren in (8) bis (10). In Umgebungen wie *enfant* ____ oder *vieillard* ____ ist es schon ein Unterschied, ob dort *faible* oder *débile* steht. Aus diesem Grunde kann man sie nicht als Varianten desselben Morphems ansehen.

Die Prinzipien 1 und 2 verbieten noch nicht die Klassifizierung der Beispiele in (11) bis (13) zu jeweils einem Morphem. Obwohl es unmittelbar einleuchtet, dass die Elemente dieser Paare nicht zusammengehören, ist es schwer, ein distributionelles Kriterium zu finden, das solche Fälle ausschließt, ohne gleichzeitig zu viel zu verbieten. Von den Strukturalisten wurden immer kompliziertere Zusatzbedingungen formuliert, vgl. u. a. Harris (1942), Hockett (1947), Nida (1948, 1949). Grob gesagt, laufen die verschiedenen Vorschläge auf Folgendes hinaus:

Prinzip 3: Die Morphe, die zu einem Morphem zusammengefasst werden, müssen die gleiche Rolle im grammatischen System der Sprache spielen.

So ist in Bsp. (12) *petit* ein selbständiges Wort, *-et* dagegen ein Suffix. In (13) ist *ex-* ein Präfix, das (wie alle Präfixe im Frz.) der Derivation dient, *-i-* dagegen ein Flexionssuffix. Deshalb sind die betreffenden Morphe trotz Bedeutungsähnlichkeit und komplementärer Distribution jeweils verschiedenen Morphemen zuzuordnen.

Wir kommen nun zu zwei Prinzipien, die so selbstverständlich sind, dass sie in der Literatur oft gar nicht erwähnt werden:

Prinzip 4: Die Gesamtbeschreibung soll möglichst einfach sein.

Prinzip 5: Die Gruppierung von Morphen zu Morphemen soll strukturelle Parallelen berücksichtigen und ein kohärentes Gesamtbild des Sprachsystems liefern. Dieser Grundsatz ist allen anderen Prinzipien übergeordnet:

> Even if other criteria are satisfactorily met, one does not assign two morphs to a single morpheme unless the resulting morpheme fits into the emerging grammatical picture of the language in a sensible way. One does not simply strive to see how small a stock of morphemes can be ascribed to the language by clever manipulation of one's data. (Hockett 1958: 275)

1.6. Allomorph

Die Morphe, die zu einem Morphem zusammengefasst werden, nennt man die Allomorphe dieses Morphems. Neben "Allomorph" sind auch die Bezeichnungen "Morphemvariante" und "Morphemalternante" üblich. Ein Morphem kann mehrere Allomorphe haben wie der Verbstamm {voul-}, der als *veu-*, *voul-*, *veul-* usw. erscheint. Es kommt auch vor, dass ein Morphem nur ein einziges Allomorph hat: Die Präposition {avec} erscheint immer als *avec*, das Präfix {anti-} tritt nur in der Form *anti-* auf. Hätte jedes Morphem nur ein Allomorph, so wäre die Unterscheidung zwischen Morph und Morphem überflüssig. Wir bringen nun noch einige weitere Beispiele.

Morphem		Allomorphe		Beispiele für das Vorkommen
gesprochen	geschrieben	gesprochen	geschrieben	
{/rav-/}	{rav-}	/rav-/	rav-	*ravir, ravi, ravissant*
{/mən-/}	{men-}	/mɛn-/	mèn-	*je mène, tu mèneras*
		/mən-/	men-	*mener, nous menons, je menai*
{/krẽd-/}	{craind-}	/krẽ-/	crain-	*je crains, il craint*
		/krɛɲ-/	craign-	*nous craignons, ils craignent*
		/krẽd-/	craind-	*craindre, je craindrai*
{/dəv-/}	{dev-}	/dwa-/	doi-	*je dois, il doit*
		/dəv-/	dev-	*nous devons, devoir*
		/dwav-/	doiv-	*ils doivent*
		/d-/	d-	*je dus*
{/sav-/}	{sav-}	/sɛ-/	sai-	*je sais*
		/sav-/	sav-	*savoir, nous savons, ils savent*
		/so-/	sau-	*je saurai*
		/saʃ-/	sach-	*que je sache*
		/s-/	s-	*je sus*

Die Überschriften "gesprochen" und "geschrieben" sind Abkürzungen; sie bedeuten 'in der gesprochenen Sprache' und 'in der geschriebenen Sprache' ('im *code phonique*', 'im *code graphique*').

In den bisherigen Beispielen entsprach jedem geschriebenen Allomorph auch ein Allomorph der gesprochenen Sprache. Eine ungleiche Zahl von gesprochenen und geschriebenen Allomorphen kann auftreten, wenn die Invarianz der Aussprache eine Variation der Schreibweise verlangt: *je commence – nous commençons*. Umgekehrt können sich hinter der gleichen Schreibung zwei verschiedene Aussprachen verbergen: *il rend – nous rendons*.

Morphem		Allomorphe		Beispiele für das Vorkommen
gesprochen	geschrieben	gesprochen	geschrieben	
{/kɔmãs-/}	{commenc-}	/kɔmãs-/	commenc- commenç-	commencez commençons
{/mãʒ-/}	{mang-}	/mãʒ-/	mang- mange-	manger, le mangeur mangeons
{/rɔ̃p-/}	{romp-}	/rɔ̃-/ /rɔ̃p-/	romp-	je romps, il rompt nous rompons, ils rompent
{/rãd-/}	{rend-}	/rã-/ /rãd-/	rend-	je rends, il rend nous rendons, le rendement

Aber auch dann, wenn die Zahl der gesprochenen und geschriebenen Allomorphe gleich ist, muss es keine 1:1-Entsprechung geben. Der Stamm von *céder* erscheint als /sed-/ und /sɛd-/ bzw. *céd-* und *cèd-*, z. B. in *cédons*, *cèdent*. Dem gesprochenen Allomorph /sɛd-/ entspricht im Präsens *cèd-*, im Futur aber *céd-*: /sɛdre/ – *céderai*.

1.7. Besondere Formen von Allomorphie

Morphemverschmelzung. Vergleichen wir die Formen *au village* und *à la campagne*: *au* repräsentiert die Morphemfolge {à} + {le}, so wie *à la* die Morphemfolge {à} + {la} repräsentiert. Nun lässt sich *au* aber nicht in zwei Elemente zerlegen, von denen eines dem {à} und eines dem {le} zuzuordnen wäre; *au* ist eine minimale Form und verkörpert als unteilbares Ganzes die Morphemfolge {à} + {le}. Ein Morph, das zwei Morpheme zugleich repräsentiert, wird Portmanteau-Allomorph genannt; den Sachverhalt selbst nennt man Morphemverschmelzung. Weitere Beispiele sind *du* als Repräsentant der Folge {de} + {le} oder das Suffix *-ai* wie in *parlai*, *chantai*, das die Folge von Passé-simple-Morphem und 1.-Sg.-Morphem darstellt.

Man spricht nur dann von Morphemverschmelzung, wenn für jedes der angenommenen Morpheme auch ein gewöhnliches Allomorph nachweisbar ist, z. B. für {à} das Allomorph *à* und für {le} die Allomorphe *le*, *l'*. Es wäre also unzulässig, etwa in *-es* wie in *parles*, *chantes* die Verschmelzung eines Morphems für den Singular mit einem weiteren Morphem für die 2. Person sehen zu wollen, denn die Verbkategorien 'Person' und 'Numerus' treten niemals voneinander getrennt auf. Hier hat man e i n 2.-Sg.-Morphem.

Nullmorphem und Nullallomorph. Es kommt nicht selten vor, dass ein Wort Inhaltsmerkmale aufweist, die sonst zwar häufig durch die Anwesenheit eines bestimmten Morphems gekennzeichnet sind, aber gerade in diesem Wort keinen formalen Ausdruck zu haben scheinen. Ein Beispiel ist der Plural bei Substantiven. In *(les) chiens, enfants, femmes* wird er ganz offensichtlich durch *-s* markiert, in *(les) choux, genoux, hiboux* durch *-x*. Wodurch aber wird der Plural in Wörtern wie *(les) concours, nez, prix* ausgedrückt? Ein oft angewendeter Kunstgriff, die Beschreibung zu vereinheitlichen, besteht in der Einführung sogenannter Nullelemente: *concours-Ø, nez-Ø, prix-Ø*.

Nullelemente "findet" man nicht bei der Analyse; es handelt sich vielmehr um theoretische Konstrukte, mit deren Hilfe die Beschreibung vereinheitlicht (und damit vereinfacht) werden soll. Es ist zu unterscheiden zwischen Nullmorphem und Nullallomorph. Ein Nullmorphem ist ein Morphem, dessen einziges Allomorph -Ø ist; ein Beispiel wäre die Annahme eines Singularmorphems bei Substantiven oder eines Präsens-Indikativ-Morphems bei Verben. Dagegen haben viele Linguisten große Vorbehalte und sagen lieber, der Singular werde durch das Fehlen eines Pluralmorphems, das Präsens durch das Fehlen eines Tempusmorphems ausgedrückt. Sehr viel eher wird akzeptiert, dass einem Morphem ein Nullallomorph zugeschrieben wird, wenn mindestens ein weiteres Allomorph angegeben werden kann, das nicht Null ist wie beim Plural: *chien-s, chou-x, concours-Ø*.

Im Folgenden werden wir von Nullallomorphen vielfachen Gebrauch machen, bei Nullmorphemen dagegen eine gewisse Zurückhaltung üben und sie nur im Einzelfall zulassen, s. III, 2.5.2. und III, 4.2.1.

Zur Null als Beschreibungsmittel s. Bally (1965: 160–164), Nida (1949: 46), Haas (1957), Bergenholtz/Mugdan (1979: 67–71), Bergenholtz/Mugdan (2000).

1.8. Morphophonemik

Man bleibt nicht bei der Feststellung stehen, dass ein Morphem verschiedene Allomorphe hat. Eine vollständige Beschreibung muss auch angeben, unter welchen Bedingungen welches Allomorph erscheint. Die systematische Charakterisierung solcher Bedingungen bezeichnet man als Morphophonemik (allerdings wird der Begriff in der Literatur nicht einheitlich verwendet, s. Kilbury 1976: 80–85).

1.8.1. Alternationstypen

Freie Alternation. Diese ist schon in 1.5.1. erläutert worden. Verschiedene Allomorphe eines Morphems stehen in einer bestimmten Umgebung in freier Alternation, wenn in dieser Umgebung zwischen ihnen frei gewählt werden kann. Ein Beispiel ist der Stamm von *vaciller*. Die Morphe /vasij-/ und /vasil-/ alternieren frei in den Umgebungen /____-e/, /____-asjɔ̃/ (und in einigen anderen Umgebungen), d. h., die Wörter *vaciller* und *vacillation* können auf zweierlei Weise ausgesprochen werden.

Phonologisch bedingte Alternation. Verschiedene Allomorphe eines Morphems stehen in phonologisch bedingter Alternation, wenn ihr jeweiliges Auftreten nur von phonologischen Faktoren abhängt. Hierzu einige Beispiele:

(1) Liaison: Das Morphem {/ʃez/} hat die Allomorphe /ʃe/ und /ʃez/.
(2) Elision: Das Morphem {/la/} hat die Allomorphe /la/ und /l/.
(3) Nasalierung/Entnasalierung: Das Morphem {/mɛzɔn/} hat die Allomorphe /mɛzɔ̃/ und /mɛzɔn-/, letzteres in *maisonnette*.

Es ist nützlich, zwei Fälle zu unterscheiden: (a) Die Alternation ist Ausdruck einer allgemeinen phonologischen Regel. (b) Die Alternation ist zwar durch phonologische Faktoren bedingt, aber sie beruht nicht auf einer allgemeinen Regel.

Ein Beispiel für (a) ist die Alternation in *maison – maisonnette, station – stationner, raison – raisonnable* usw. Der Nasalkonsonant ist hörbar vor vokalischem Suffix, stumm dagegen am Wortende (bei gleichzeitiger Nasalierung des vorangehenden Vokals). Eine solche Alternation wird als automatisch bezeichnet.

Ein Beispiel für (b) ist die Stammalternation bei *mourir: tu meurs – vous mourez*. Für den Wechsel lässt sich zwar eine klare Bedingung formulieren: In den endungsbetonten Formen erscheint *mour-*, in den stammbetonten *meur-*.[4] Die Alternation ist aber nicht automatisch, denn synchronisch gibt es kein phonologisches Gesetz, das einen solchen Wechsel allgemein verlangt; so hat *demeurer* durchgehend den Stamm *demeur-*, *prouver* durchgehend den Stamm *prouv-*.[5]

---

[4] Streng genommen sollte man nicht von betonten und unbetonten, sondern von b e t o n b a r e n und unbetonbaren Wortteilen sprechen, denn im Frz. liegt die Betonung auf der letzten Silbe der Intonationsgruppe (*groupe rythmique*); alle anderen Silben sind unbetont. In *tu meurs* ist der Verbstamm betont, dagegen in *tu meurs vite* ist er genauso unbetont wie in *vous mourez*.

[5] Afrz. dagegen: *muers – morez, demueres – demorez, prueves – provez* (Rheinfelder 1976b: 213). Durch analogischen Ausgleich sind bei vielen Verben solche Stammalternationen beseitigt worden; dabei hat sich häufiger die endungsbetonte, seltener die stammbetonte Variante durchgesetzt, s. Nyrop (1903: 18).

Am Rande sei noch auf die rein orthographische Alternation hingewiesen, die schon in 1.6. erwähnt wurde, z. B. *commençons* vs. *commencez, mangeons* vs. *mangez*.

Morphologisch bedingte Alternation. Unter diesem Sammelnamen werden hier alle Alternationen zusammengefasst, die nicht frei, aber auch nicht phonologisch bzw. orthographisch bedingt sind. So hat das Morphem {-té} die Allomorphe *-té* und *-ité,* vgl. *bonté, fierté* vs. *nationalité, passivité* (*-eté* wie in *grossièreté, netteté* lassen wir hier außer Betracht). Die Auswahl von *-té* oder *-ité* hängt nicht von der Lautumgebung ab, sondern davon, ob das Suffix an ein volkstümliches oder ein gelehrtes Adjektiv tritt: volkstümlich *-té*, gelehrt *-ité* (aber: *liberté*). Ein weiteres Beispiel ist die Alternation beim 1.-Pl.-Morphem: *chantons* vs. *chantâmes*. Die Wahl zwischen *-ons* und *-mes* ist durch das Tempus bestimmt. Ein drittes Beispiel ist die Suppletion, auf die wir kurz am Ende von II, 4.2. eingehen werden.

Zusammenspiel der Alternationstypen. Häufig spielen bei einer gegebenen Allomorphie sowohl phonologische als auch morphologische Bedingungen eine Rolle. Fälle dieser Art nennt Apothéloz (2002: 32) "allomorphies croisées". Wir bringen zwei Beispiele:

Erstes Beispiel: die Stammalternation bei *lever*. Das Morphem {/ləv-/} hat die Allomorphe /ləv-/ und /lɛv-/; z. B. in *je lève, nous levons*. In den stammbetonten Formen des Präsens erscheint /lɛv-/, in den endungsbetonten /ləv-/. Soweit ist die Alternation phonologisch bedingt. Im Futur heißt es aber /lɛvre/, obwohl die Form endungsbetont ist und */ləvre/ zulässig wäre. Hier ist das Auftreten von /lɛv-/ morphologisch bedingt.

Zweites Beispiel: die Alternation des 3.-Sg.-Morphems im Präsens Indikativ. Dieses hat u. a. die Allomorphe /-ə/, /-t/ und /-Ø/, zu Einzelheiten s. II, 4.4.1. Die Auswahl zwischen /-(ə)/ und /-(t)/ hängt von der Konjugationsklasse ab und ist somit morphologisch bedingt: *il tremble* vs. *il boit*. Die engere Wahl zwischen /-ə/ und /-Ø/ bzw. zwischen /-t/ und /-Ø/ ist dagegen phonologisch bedingt: *il tremble de peur* vs. *il pense, boit-il?* vs. *il boit*.

1.8.2. Basisallomorph und morphophonemische Regel

Oft kann man die Beschreibung so gestalten, dass man unter verschiedenen Allomorphen eines Morphems eines auszeichnet. Ein solches ausgezeichnetes Morph wird in der strukturalistischen Literatur Basisallomorph genannt. Wodurch ist die Wahl des Basisallomorphs bestimmt? Die Kriterien sind bei phonologischer Konditionierung nicht die gleichen wie bei morphologischer.

Bei phonologisch bedingter Alternation wählt man dasjenige Allomorph, von dem man die übrigen am einfachsten ableiten kann. Die Regeln, mit denen man derartige Ableitungen ausdrückt, werden morphophonemische Regeln genannt. Auch bei morphologisch bedingter Alternation kann man eine Variante als Basisallomorph auszeichnen. Gesichtspunkte sind nach Nida (1949: 45): Häufigkeit des Auftretens, Produktivität bei Neubildungen mit dem betreffenden Morphem, Regelmäßigkeit. In vielen Fällen ist es nicht möglich, irgendein Allomorph auszuzeichnen. Dasjenige Allomorph, das man zwischen geschweiften Klammern notiert, um das ganze Morphem zu vertreten, kann also entweder das Basisallomorph oder ein willkürlich ausgewählter Repräsentant sein.

Wie man phonologisch bedingte Alternationen beschreiben kann, verdeutlichen wir an zwei Fällen, die uns immer wieder begegnen werden: den latenten Konsonanten und dem *e instable*.

Latente Konsonanten. Die Präposition *sans* hat die Allomorphe /sã/ und /sãz/ wie in *sans moi* und *sans elle*. Die Frage ist: Welches Allomorph soll bei der Beschreibung der Alternation als Ausgangspunkt dienen? Man könnte von /sã/ ausgehen und vom Hörbarwerden eines Konsonanten sprechen, man kann aber auch /sãz/ zugrunde legen und eine Regel über das Verstummen des Endkonsonanten formulieren. Würde man nur diesen einen Fall betrachten, so wäre es ziemlich gleichgültig. Nun ist die *liaison* aber ein allgemeines Phänomen, und aus Sicht des gesprochenen Französischen ist es nicht vorhersagbar, welcher Konsonant bei welchem Wort hörbar wird: Wir haben /sã/ und /sãz/, aber /ã/ und /ãn/, vgl. *en haut* und *en été*, und schließlich /dəvã/ und /dəvãt/, vgl. *devant moi*, *devant elle*. Die gleiche Überlegung lässt sich auch für Paare wie *croix – croiser*, *droit – droiture*, *froid – froideur* anstellen: Es alternieren /krwa/ und /krwaz-/, /drwa/ und /drwat-/, /frwa/ und /frwad-/, das heißt, die "kurze" Form lässt sich jeweils von der "langen" aus vorhersagen, umgekehrt aber nicht. Es ist daher einfacher und allgemeiner, als Basisformen die konsonantisch auslautenden Varianten zu nehmen und dann eine Tilgungsregel zu formulieren.[6]

Die Tilgungsregel deuten wir nur an: Ein Verschluss- oder Reibelaut vor einer Morphemgrenze wird getilgt außer in zwei Fällen, nämlich (a) am Wortende bei *liaison*, z. B. in *petit enfant*, (b) im Wortinneren vor vokalisch anlautendem Morphem, z. B. in *petitesse*. Diese Regel ist nicht anwendbar auf Wörter, deren Auslautkonsonant nie verstummt, z. B. *sens*, *fils*, *bec* u. a. Für Nasalkonsonanten gilt eine

---

[6] Es darf aber nicht übersehen werden, dass man bei einer *allomorphie croisée* (1.8.1.) nicht umhinkommt, mehrere Basisallomorphe anzusetzen, z. B. für das 1.-Pl.-Morphem /-ɔ̃z/ und /-məz/.

ähnliche Regel, die noch Zusatzbedingungen für den vorangehenden Vokal enthält (s. II, 3.3. und III, 2.2.2.2.).

Beispiele für den Wechsel zwischen hörbarem und stummem Konsonanten findet man in der Flexion und in der Derivation; (1) bei Substantiven im Pl. mit nachgestelltem Adjektiv: *enfants adorables* (*liaison facultative*) vs. *enfants terribles*; (2) bei vorangestellten Adjektiven im Sg. und Pl.: *petit enfant* vs. *petit livre, petits enfants* vs. *petits livres*; (3) bei Verbformen: *dort-il?* vs. *il dort*; (4) bei der Suffigierung: *enfantin* vs. *enfant*; (5) bei einigen Präfixen (hier auch orthographisch): *mésestimer* vs. *méconnaître, désarmer* vs. *défaire*.

Das *e* instable. Für *filtre* postulieren wir die Allomorphe /filtr/ wie in *filtre à café* und /filtrə/ wie in *filtre-presse*, für das Suffix *-isme* die Allomorphe /-ism/ wie in *matérialisme historique* und /-ismə/ wie in *matérialisme prédominant*, für die Verbalendung *-e* die Allomorphe /-Ø/ wie in *il tremble un peu* und /-ə/ wie in *il tremble de rage*. Die /ə/-haltigen Formen erklären wir zu Basisallomorphen, die /ə/-losen leiten wir mit einer Tilgungsregel ab, die wir hier nur skizzieren: /ə/-Tilgung erfolgt obligatorisch (a) am Ende einer Intonationsgruppe (*il entre*), (b) unmittelbar vor Vokal (*il travaille ici*), (c) unmittelbar nach Vokal (*jolie fille*), (d) wenn genau ein Konsonant vorangeht und einer folgt (*grande chose*).[7]

Beispiele für den Wechsel zwischen hörbarem und stummem /ə/ findet man vor allem in der Adjektiv- und Verbflexion, aber auch in der Wortbildung; (1) bei femininen Adjektivformen: *lourde tâche* vs. *lourde hérédité*; (2) bei Präsensformen des Verbs: *on n'entre pas* vs. *il entre en scène*; (3) bei Futur- und Konditionalformen: *semblera* vs. *chantera, chanterions* vs. *chanterais*; (4) bei Suffixen auf /ə/ wie *-able*: *Véritable bruyère du Cap! Véritable écume de Crimée!* (Duhamel, zitiert nach PR, s. v. *véritable*); (5) beim Suffix *-ement*: *tremblement* vs. *changement*.

Theoretischer Status. Phonologisch bedingte Allomorphie oder phonetische Variation? In generativen Theorien ist es üblich, *chez* nur eine phonologische Form zuzuschreiben: /ʃez/. Diese Form wird "zugrunde liegende Repräsentation" genannt. Dann hat das Morphem {/ʃez/} nur e i n Allomorph, nämlich /ʃez/, das aber seinerseits zwei phonetische Realisierungen hat: [ʃez] und [ʃe]. Ebenso gibt es dann bei *filtre* nur ein Allomorph /filtrə/ mit den phonetischen Realisierungen [filtrə] und [filtr]. Die Regeln, mit denen [ʃe] und [filtr] abgeleitet werden, sind in der Sache die gleichen

---

[7] Um *chose* und *-age* nicht anders zu behandeln als *filtre* und *-isme*, setzen wir als Basisallomorphe die Formen /ʃozə/ bzw. /-aʒə/ an, obwohl sie im Standardfranzösischen gar nicht vorkommen, da ihr /ə/ in jeder denkbaren Umgebung getilgt wird. Beachtenswert ist aber, dass sie in der Sprache der traditionellen Versdichtung regelmäßig auftreten, wenn ihnen innerhalb des Verses ein Konsonant folgt; vgl. die Aussprache von *esclavage* in: "Tu n'es pas digne qu'on t'enlève / À ton esclav**age** maudit / [...]" (Les Fleurs du Mal, XXXI Le Vampire, Vs. 19-20, zitiert nach Baudelaire: *Œuvres complètes* I. Paris: Gallimard 1975, S. 33).

Tilgungsregeln wie oben angedeutet (s. z. B. Dell 1980: 157, 162), haben aber einen anderen theoretischen Status und heißen dementsprechend "phonologische Regeln".

Wird dieser Weg konsequent verfolgt, so hat man nur noch morphologisch bedingte Alternationen, denn diejenigen Varianten, die nach strukturalistischer Auffassung phonologisch bedingt sind, gelten dann nicht als verschiedene Allomorphe, sondern als unterschiedliche phonetische Realisierungen desselben Allomorphs (zumindest gilt dies bei automatischer Alternation, s. o. 1.8.1.). Wir halten uns in dieser Einführung aber an die klassische strukturalistische Darstellungsweise.

Allgemein zum Verhältnis von Morphologie und Phonologie s. Booij (2000); speziell zum Verhältnis von französischer Phonologie und Flexion s. Marty (2001). Zu Basisallomorphen: Nida (1949: 45), Hockett (1958: 281–283), Gleason (1961: 82f.), Bergenholtz/Mugdan (1979: 90–92). Zu Ableitungen im Rahmen der generativen Phonologie: Schane (1968), Valdman (1976), Dell (1980), Grundstrom (1983). Ähnliche Ableitungen im Rahmen der lexikalischen Phonologie findet man u. a. bei Schwarze/Lahiri (1998). Zur *liaison*: Langlard (1928), Fouché (1959: 434–477), Price (1991: 129–144), Meisenburg/Selig (1998: 130–139), Pustka (2011: 156–178). Zum *e instable*: Fouché (1959: 91–139), Tranel (1987: 88–105), Price (1991: 76–87), Meisenburg/Selig (1998: 139–147), Pustka (2011: 179–189).

2. Das Wort

1. Grammatisches und lexikalisches Wort
2. Morphemtypen
3. Affixtypen

In diesem Kapitel wird zuerst der Terminus "Wort" in seinen verschiedenen Verwendungsweisen erörtert, dann werden verschiedene Wortbausteine unter dem Gesichtspunkt ihrer Rolle im Wort diskutiert.

2.1. Grammatisches und lexikalisches Wort

Der umgangssprachliche Ausdruck "Wort" ist mehrdeutig. Einerseits sagt man, *travaillons* und *travaillez* seien zwei verschiedene Wörter, die in unterschiedlichen Umgebungen stehen können; so kommt *travaillons* z. B. vor in *Nous travaillons sur un chantier*, *travaillez* in *Vous travaillez sur un chantier* usw. Andererseits sagt man aber auch, *travaillons*, *travaillez*, *travaillent* usw. seien verschiedene Formen desselben Worts, nämlich des Worts *travailler*.

Offensichtlich wird hier unter "Wort" nicht das Gleiche verstanden: Im ersten Fall meint man das Wort als Element eines Satzes, im zweiten Fall das Wort als Element des Wortschatzes. Wir berücksichtigen diese beiden Gebrauchsweisen des Wortes "Wort", indem wir eine terminologische Unterscheidung zwischen grammatischem und lexikalischem Wort einführen.

2.1.1. Grammatisches Wort

Betrachtet man die geschriebene Sprache, so scheint es völlig klar, aus welchen Wörtern sich der Satz *Un fossoyeur est arrivé* zusammensetzt. Im *code graphique* ist ein grammatisches Wort einfach ein Teil eines Satzes, der zwischen zwei unmittelbar benachbarten Leerstellen im Schriftbild vorkommt. Man muss sich aber fragen: Warum werden die Leerstellen so gesetzt?

Erst beim Blick auf die gesprochene Sprache erkennt man, dass es überhaupt ein Problem geben könnte. Warum zerlegt man die Phonemfolge /œ̃foswajœrɛtarive/ nicht z. B. in die "Wörter" /œ̃foswajœr/ und /ɛtarive/? Man könnte antworten: Weil die Folge /œ̃foswajœr/ noch in /œ̃/ und /foswajœr/ aufgeteilt werden kann. Aber: /foswajœr/ wäre ja auch noch weiter zerlegbar in die bedeutungstragenden Elemente

/fos/, /waj/ und /œr/. Trotzdem bezeichnet man /foswajœr/ als Wort. Was berechtigt uns also, innerhalb der Folge /œfoswajœrɛtarive/ ausgerechnet die Teilfolgen /œ̃/, /foswajœr/, /ɛt/ und /arive/ als besondere Einheiten zu identifizieren, die wir dann "Wörter" nennen? Das besondere Kennzeichen dieser Teilfolgen ist ihre **Kohäsion.** Damit ist Folgendes gemeint:

1. Die Teile sind nicht vertauschbar: /fos-waj-œr/, aber nicht */waj-œr-fos/ oder */waj-fos-œr/, ferner /ariv-e/, aber nicht */e-ariv/.
2. Zwischen die Bestandteile eines Worts kann (fast) nichts eingesetzt werden: /fos-waj-œr/, aber nicht */fos-prɔfɔ̃d-waj-œr/; ebenso: /ariv-ɔ̃/, aber nicht */ariv-vit-ɔ̃/. Allerdings können bestimmte Elemente, die n u r an der betreffenden Stelle stehen dürfen, eingefügt werden: /ariv-r-ɔ̃/, /ariv-j-ɔ̃/.

Dagegen können wir bei Einheiten, die größer als ein Wort sind, durchaus Teile verschieben: /œfoswajœrɛtarive/ – /ilɛtariveœfoswajœr/. Zwischen Wörter kann man auch etwas einsetzen: /œfoswajœr/ – /œvjøfoswajœr/ – /œtrɛvjøfoswajœr/.

Ein **grammatisches Wort** (kurz: Wort) ist eine sprachliche Form, zwischen deren Bestandteile man (fast, s. o.) nichts einschieben kann und deren Teile in der Reihenfolge nicht vertauschbar sind, die aber als Ganzes in einem Satz verschiebbar ist.[8]

Diese Definition geht letztlich auf Martinet (1949: 293) zurück. Unsere Darstellung lehnt sich an die von Lyons (1968: 202–204) an. Eine ausführliche Diskussion bietet Bauer, der ebenfalls auf Lyons' Kriterien eingeht (2003: 55–67, insbes. 61–67). Die Bloomfield'sche Definition des Worts als minimale freie Form scheint uns für das Französische weniger geeignet; zur Begründung s. u., 2.2.1.

2.1.2. Lexikalisches Wort

Das lexikalische Wort (Lexem) ist eine abstraktere Einheit als das grammatische. Ein lexikalisches Wort ist eine M e n g e von grammatischen Wörtern, natürlich keine beliebige Menge, sondern eine Menge von solchen grammatischen Wörtern, die unter einem bestimmten Gesichtspunkt besonders eng zusammengehören. So bilden die vier grammatischen Wörter *grand, grande, grands, grandes* zusammen ein lexikali-

---

[8] Eine gewisse Sonderstellung nehmen die sog. klitischen Elemente wie die unbetonten Personalpronomina, die Negationspartikeln u. Ä. ein: *Je ne le lui donne pas.* Man betrachtet sie üblicherweise als eigenständige Wörter und nicht etwa als Teil der Verbform, obwohl ihre Mobilität im Satz sehr gering ist. Elson und Pickett charakterisieren solche Elemente als "[...] morphemes that are somewhat like affixes, somewhat like roots, somewhat like independent words, and yet not completely any one of these" (1983: 141).

sches Wort. Dagegen gehören *grandeur* und *grandir* trotz formaler Ähnlichkeit nicht dazu. Die Form *grandeur* gehört zu einem anderen lexikalischen Wort und *grandir* wieder zu einem anderen.

Ein **lexikalisches Wort (Lexem)** ist eine maximale Menge von grammatischen Wörtern, deren Stamm (genauer: deren Radikal) morphemisch gleich ist und die im gleichen Flexionsschema stehen.

Diese Definition lehnt sich an die von Bergenholtz/Mugdan an (1979: 116–118). Von den Begriffen "Stamm" und "Flexionsschema" wird der Leser ein Vorverständnis haben. Sie werden später genauer erläutert. Zu den einzelnen Bedingungen der Definition:

1. Maximal: Diese Bedingung soll verhindern, dass z. B. eine Menge, die nur aus den drei Wörtern *grand*, *grande*, *grands* besteht (wo *grandes* also fehlt), auch als Lexem gilt. Nur die Gesamtmenge der Formen soll als lexikalisches Wort zählen.
2. Morphemisch gleicher Stamm: In den Formen *dois*, *devons* und *doivent* variiert der Stamm: *doi-*, *dev-*, *doiv-*. Auf der Abstraktionsebene der Morpheme ist er aber immer gleich, nämlich {dev-}. Ebenso gelten die grammatischen Wörter *reprend-s*, *repren-ons* und *reprenn-ent* als verschiedene Formen desselben Lexems, da ihre Stämme dieselbe Morphemfolge {re-} + {prend-} verkörpern.
3. Morphemisch gleiches Radikal: In der Regel ist das Radikal identisch mit dem Stamm. Nur wenn ein Wort eine Stammerweiterung enthält, ist das Radikal gleich dem Stamm minus Stammerweiterung (s. 3.3.). Der Stamm von *endormira* ist *en-dorm-i-*, der Stamm von *endort* ist *en-dor-*. Diese Stämme repräsentieren verschiedene Morphemfolgen, aber das Radikal ist morphemisch gleich: {en-} + {dorm-}. Somit zählen *endormira* und *endort* als Formen desselben Lexems.
4. Gleiches Flexionsschema: Selbst wenn man den Formen *(les) accords* und *(vous) accordez* den gleichen Stamm zuschreibt,[9] sollen sie trotzdem nicht als Formen desselben Lexems gelten, denn die erste steht im Schema der Substantivflexion (*accord – accords*), die zweite in einem Schema der Verbflexion, nämlich dem der I. Konjugation (*accorde*, *accordes*, *accorde*, …).

Wortform. Die grammatischen Wörter, die man zu einem Lexem zusammenfasst, nennt man die Formen dieses Lexems. Dabei gelten Wörter, die morphemisch gleich sind, als eine Wortform, z. B. /ʃãtɔ̃/ und /ʃãtɔ̃z/.

Zitierform. Um sich auf ein Lexem beziehen zu können, erklärt man eine seiner Formen zur Nenn- oder Zitierform des Lexems. Welche Form man als Nennform

---

[9] Wir vertreten allerdings die Auffassung, dass der Stamm verschieden ist, vgl. III, 2.5.3.

wählt, ist im Prinzip völlig gleichgültig, doch haben sich gewisse Konventionen etabliert: Beim Adjektiv ist es die Mask.-Sg.-Form, beim Verb nimmt man im Französischen den Infinitiv, im Lateinischen dagegen die 1. Sg. Präs. Indikativ Aktiv.

Man kann Lexeme und Wortformen unterschiedlich notieren, also z. B. das Lexem mit TRAVAILLER und den Infinitiv mit *travailler*. Wir werden aber auf diese graphische Unterscheidung verzichten, wenn aus dem Zusammenhang klar ist, ob von der Infinitivform oder vom Verblexem die Rede ist.

Das lexikalische Wort TRAVAILLER besteht aus rund 50 grammatischen Wörtern:

Infinite Formen:	*travailler, travaillant, travaillé, travaillée, travaillés, travaillées*
Präsens Indikativ:	*(je) travaille, (tu) travailles* usw. (6 Formen)
Weitere Tempora/Modi:	Imperfekt Indikativ, Futur, Konditional, Passé simple, 2 x Konjunktiv
Insgesamt:	6 infinite Formen plus 7 Tempora mit je 6 Formen = 48 Formen

Zählt man die Imperative (*travaille, travaillons, travaillez*) als eigene Verbformen, so kommt man auf 51 Formen.

Eine Form wie *(il) a travaillé* ist nach der obigen Definition des Lexems keine Form des lexikalischen Worts TRAVAILLER. Es ist vielmehr eine Kombination einer Form von AVOIR mit einer Form von TRAVAILLER.

Ein Lexem kann, wie wir gesehen haben, sehr viele grammatische Wörter enthalten. Das andere Extrem ist, dass ein lexikalisches Wort aus einem einzigen grammatischen Wort besteht. Das steht ja nicht im Widerspruch zur Definition. Beispiele sind die Präpositionen und Konjunktionen. Man sagt dann, die Definition sei in trivialer Weise erfüllt: Das Lexem POUR ist eine Menge, die genau ein Element enthält, nämlich *pour* in der geschriebenen bzw. /pur/ in der gesprochenen Sprache.

Zur Terminologie: Wie so oft in der Sprachwissenschaft, gibt es auch hier beachtliche Divergenzen: (a) Der Ausdruck "Lexem" im Sinne von "lexikalisches Wort" ist weitverbreitet in Gebrauch, s. z. B. Lyons (1968: 197), Matthews (1991: 26), Bergenholtz/Mugdan (1979: 117). (b) Martinet verwendet den Begriff "Lexem" für das, was üblicherweise "lexikalisches Morphem" heißt. (c) In modernen Theorien sind Lexeme Einheiten des erlernten Wortschatzes; auch Phraseologismen gehören dazu. Wir haben uns dem Gebrauch (a) angeschlossen, weil "Lexem" eine bequeme Abkürzung darstellt. Einen Überblick über die zahlreichen Verwendungsweisen des Wortes "Wort" bietet Bauer (2000).

2.1.3. Rückblick

Bei der Segmentierung des Redeflusses (der *chaîne parlée*) kommt man zu sprachlichen Formen, die nicht weiter zerlegbar sind. Diese kleinsten bedeutungshaltigen Segmente nennt man Morphe. Morphe fasst man nach bestimmten Klassifikationskriterien zu Morphemen zusammen. Diese Kriterien sind: (a) sehr ähnliche ("gleiche") Bedeutung, (b) gewisse Distributionsbeschränkungen.

Morphe kombinieren sich nicht unmittelbar zu Sätzen. Mit Hilfe des Merkmals der Kohäsion kann man Segmente isolieren, die "größer" als Morphe, aber "kleiner" als Sätze sind. Diese Segmente nennt man grammatische Wörter. (Natürlich kann ein Satz im Extremfall aus genau einem Wort und ein Wort aus genau einem Morph bestehen.) Grammatische Wörter fasst man nach bestimmten Kriterien zu lexikalischen Wörtern zusammen. Diese Kriterien sind: (a) morphemisch gleicher Stamm, (b) gleiches Flexionsschema.

Kann man nun sagen, dass sich das grammatische Wort zum lexikalischen so verhält wie das Morph zum Morphem? Nicht ganz. Die Morphe, die man zu einem Morphem gruppiert, haben die gleiche Bedeutung: *veu-* heißt das Gleiche wie *voul-*, es kommt nur in anderen Umgebungen vor. Die grammatischen Wörter, die ein lexikalisches Wort bilden, haben einen gemeinsamen Bedeutungskern; daneben gibt es aber auch einen ganz systematischen Bedeutungsunterschied: *chantons* bedeutet nicht das Gleiche wie *chanterons* oder *chantions*.

Als letztes weisen wir noch darauf hin, dass in der Literatur häufig "Morphem" gesagt wird, wenn es streng genommen "Morph" heißen müsste. Wenn eine Unterscheidung vollkommen klar ist, darf man sie ruhig etwas nachlässig handhaben.

2.2. Morphemtypen

Man kann Morphe (und dann auf abstrakterer Ebene auch Morpheme) nach folgenden Gesichtspunkten klassifizieren: (1) frei – gebunden, (2) grammatisch – lexikalisch, (3) Wurzel – Affix.

2.2.1. Freies und gebundenes Morphem

Ein Morph ist **potentiell frei** (kurz: frei), wenn es für sich allein als grammatisches Wort auftreten kann; ein Morph ist **gebunden**, wenn es nicht allein als Wort auftreten kann (Bauer 2003: 13):

amour	-	*-eux*		/amur	-	-ø/
pot. frei	-	geb.		pot. frei	-	geb.
oeill-	-	*-ade*		/œj	-	-ad/
geb.	-	geb.		pot. frei	-	geb.

"Potentiell frei" bedeutet, dass ein Segment frei vorkommen k a n n , auch wenn es manchmal gebunden vorliegt wie *amour* in *amoureux*.

Einem freien Morph in der gesprochenen Sprache kann ein gebundenes in der geschriebenen Sprache entsprechen: œill-. Bindestriche in der Notation deuten an, dass an der Stelle noch ein Morph kommen muss, deshalb notieren wir œill-, aber /œj/, ferner amour und nicht amour-.

Das Morphem {œil} hat in der geschriebenen Sprache unter anderem die Allomorphe œil und œill-. Streng genommen kann man also über ein Morphem gar nicht sagen, dass es frei oder gebunden ist, da für verschiedene Allomorphe Verschiedenes zutreffen kann. Man kann aber eine Vereinbarung treffen: **Ein Morphem gilt als frei, wenn wenigstens eins seiner Allomorphe frei ist** (Bergenholtz/Mugdan 1979: 118). Dann gilt ein Morphem als gebunden, wenn alle seine Allomorphe gebunden sind.

Die oben gegebene Definition des Begriffspaars **frei/gebunden** unterscheidet sich in einem wesentlichen Punkte von derjenigen Bloomfields. Unsere Definition (so auch bei Thiele, Wandruszka u. a.) beruht auf der Wortfähigkeit eines Elements, Bloomfields Definition auf der Satzfähigkeit: "A linguistic form which is never spoken alone is a bound form, all others [...] are free forms" (1933: 160); und: "Forms which occur as sentences are free forms" (1933: 178).

Im Sinne von Bloomfields Definition gäbe es kaum freie Formen im Französischen: Nicht nur die verbundenen Pronomina wie *le*, *la*, *les*, *leur*, sondern auch Artikel, Substantive oder flektierte Verbformen wie *chanterions* können nicht "allein gesprochen" werden. Aus diesem Grunde haben wir auch in 2.1.1. die Bloomfield'sche Definition des Worts als minimale freie Form nicht übernommen, denn *me*, *te*, *ce*, *farine*, *avons*, *parlai* wären hiernach alles keine Wörter. Wir sind den umgekehrten Weg gegangen und haben erst den Begriff des Worts definiert und dann mit seiner Hilfe den Begriff "freies Morph".

2.2.2. Grammatisches und lexikalisches Morphem

Traditionell unterscheidet man zwischen lexikalischen Elementen, die eine "selbständige" Bedeutung haben und Gegenstände, Ereignisse oder Eigenschaften bezeichnen, und grammatischen Elementen, die nur Beziehungen ausdrücken. So finden wir in der dt. Verbform *such-te-st* das lexikalische Element *such-* und die grammatischen Elemente *-te-* und *-st*.

Eine ausschließlich bedeutungsorientierte Abgrenzung kann Schwierigkeiten bereiten: Warum soll das Suffix *-chen* grammatisch, das Adjektiv *klein* aber lexikalisch sein? Deshalb weicht man gern auf ein formales Unterscheidungsmerkmal aus: Die **grammatischen** Morph(em)e einer Sprache L sind eine kleine, geschlossene Klasse, die man durch Aufzählung definieren kann. Die **lexikalischen** Morph(em)e von L bilden den großen Rest.

Diachronisch gesehen, bilden die grammatischen Elemente über kürzere Zeiträume ein relativ konstantes Inventar, während bei den lexikalischen Elementen ständig neue hinzukommen und andere außer Gebrauch geraten. Über einen längeren Zeitraum unterliegt auch das grammatische Inventar der Veränderung. Beispiele für grammatische Morphe sind *le*, *la*, *les* (Artikel), *il*, *elle* (Pronomina), *et*, *mais*, *que* (Konjunktionen), *pour*, *avec* (Präpositionen[10]), *-ons*, *-ez* (Flexionsaffixe), *-i-*, *-iss-* (Stammerweiterungen), *-age*, *-ation* (Derivationsaffixe). Die Klasse der grammatischen Morph(em)e umfasst also die traditionellen Funktionswörter und die Affixe.

Zur Terminologie: 1. Da man nur gleichartige Morphe zu einem Morphem zusammenfasst (1.5.2.), lassen sich die Bezeichnungen "grammatisch" und "lexikalisch" auf Morphe wie auf Morpheme anwenden. 2. Es ist offenkundig, dass die Abgrenzung zwischen grammatischen und lexikalischen Morph(em)en nicht das Geringste zu tun hat mit der Unterscheidung zwischen grammatischem Wort und lexikalischem Wort. Die Parallelität der Bezeichnungen ist rein zufällig und irreführend. Wir halten dennoch an dieser Terminologie fest, denn sie ist fest etabliert.

2.2.3. Wurzel und Affix

Die Unterscheidung zwischen Wurzel und Affix betrifft die Rolle, die ein Morph innerhalb eines grammatischen Worts spielen kann. Folgende Unterscheidungsmerkmale lassen sich anführen:

1. Eine Wurzel ist das unzerlegbare Kernstück eines Worts. An dieses Kernstück können Affixe angefügt sein: *en-ferm-er*, *circul-aire*; /ã-fɛrm-e/, /sirkyl-ɛr/. Ein Wort kann aber auch mit einer Wurzel identisch sein: *boîte*, *cercle*; /bwat/, /sɛrkl/.
2. Ein Wort kann mehrere Wurzeln enthalten: *gentil-s-homme-s*. Es muss mindestens eine Wurzel enthalten.
3. Es gibt Wurzeln, die frei, und solche, die gebunden sind (vgl. 2.2.1.). Frei ist die Wurzel in *amour-eux*, /amur-ø/; gebunden in *ocul-aire*, /ɔkyl-ɛr/. Affixe sind immer gebunden: *-ation*, *-eux*, *re-*, *dés-*, *in-*.
4. Es gibt Wurzeln, die lexikalisch, und solche, die grammatisch sind (vgl. 2.2.2.). Lexikalisch ist die Wurzel in *chien*, *amoureux*, *inacceptable*, grammatisch ist sie in *cell-e*, *cett-e*, *que*, *pour*. Affixe sind immer grammatisch.
5. Es gibt Wurzeln, die reihenbildend[11] sind, und solche, die es nicht sind. Beispiel für eine reihenbildende Wurzel ist *chant-*: *chante*, *chantes*, *chantons* usw. Nicht reihenbildend ist z. B. *mais*. Affixe sind in aller Regel reihenbildend: *aimes*, *chantes*, *parles*, *travailles* usw.; *recharger*, *refaire*, *rediscuter*, *repeindre* usw.

---

[10] Es wird manchmal zwischen lexikalischen Präpositionen wie *sur*, *devant*, *avant*, *après* und grammatischen wie *de* und *à* unterschieden. Verwendet man aber das Kriterium der offenen und geschlossenen Klassen, so sind alle Präpositionen grammatisch.

[11] Ein Morph bzw. Morphem ist reihenbildend, wenn es in einer großen Zahl von Wörtern (in der gleichen Funktion) auftritt.

Nun versuchen wir, das zu präzisieren: Ein **Affix** ist ein gebundenes, grammatisches, reihenbildendes Morph bzw. Morphem. Eine **Wurzel** ist ein Morph(em), das kein Affix ist, d. h. das wenigstens eines der drei Kriterien nicht erfüllt. Wir veranschaulichen das anhand einer Tabelle:

Morphem	geb.?	gramm.?	reihenbildend?	Kommentar[12]
{re-}	ja	ja	ja	Reihenbildung: *refermer, reboucher, restructurer* usw.
{-ure}	ja	ja	ja	Reihenbildung: *blessure, coupure, soudure, balayures, coiffure* usw.
{-eur}	ja	ja	ja	Reihenbildung: *pâleur, blancheur, douceur, froideur, grandeur* usw.
{pun-}	ja	nein	ja	Reihenbildung: *punir, punis, punis, punit, punissons, punissez* usw.
{test}	nein	nein	ja	frei wegen *le test*; Reihenbildung: *tester, teste, testes, teste testons* usw.
{le}	nein[13]	ja	nein	keine Reihenbildung im Sinne der Definition, da *le* als Wortteil selten ist (*lequel, ledit*)

Es sei betont, dass hier der Begriff der Wurzel synchronisch definiert ist. Was eine unzerlegbare Wurzel des Französischen ist, z. B. *raison* (< lat. *rationem*), kann im

---

[12] Ein Morph wie *pres-*, das nur in den Wörtern *pressentir, pressentiment* auftritt, kann man nicht als reihenbildend bezeichnen. Wie rechtfertigt man seine Einordnung als Affix? Es ist ganz offensichtlich eine orthographische Variante zu *pré-*: Es hat die gleiche Bedeutung und nimmt die gleiche Strukturposition im Wort ein; deshalb wird *pres-* mit *pré-* zu einem Morphem zusammengefasst. Damit erfüllt *pres-* das Kriterium der Reihenbildung auf indirekte Weise.

[13] {le} ist frei nach der oben gegebenen Definition des Begriffspaars "frei – gebunden", die die Wortfähigkeit zum Kriterium macht. Im Sinne von Bloomfields Definition, die von der Satzfähigkeit ausgeht, wäre {le} gebunden.

Lateinischen analysierbar sein: lat. *ratio* 'Berechnen, Denken, Vernunft' ist abgeleitet vom Verb *reri, reor, ratus sum* 'berechnen, meinen'.

Schwierigkeiten gibt es bei der Einordnung einer Reihe von Elementen wie *sur* (*surcharger, surestimer, surexposer*) oder *en* (*encourager, engraisser, enrichir*). Sie sind grammatisch und reihenbildend, aber nicht gebunden, also keine Affixe im Sinne der Definition. Andererseits werden sie meist zu den Präfixen gezählt. Wir weisen an dieser Stelle nur darauf hin und verschieben die Diskussion auf Teil III.

Da nur gleichartige Morphe zu einem Morphem zusammengefasst werden (s. 1.5.2., Prinzip 3), lassen sich die Bezeichnungen "Wurzel" und "Affix" auf Morphe wie auf Morpheme anwenden. Selbstverständlich gilt das auch für die im folgenden Abschnitt eingeführten Begriffe "Präfix", "Suffix", "Flexionsaffix" usw.

2.3. Affixtypen

Affixe lassen sich unter zwei Gesichtspunkten klassifizieren: (1) nach ihrer Position im Wort: Präfixe, Suffixe usw., (2) nach ihrer systematischen Funktion im Wort: Flexions-, Derivations- und Stammerweiterungsaffixe.

2.3.1. Präfix und Suffix

Nach ihrer Position im Wort unterscheidet man Präfixe, Suffixe, Circumfixe, Infixe, Interfixe, Transfixe, Suprafixe. Da für die Beschreibung des Französischen die meisten dieser Affixtypen nicht von Bedeutung sind, begnügen wir uns mit dieser Aufzählung; Beispiele und Erläuterungen findet man u. a. bei Bergenholtz/Mugdan (1979: 58–60), Bauer (2003: 24–31), Mangold (o. J.: 138–142). Für das Französische genügt uns die Unterscheidung zwischen Präfix und Suffix: Ein **Präfix** ist ein Affix, das der sprachlichen Form vorangeht, an die es angefügt wird; ein **Suffix** ist ein Affix, das ihr folgt.

2.3.2. Flexions-, Derivations- und Stammerweiterungsaffix

Flexion und Derivation. Wir betrachten die grammatischen Wörter *fleurs* und *fleuriste*. Sie stehen zu *fleur* nicht im gleichen Verhältnis: *fleur* und *fleurs* bilden zwei Formen des Lexems FLEUR, dagegen ist *fleuriste* eine Form des Lexems FLEURISTE. Der Unterschied kann nur daran liegen, dass die Suffixe *-s* und *-iste* nicht den gleichen Status haben. Man sagt, dass *-s* ein Flexionsaffix, *-iste* aber ein Derivationsaffix ist. Im Folgenden zählen wir einige Unterschiede zwischen Flexions- und Derivationsaffixen auf, die in der Literatur immer wieder genannt werden, vgl. z. B. Nida (1949: 99), Bergenholtz/Mugdan (1979: 142–144), Bauer (2003: 91–105):

1. Flexionsaffixe drücken grammatische Kategorien aus (Tempus, Modus, Person, Numerus usw.).
2. Flexionsaffixe treten häufiger und regelmäßiger auf als Derivationsaffixe. So können zwar die nachfolgenden Verbformen gebildet werden, aber nicht alle entsprechenden Ableitungen auf *-eur* sind belegt: (a) *allez, chantez, demeurez, jouez, restez, payez*; (b) **alleur, chanteur, *demeureur, joueur, *resteur, payeur*.
3. Flexionsaffixe besetzen im Wort eher "äußere" Positionen, Derivationsaffixe eher "innere" Positionen; z. B. in *nation-al-is-er-ez* kommen erst die Derivationsaffixe *-al* und *-is-*, dann die Flexionsaffixe *-er-* und *-ez*.
4. Im Französischen sind Flexionsaffixe immer Suffixe, Derivationsaffixe können Suffixe oder Präfixe sein.

Die Häufigkeit und Regelmäßigkeit der Flexionsaffixe erlaubt es, Wörter zu Serien zu arrangieren und aus gleichartigen Serien ein Schema zu abstrahieren (ausführlicher s. II, 1.1.):

grand	*petit*	*fort*	*froid*	*chaud*	X
grande	*petite*	*forte*	*froide*	*chaude*	X-e
grands	*petits*	*forts*	*froids*	*chauds*	X-s
grandes	*petites*	*fortes*	*froides*	*chaudes*	X-e-s

Jede solche Serie besteht aus genau einem lexikalischen Wort (s. o., 2.1.2.), und so können wir sagen: Flexionsaffixe dienen zur Bildung der verschiedenen Formen desselben lexikalischen Worts, während Derivationsaffixe zur Ableitung neuer lexikalischer Wörter dienen.

Stammerweiterung. Es gibt eine ganz kleine Gruppe von Affixen, die man weder den Flexions- noch den Derivationsaffixen zurechnen möchte. Es handelt sich um die Elemente *-i-* und *-iss-* bei der II. Konjugation (*punir*), *-i-* bei der III. Konjugation auf *-ir* (*dormir*). Weder drücken *-i-*, *-iss-* eine grammatische Kategorie wie Tempus oder Person aus, noch haben sie sonst eine greifbare Bedeutung. Dennoch handelt es sich um regelmäßig auftretende Elemente mit einer klaren grammatischen Funktion; ihre Anfügung bildet die Voraussetzung für die Flexion (*pun-i-s, pun-iss-ons*) und für die deverbale Derivation (*pun-i-tion, pun-iss-able*). Wir bezeichnen *-i-* und *-iss-* als Stammerweiterungsaffixe und fassen sie zu einem Morphem {-i-$_{SE}$} zusammen. Mehr dazu in II, 4.3.2.

3. Wortstruktur

1. Unmittelbare Konstituenten
2. Prinzipien der Konstituentenanalyse
3. Endung, Stamm, Radikal, Derivationsbasis

3.1. Unmittelbare Konstituenten

Wörter sind nicht einfach durch lineare Verkettung von Morphen aufgebaut, sondern hierarchisch strukturiert. Mit dem Ausdruck "hierarchische Strukturierung" ist gemeint, dass ein Element *A* aus den Bausteinen *B* und *C* aufgebaut ist, *B* seinerseits aus den Elementen *D* und *E* usw. Als erstes Beispiel betrachten wir zwei deutsche Wörter:

(1)   *haus-frau-lich*   (2)   *magen-freund-lich*

Über die Struktur dieser beiden Wörter lässt sich mehr sagen, als dass sie aus der Abfolge Wurzel-Wurzel-Affix bestehen. Aus der Bedeutung der beiden Wörter erkennt man unmittelbar, dass *frau* in (1) enger zu *haus* gehört als zu *-lich*, dass aber *freund* in (2) enger zu *-lich* gehört als zu *magen*. Anders ausgedrückt: Im ersten Schritt ist (1) in *hausfrau* und *-lich* zu zerlegen, (2) dagegen in *magen* und *freundlich*. Die hierarchische Strukturierung eines Ausdrucks kann man in Form eines Baums veranschaulichen:

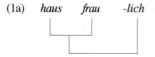   

Äquivalent dazu ist die Klammerdarstellung:

(1b)   [[*haus frau*] *-lich*]]   (2b)   [*magen* [*freund -lich*]]

Die Bestandteile, in die man einen Ausdruck *A* zerlegen kann, nennt man seine **Konstituenten.** Man unterscheidet zwischen unmittelbaren und mittelbaren Konstituenten. Die Bestandteile von *A*, die man im ersten Zerlegungsschritt bekommt, sind die **unmittelbaren** Konstituenten von *A*. Alle Bestandteile, die man in den darauffolgenden Schritten erhält, sind **mittelbare** Konstituenten von *A*.

Die unmittelbaren Konstituenten von *hausfraulich* sind *hausfrau* und *-lich*, die unmittelbaren Konstituenten von *hausfrau* sind *haus* und *frau*. Bezogen auf das Wort *hausfraulich* sind *haus* und *frau* keine unmittelbaren, sondern mittelbare Konstituenten. Die unmittelbaren und die mittelbaren Konstituenten einer sprachlichen Form bezeichnet man zusammen als die Konstituenten dieser Form; die Konstituenten von *hausfraulich* sind somit: *hausfrau, -lich, haus, frau.*

Die klassische Konstituentenanalyse beschränkt sich auf Darstellungen wie (1a), (2a) bzw. (1b), (2b). Modernere Theorien bevorzugen etikettierte Bäume oder Klammern:

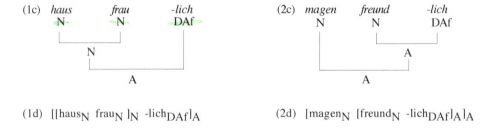

(1d) [[haus_N frau_N]_N -lich_DAf]_A   (2d) [magen_N [freund_N -lich_DAf]_A]_A

N – Substantiv, A – Adjektiv, DAf – Derivationsaffix.

3.2. Prinzipien der Konstituentenanalyse

Nicht immer sind die strukturellen Beziehungen so offenkundig wie in den Beispielen des vorigen Abschnitts. Soll man das Wort *fin-iss-ons* in *fin-iss-* und *-ons* zerlegen oder in *fin-* und *-iss-ons*? Erhält man aus *parl-i-ons* im ersten Zerlegungsschritt *parl-i-* und *-ons* oder *parl-* und *-i-ons*? Die Intuition hilft hier nicht viel weiter. Wells (1947) und Nida (1949: 86–94) haben eine Reihe von Prinzipien formuliert, von denen wir einige aufzählen und dann erläutern:

1. Die Zerlegungen sollen die Bedeutungsbeziehungen zwischen den Bestandteilen widerspiegeln,
2. die Konstituenten sollen möglichst häufig und regelmäßig auftreten,
3. die Zerlegungen sollen möglichst binär sein,
4. diskontinuierliche Konstituenten sollen möglichst vermieden werden,
5. die Zerlegungen sollen im Einklang mit der Gesamtstruktur der Sprache stehen,
6. die Gesamtbeschreibung soll möglichst einfach sein.

Das Prinzip 6 ist so selbstverständlich, dass es im Allgemeinen gar nicht erst aufgeführt wird.

Prinzip 1: Bedeutung. In der Praxis ist dieses Prinzip das wichtigste.[14] Das Wort *hausfraulich* bedeutet 'nach Art der Hausfrau', aber *magenfreundlich* heißt nicht 'nach Art des Magenfreunds', sondern 'unschädlich für den Magen'. Der Ausdruck *médecin spécialiste* besteht ganz offenkundig aus *médecin* und *spécialiste*, doch das orthographisch ähnlich aufgebaute *nature mortiste* zerlegen wir nicht in *nature* + *mortiste* (was würde das wohl heißen?), sondern in *nature mort(e)* + *-iste*:

Prinzip 2: Regelmäßigkeit. Wie soll man flektierte Verbformen zerlegen? Teilt man *parlions* in *parl-* + *-i-ons* oder *parl-i-* + *-ons*? *parlerons* in *parl-* + *-er-ons* oder *parl-er-* + *-ons*? Prinzip 1 hilft uns hier kaum weiter. Nach Prinzip 2 wäre eine Aufteilung in *parl-i-* + *-ons* einigermaßen vertretbar, aber doch weniger gut. Zwar ist gegen *-ons* nichts einzuwenden, aber *parl-i-* kommt nur im Imperfekt vor (im Konjunktiv handelt es sich um ein homonymes $-i_2-$). Zerlegen wir aber in *parl-* + *-i-ons*, dann haben wir rechts u n d links Konstituenten, die häufig und regelmäßig wiederkehren: *parl-* in rund 50 Verbformen und einigen Ableitungen, *-i-ons* in zahllosen Verbformen: *chantions*, *allions*, *marchions* usw.

Dagegen kann man nun einwenden, dass bei der Lösung *parl-* + *-i-ons* im zweiten Zerlegungsschritt das verloren geht, was man im ersten gewonnen hat: *-i-* kombiniert sich nur mit *-ons* und *-ez*. Das Gegenargument lautet: Im Hinblick auf Häufigkeit und Regelmäßigkeit hat der erste Analyseschritt Vorrang vor dem zweiten, dieser vor dem dritten usw. Aber wie wir weiter unten darlegen werden, ist der Hauptgrund für die Teilung *parl-* + *-i-ons* ohnehin ein anderer: Man bekommt eine klare Trennung von Wortbildungs- und Flexionsteil im Wort.

Prinzip 3: Binarität. Der binären Zerlegung wird der Vorrang eingeräumt, d. h., für eine Folge aus drei Gliedern *ABC* ist entweder eine Zerlegung *A* + [*BC*] oder aber [*AB*] + *C* anzustreben. Nur wenn es keine Argumente gibt, eine der beiden Analysen *A* + [*BC*] oder [*AB*] + *C* zu bevorzugen, kann man in *A* + *B* + *C* aufteilen. Beispiele, bei denen eine ternäre Zerlegung unumgänglich ist, sind zum einen Adjektive wie

---

14 Nida (1949: 91): "In practical analysis it is more frequently employed than any other." Man begegnet aber immer wieder Fällen, wo das Bedeutungskriterium allein nicht hilft, zwischen konkurrierenden Analysen zu entscheiden. Nida betont selbst: "[…] divisions made on the basis of meaning must be confirmed by supporting structural evidence" (1949: 89, Anm. 20).

bleu-blanc-rouge und zum anderen die parasynthetischen Bildungen wie *encolure*, wo es weder ein **encol* noch ein **colure* gibt, so dass man hier eine dreigliedrige Struktur [*en-*] + [*col*] + [*-ure*] annimmt.

Prinzip 4: Nachbarschaft. Unter diskontinuierlichen Konstituenten versteht man Bestandteile eines Ausdrucks, die unmittelbar zusammengehören, obwohl sie nicht nebeneinander stehen, z. B. *rief ... an* wie in *Paul rief mich gestern kurz vor Mitternacht an*. Für das Französische könnte man erwägen, Parasynthetika wie *en-col-ure* nicht ternär wie oben, sondern binär in [*en-...-ure*] + [*col*] zu zerlegen; s. Thiele (1993: 144). Aus strukturalistischer Sicht sind solche Analysen nach Möglichkeit zu vermeiden.

Prinzip 5: Gesamtsystem. Dieser Grundsatz spielt mit den übrigen Zerlegungskriterien zusammen und hilft, Zweifelsfälle zu entscheiden. Wir bringen fünf Beispiele.

Erstes Beispiel: Wir haben weiter oben die Zerlegung einer Verbform mit zwei Flexionsaffixen als Beispiel für die Anwendung von Prinzip 2 vorgeführt. Der Hauptgrund für die Teilung *parl- + -i-ons* ist aber nicht Prinzip 2, sondern etwas anderes: Es ergibt sich so eine klare Trennung von Wortbildungs- und Flexionsteil im Wort. Das entspricht einem allgemeinen Strukturprinzip.

Diese Zerlegung erlaubt es ferner, die linke Konstituente als Stamm, die rechte als Endung zu bezeichnen (vgl. 3.3.). Eine so klare Trennung wäre nicht möglich, würde man folgende Strukturen annehmen:

Zweites Beispiel: *pun-* + *-iss-ons* oder *pun-iss-* + *-ons*? Anders gesagt: Affixerweiterung oder Stammerweiterung? Nach Prinzip 5 ist *pun-iss-* + *-ons* vorzuziehen.

Zerlegt man nach (a), also *pun-* + *-iss-ons*, *fin-* + *-iss-ez*, so muss man konsequenterweise auch für die Wortbildung annehmen: *pun-* + *-iss-eur*, *fin-* + *-iss-age*. Nach dieser Analyse würden Flexions- und Derivationsaffixe manchmal mit *-iss-* eine Konstituente bilden (*-iss-ons*, *-iss-age*), meistens aber direkt mit Verbstämmen (*chauff-ons*, *chauff-age*).

Bei der Lösung (b) ergibt sich ein übersichtlicheres Bild: Bestimmte Flexions- und Derivationsaffixe treten immer an Verbstämme. Die Verbstämme sind um *-i-* oder um *-iss-* erweitert, wenn sie der II. Konjugation angehören. Somit:

pun-i- + *-s*   *vend-* + *-s*
pun-iss- + *-ons*   *vend-* + *-ons*
pun-iss- + *-eur*   *vend-* + *-eur*

Drittes Beispiel: *dé-* + *compos-er* oder *dé-compos-* + *-er*? Verbinden sich Präfixe mit ganzen Wörtern oder mit Wortstämmen?

Beide Analysen wären nach den Prinzipien 1 und 2 ohne Weiteres vertretbar, aber für (b) spricht wieder das Prinzip 5.

Erstens werden so die Präfigierung und die Suffigierung parallel behandelt: zuerst Derivation, dann Flexion. Der Bildungsreihe *fertil-*, *fertil-is-*, *fertil-is-er* entspricht die Abfolge *compos-*, *dé-compos-*, *dé-compos-er*.

Zweitens müsste man bei einer Zerlegung *dé-* + *compos-er* für jede Flexionsform einen eigenen Derivationsprozess annehmen. Bei einer Zerlegung *dé-compos-* + *-er* dagegen wird die Beschreibung von Flexion und deverbaler Derivation sehr einfach: Durch die Anfügung von *dé-* entsteht aus dem Stamm *compos-* ein neuer Verbstamm *décompos-*. An diesen Stamm können nun Flexions- oder Derivationsaffixe treten: *dé-compos-* + *-ons*, *dé-compos-* + *-ez*, *dé-compos-* + *-able*, *dé-compos-* + *-ition*.

Viertes Beispiel: Welche Struktur soll man einem Wort wie *recommencement* zuschreiben, (a) oder (b)?

Nach den Prinzipien 1 bis 4 scheinen beide Möglichkeiten gleich gut zu sein. Nach (a) macht *re-* aus dem Substantiv *commencement* ein komplexeres Substantiv: *recommencement*. Nach (b) macht *re-* aus dem Verbstamm *commenc-* einen komplexeren Verbstamm *recommenc-*, und daraus entsteht mit dem Suffix *-ement* das Substantiv *recommencement*.

Ein Blick auf die französische Wortbildung zeigt, dass *re-* ein typisches Verbpräfix ist: *recomposer, reconquérir, recouvrir, redire, refaire, regagner, regonfler, reprendre* usw. Ist es außerdem auch ein Nominalpräfix? Sicher kommt *re-* in einer großen Zahl von Substantiven vor: *recommencement, regroupement, repliement, recoupage, redémarrage, reconstitution, reconstruction, reconduite, reconquête*. Wir stellen aber fest, dass bei allen diesen Beispielen der gleiche Zweifelsfall vorliegt: *redémarrage* mit *re-* von *démarrage* oder mit *-age* von *redémarr-*? Eindeutig denominal wären Bildungen aus *re-* + unabgeleitetem Substantiv. Solche sind nicht zu finden, höchstens das demotivierte *recoin*. Wörter wie *recul* oder *renouveau* sind von Verben abgeleitet. Das legt den Schluss nahe, dass mit *re-* keine denominalen Ableitungen möglich sind. So führt die Betrachtung des Gesamtsystems zu einer Entscheidung für die Zerlegung (b).

Fünftes Beispiel: *fertil- + -is-able* oder *fertil-is- + -able*? Nach Prinzip 5 ist die zweite Möglichkeit vorzuziehen, denn bei der ersten Zerlegung hätte *-able* eine recht merkwürdige Distribution: manchmal mit *-is-*, wie in *-is-able*, manchmal mit Verbstamm, wie in *aim-able*.

Einzelheiten zur Konstituentenanalyse s. Bloomfield (1933: 160f. u. 209f.); Wells (1947); Nida (1949: 86–95); Zwanenburg (1990).

3.3. Endung, Stamm, Radikal, Derivationsbasis

Endung. Die Flexionsendung (kurz: Endung) eines grammatischen Worts ist die Folge von Flexionsaffixen, die als unmittelbare Konstituente dieses Worts auftritt. Eine Flexionsendung kann im Französischen aus einem oder aus mehreren Affixen bestehen: *parl-er, parl-ons, parl-i-ons*.

Wir veranschaulichen das an einigen Beispielen:

V – Verbform, VSt – Verbstamm, FE – Flexionsendung, TM – Tempus-Modus-Affix, PN – Person-Numerus-Affix. Besteht die Endung aus nur einem Affix wie *bei parl-er*, etikettieren wir sie mit FE, ohne das Affix näher zu charakterisieren (s. auch II, 4.3.2.).

Nicht jedes Flexionsaffix, das am Wortende steht, ist auch die Endung dieses Worts, wie man aus den Abbildungen ersieht. Das Affix *-ons* ist die Flexionsendung von *parlons*, aber nicht von *parlions*. Das Affix *-s* ist die Flexionsendung von *cylindres*, aber nicht von *bloc-cylindres*, denn *-s* ist keine unmittelbare Konstituente dieses Kompositums:

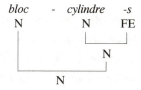

N – Substantiv, FE – Flexionsendung.

Stamm. (1) Wenn ein grammatisches Wort eine Flexionsendung hat, ist der Stamm dieses Worts gleich dem Teil, der nach Abtrennung der Endung übrig bleibt; vgl. die obigen Beispiele. (2) Hat ein Wort keine Flexionsendung, kann man den Stamm mit dem Wort gleichsetzen.

Die Bedingung (2) bedeutet: Der Stamm von *chien* ist *chien*, der Stamm von *redistribution* ist *redistribution*. Was ist der Sinn dieser Festlegung? Durch sie wird die Definition des Terminus "Lexikalisches Wort" in der Formulierung sehr einfach: Ein lexikalisches Wort ist eine Menge von grammatischen Wörtern, die morphemisch den gleichen Stamm haben und im gleichen Flexionsschema stehen; s.o., 2.1.2. Das lexikalische Wort CHIEN besteht aus den grammatischen Wörtern *chien* und *chiens*. Dieser einfache Sachverhalt wäre schwierig auszudrücken, wenn man bei der Form *chien* nicht auch von einem Stamm sprechen könnte.

Radikal. Es wurde schon darauf hingewiesen (2.3.2.), dass die Formen der Verben auf *-ir* eine Stammerweiterung *-i-* oder *-iss-* enthalten, so dass hier zwischen einem erweiterten und einem nichterweiterten Stamm (den wir "Radikal" nennen wollen) zu unterscheiden ist. Somit: (1) Wenn eine der unmittelbaren Konstituenten eines Stamms ein Stammerweiterungsaffix ist, dann ist das Radikal gleich dem Teil, der nach Abtrennung der Stammerweiterung übrig bleibt. (2) Ist keine Stammerweiterung vorhanden, so ist das Radikal gleich dem Stamm.

Zur Illustration: Der Stamm von *pun-i-r* ist *pun-i-*, der Stamm von *pun-iss-i-ez* ist *pun-iss-*, das Radikal ist in beiden Fällen *pun-*. Der Stamm des Worts *dorm-i-r-ez* ist *dorm-i-*, das Radikal ist *dorm-*. Der Stamm von *dorm-ons* ist *dorm-*, das Radikal ist gleich dem Stamm, also auch *dorm-*. Mehr dazu in II, 4.3.2.

V – Verbform, VSt – Verbstamm, Rad – Radikal, SE – Stammerweiterung.

Derivationsbasis. Ein Stamm (bzw. Radikal) kann morphologisch einfach (*parl-er*, *pun-i-r*) oder komplex (*centralis-er*, *ressais-i-r*) sein. Die Derivationsbasis (kurz: Basis) eines abgeleiteten Worts ist der Teil seines Stamms (Radikals), der übrig bleibt, wenn man das zuletzt angefügte Derivationsaffix abtrennt. Die Derivationsbasis von *nationaliser* ist *national*, die Basis von *national* ist *nation*. Mehr dazu in III, 1.3.

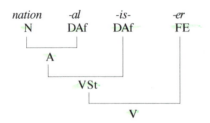

N – Substantiv, A – Adjektiv, DAf – Derivationsaffix.

Aufgaben und Fragen zu Teil I

1. Morphologische Analyse: (a) Vergleichen Sie die Ausdrücke (1) bis (12) und zerlegen Sie sie in Morphe. (b) Welche Morphe würden Sie jeweils zu einem Morphem zusammenfassen? Stützen Sie sich n u r auf dieses Corpus.

    (1) *armer*   (5) *couper*   (9) *intégrer*
    (2) *réarmer*   (6) *recouper*   (10) *réintégrer*
    (3) *réarmement*   (7) *découper*   (11) *désintégrer*
    (4) *désarmement* (8) *coupure*   (12) *intègre*

2. Warum unterscheidet man zwischen Morph und Morphem?

3. Welche Allomorphe hat das Morphem {/in-/}? Wodurch ist das Auftreten der verschiedenen Allomorphe bedingt?

    (1) /inegal/, /inartikyle/, /innɔ̃brabl/   (6) /inɔ̃brabl/
    (2) /immaterjɛl/, /immɔbil/   (7) /imaterjɛl/, /imɔbil/
    (3) /illegal/, /illizibl/   (8) /ilegal/, /ilizibl/
    (4) /irrezistibl/, /irreɛl/   (9) /irezistibl/, /ireɛl/
    (5) /ɛ̃ʒyst/, /ɛ̃syfizɑ̃/, /ɛ̃diskytabl/

4. Vergleichen Sie Bloomfields (1933) Definition des grammatischen Worts mit der von Martinet (1949). (a) Welche Schwierigkeiten ergeben sich bei Anwendung der Bloomfield'schen Definition auf das Französische? (b) Welche Probleme ergeben sich aus Martinets Definition? (c) Kann man den Begriff des Worts überhaupt befriedigend definieren?

5. Sind *chantions*, *avons chanté*, *avions chanté*, morphologisch gesehen, drei verschiedene Formen des lexikalischen Worts CHANTER?

6. (a) Zerlegen Sie die folgenden Wörter in Morphe: *chien, créer, créons, créions, créerons, création, séparer, séparable, inséparablement, séparation, final, finalité, finit, finissons, finissage, finition, introduisions, introduction, médire, méditation, ménager*. (b) Ordnen Sie die Morphe nach Wurzeln, Derivations-, Flexions- und Stammerweiterungsaffixen.

7. Geben Sie für folgende Wörter die Konstituentenstruktur an: *refermions, indiscutable, inséparablement, gratte-ciel, rince-doigts, tire-bouchons*.

Lösungshinweise findet man im Internet auf der Homepage des Verlages.

Teil II. Flexion

1. Allgemeines zur Flexion

1. Flexionsschema und Paradigma
2. Grammatische Kategorien

1.1. Flexionsschema und Paradigma

Grammatische Wörter können so in Serien angeordnet werden, dass ein Schema erkennbar wird:

(1)	*chien*	(2)	*homme*	(3)	*discussion*	(I) X
	chiens		*hommes*		*discussions*	X-s
(4)	*grand*	(5)	*petit*	(6)	*fort*	(II) X
	grande		*petite*		*forte*	X-e
	grands		*petits*		*forts*	X-s
	grandes		*petites*		*fortes*	X-e-s
(7)	*chante*	(8)	*parle*	(9)	*reste*	(III) X-e
	chantes		*parles*		*restes*	X-es
	chante		*parle*		*reste*	X-e
	chantons		*parlons*		*restons*	X-ons
	usw.		usw.		usw.	usw.

Die Serien enthalten ein regelmäßig wiederkehrendes Element, das sich mit einem oder mehreren Affixen verbinden kann. Einige Serien sind offenkundig gleich aufgebaut: Sie enthalten die gleichen Affixe bzw. Affixkombinationen. Diese Tatsache liegt den Flexionstabellen zugrunde, die man in jeder Grammatik findet. Aus gleich aufgebauten Serien kann man, wie in der letzten Spalte dargestellt, jeweils ein Schema abstrahieren.

Schemata wie I, II und III bezeichnen wir als **Flexionsschemata.** Das Symbol "X" steht für den Stamm, genauer gesagt, für eine Äquivalenzklasse von Stämmen, denn z. B. im Schema III kann "X" entweder stets denselben Stamm repräsentieren, z. B. *chant-*, oder aber verschiedene Stämme, die morphemisch gleich sind, z. B. *lev-, lèv-* oder *céd-, cèd-*.

Für Verben wie *dormir*, *partir*, *sortir* u. a. muss man ein Schema X-i-r, X-s, X-s, X-t, X-ons usw. ansetzen, in dem "X" für eine Äquivalenzklasse von Radikalen steht, denn diese Verben bilden ein Teil der Formen mit Stammerweiterung (*dorm-i-r*, *dorm-i-r-ons*), einen Teil ohne (*dor-s*, *dorm-ons*).

Die Flexionsschemata bekommt man, wie gesagt, durch Abstraktion aus gleichartigen Serien von grammatischen Wörtern. Nachdem die Schemata einmal etabliert sind, können wir umgekehrt einem grammatischen Wort die Eigenschaft zu- oder absprechen, in einem bestimmten Schema zu stehen. Ein Wort steht im Schema S, wenn es zu einer Serie gehört, aus der S durch Verallgemeinerung gewonnen wurde. So steht *petite* im Schema II, weil es zu einer Serie *petit*, *petite*, *petits*, *petites* gehört, die mit vielen anderen, ebenso aufgebauten Serien das Schema II liefert. Diesen Sachverhalt haben wir bei der Definition des lexikalischen Worts benutzt: Die Formen müssen im gleichen Flexionsschema stehen und den gleichen Stamm haben; s. o. I, 2.1.2.

Die hier besprochene Serienbildung können wir auch zur Definition des Begriffs "Paradigma" heranziehen: Ein **Paradigma** ist eine der Wortserien, die ein Flexionsschema ausfüllen. Oder anders ausgedrückt: Ein Paradigma ist die Menge der Formen eines lexikalischen Worts, angeordnet in einer bestimmten, konventionell festgelegten Reihenfolge.

1.2. Grammatische Kategorien

Der Ausdruck "Grammatische Kategorie" ist mehrdeutig. Man spricht von den Kategorien 'Numerus' oder 'Genus', aber auch von den Kategorien 'Plural' oder 'Maskulinum'. Diese Mehrdeutigkeit vermeidet man, indem man generische und spezifische Kategorien unterscheidet (Hockett 1958: 231):

Spezifische Kategorien sind Inhaltselemente sehr allgemeiner Natur, die in einer gegebenen Sprache regelmäßig ausgedrückt werden, z. B. 'Singular', 'Plural', 'Präsens', 'Imperfekt', 'Futur', 'Maskulinum', 'Femininum' usw.

Generische Kategorien sind Mengen von spezifischen Kategorien. Spezifische Kategorien, die bei der gleichen Wortart auftreten, aber sich gegenseitig ausschließen, werden zu einer generischen Kategorie zusammengefasst. So umfasst die generische Kategorie 'Numerus' im Französischen die spezifischen Kategorien 'Singular' und 'Plural', die generische Kategorie 'Tempus' umfasst die spezifischen Kategorien 'Präsens', 'Imperfekt', 'Futur' usw.

Es sind zwei Fälle möglich: Verschiedene Formen des gleichen lexikalischen Worts können durch verschiedene, einander ausschließende spezifische Kategorien charakterisiert sein, z. B. *chien* ('Sg.') – *chiens* ('Pl.'); es können aber auch alle Formen durch die gleiche spezifische Kategorie gekennzeichnet sein: *chien* – *chiens* (beide: 'Mask.'), *table* – *tables* (beide: 'Fem.'). Im ersten Falle spricht man von Variation, im zweiten von Inhärenz: Das Substantiv variiert im Numerus, das Genus ist dem Substantiv inhärent.

Im Französischen werden grammatische Kategorien in erster Linie synthetisch ausgedrückt, d. h. durch Flexionsaffixe (*chien-s, gris-e-s, travaill-i-ons*) oder durch deren Fehlen (*chien, gris*). Dabei tritt nicht selten eine Stammalternation ein: *œil* – *yeux, blanc* – *blanche, veux* – *voulons*. Auch die Verwendung von Hilfswörtern dient dem Ausdruck grammatischer Kategorien, und zwar bei der Steigerung des Adjektivs (*plus beau*), bei den zusammengesetzten Tempora (*avons travaillé*), beim Passiv (*est tuée*) und beim Gerundium (*en tuant*). Man bezeichnet das als analytische Bildung (die streng genommen nicht in die Morphologie gehört, sondern in die Syntax). Somit:

1. Das französische Substantiv ist gekennzeichnet durch die Kategorien 'Genus' und 'Numerus'. Es variiert nur im Numerus.
2. Das französische Adjektiv ist gekennzeichnet durch die Kategorien 'Genus', 'Numerus' und 'Steigerungsgrad'. Es variiert in Genus und Numerus. Bei der Steigerung werden der Komparativ und der Superlativ in der Regel analytisch gebildet. Manche Adjektive können nicht gesteigert werden, z. B. *circulaire, égal, solaire, latin, double*.
3. Das französische finite Verb ist gekennzeichnet durch die Kategorien 'Person', 'Numerus', 'Tempus', 'Modus', 'Genus verbi'. Es variiert in Person, Numerus, Tempus und Modus. Ein Teil der Tempora und das Passiv werden analytisch gebildet.

Ein Flexionsaffix kann eine oder mehrere spezifische Kategorien ausdrücken. In den Adjektivformen *grand-s, grand-e, grand-e-s* bezeichnet das Suffix *-e* das Femininum, das Suffix *-s* den Plural. In *chant-ass-ent* drückt *-ass-* die Kategorien 'Konjunktiv' und 'Imperfekt' zugleich aus, und *-ent* drückt sowohl die 3. Person als auch den Plural aus.

Eine Definition des Begriffs "grammatische Kategorie" findet man u. a. bei Mel'čuk (1976: 319–338); unsere Darstellung hat sich daran orientiert. Zur Diskussion von Einzelkategorien siehe u. a. Hockett (1958: 230–239), Gleason (1961: 222–238), Lyons (1968: 270–317), Bergenholtz/Mugdan (1979: 144–147).

2. Substantivflexion

1. Grammatische Kategorien des Substantivs
2. Der Plural
3. Der Singular

2.1. Grammatische Kategorien des Substantivs

Die grammatischen Kategorien des französischen Substantivs sind Genus und Numerus.

	generisch	spezifisch
	Genus:	Maskulinum, Femininum
	Numerus:	Singular, Plural

Numerus. Der Numerus ist in der Regel frei wählbar. Eine Ausnahme stellen die Pluralia tantum dar wie *les épinards, les fiançailles, les ténèbres* usw. Singularia tantum gibt es im Französischen nur wenige; sogar Stoffnamen wie *chou, beurre, blé* haben, anders als im Deutschen, eine Pluralform. Singularia tantum sind nach Grevisse/Goosse (2011: 692) u. a.: Namen von Wissenschaften wie *botanique*, Substantive zur Benennung von Eigenschaften wie *solidité*, Namen von Himmelsrichtungen wie *nord*.

Genus. Das Genus ist nicht frei wählbar, es ist dem Substantiv **inhärent**. Während man ein Adjektiv in die maskuline (*grand*) oder feminine Form (*grande*) setzen kann, i s t ein Substantiv maskulin oder feminin; es kann nicht ins andere Genus "gesetzt" werden. Die folgenden Beispiele sind nur scheinbar Ausnahmen:

(1) *ami – amie*
(2) *patron – patronne*
(3) *collaborateur – collaboratrice*
(4) *danseur – danseuse*

Bei den Paaren (1) – (4) ist zu beachten, dass es sich dabei nicht um zwei Formen eines Substantivs, sondern um jeweils zwei verschiedene Substantive handelt. Das Suffix *-e* bedeutet nicht 'Femininum', sondern 'weibliches Lebewesen'. Unter synchronischem Gesichtspunkt muss man dieses *-e* wohl als Derivationssuffix anerkennen. Diachronisch geht es auf das *-a* der lat. a-Deklination zurück (*amica*), doch findet man *-e* auch bei Substantiven, wo *-a* im Lateinischen nicht hätte stehen können:

chienne, lionne. Das Substantiv *collaboratrice* ist nicht die "feminine Form" zu *collaborateur*, vielmehr unterscheiden sich die beiden Wörter durch zwei (semantisch verwandte) Derivationssuffixe; *-ateur* bezeichnet ein männliches, *-atrice* ein weibliches Lebewesen, das die in der Derivationsbasis benannte Handlung ausübt. Außerdem dienen Nomina agentis oft zur Bezeichnung von Geräten: *aspirateur, calculatrice, batteur, friteuse.*

2.2. Der Plural

Formaler Ausdruck des Plurals ist das Morphem {-s$_{pl}$} bzw. {/-z/$_{pl}$}. Wir beginnen mit einer Übersicht zur Allomorphie:

Morphem		Allomorphe		Beispiele für das Vorkommen
gesprochen	geschrieben	gesprochen	geschrieben	
{/-z/$_{pl}$}	{-s$_{pl}$}	/-(z)/	-s	*enfants adorables* (liaison fac.)
			-x	*bijoux extraordinaires* (liaison fac.)
			-Ø	*prix élevés* (liaison facultative)

Die Notation /-(z)/ repräsentiert zwei Allomorphe: /-z/ und /-Ø/.

In der gesprochenen Sprache wird {-/z/$_{pl}$} meist als Null realisiert. Doch handelt es sich um einen latenten Konsonanten, der in der *liaison* hörbar wird, dies vor allem bei nachgestelltem vokalisch anlautendem Adjektiv: /ɑ̃fɑ̃zadɔrabl/ (*enfants adorables*), /fɔrsəzalje/ (*forces alliées*), /aktəzymɛ̃/ (*actes humains*).

In der geschriebenen Sprache ist das Pluralkennzeichen normalerweise *-s*, manchmal *-x*. Das Affix *-x* tritt bei den meisten Substantiven auf, die im Schriftbild auf *-au*, *-eau*, *-eu* enden[15], z. B. *noyaux, tuyaux, manteaux, aveux, cheveux, neveux* (aber: *pneus*), ferner bei einigen Substantiven auf *-ou*: *bijoux, choux, genoux, hiboux* (aber: *clous*). Das Allomorph Null kann man aus systematischen Gründen bei den Substantiven auf *-s*, *-x*, *-z* annehmen: *les cours-Ø, les prix-Ø, les nez-Ø*.

Die meisten Substantive auf *-al* haben einen Plural auf *-aux*, z. B. *animaux, chevaux, fanaux, généraux, journaux, maux, terminaux* (aber: *bals, carnavals, festivals* u. a.) Die Substantive auf *-ail* haben in der Regel einen Plural auf *-s*, z. B. *chandails, détails, portails, rails* usw.; daneben gibt es einige Ausnahmen wie *baux, coraux, émaux, soupiraux, travaux, vantaux, vitraux*. Wie kann man bei solchen Wörtern die

---

[15] Mit "enden" ist nur gemeint, dass diese Graphemfolgen am Wortende stehen. Natürlich sind das keine Flexionsendungen.

Pluralbildung beschreiben? Die einfachste Lösung besteht in der Annahme, dass die hier betrachteten Wörter zwei Stammallomorphe haben, von denen eines im Singular, eines im Plural auftritt: im Singular /travaj/ bzw. *travail*, im Plural /travo-/ bzw. *travau-*. Die eigentliche Pluralbildung besteht in der Anfügung des Pluralaffixes /-(z)/ bzw. *-x* an den Pluralstamm. Der einzige Unterschied zur Bildung des Plurals bei *noyau, manteau, bijou* usw. liegt darin, dass Wörter wie *mal* und *travail* im Plural ein anderes Stammallomorph haben als im Singular.[16]

Morphem		Allomorphe		Beispiele für das Vorkommen
gesprochen	geschrieben	gesprochen	geschrieben	
{/mal/}	{mal}	/mal/	*mal*	*mal insupportable*
		/mo-/	*mau-*	*maux insupportables* (liaison fac.)
{/travaj/}	{travail}	/travaj/	*travail*	*travail extraordinaire*
		/travo-/	*travau-*	*travaux extraordinaires* (liaison fac.)

2.3. Der Singular

Wodurch wird der Singular ausgedrückt? Ganz einfach durch das Fehlen des Pluralmorphems. Eine Pluralform besteht aus Stamm + Pluralaffix, eine Singularform aus dem Stamm allein.

Wollte man vertreten, dass auch der Singular durch ein Affix ausgedrückt wird, so müsste man ein Singularmorphem postulieren, dessen einziges Allomorph Null wäre. Nun ist aber zum einen die Annahme von Nullmorphemen sehr umstritten (I, 1.7.), zum anderen wäre bei einem Paradigma, das aus nur zwei Formen besteht, ein solcher Beschreibungsaufwand kaum gerechtfertigt. Kurzum: Wir müssen klar unterscheiden zwischen dem Fehlen eines Affixes (z. B. im Singular) und der Anwesenheit eines Affixes, das als Null erscheint (z. B. in Pluralformen wie *les prix-Ø*, *les nez-Ø*).

---

[16] Hier wird eine andere Analyse vorgeschlagen als in der 1. Auflage dieses Arbeitshefts, wo zu einer begrifflichen Hilfskonstruktion gegriffen wurde, dem Ersetzungsmorph. Die Strukturalisten haben Ersetzungsmorphe postuliert, um Paare wie engl. *foot – feet* oder *sing – sang* beschreiben zu können, s. z. B. Gleason (1961: 74f.). Die jetzt gewählte Analyse, bei der zwei Stammvarianten angenommen werden, ist weniger aufwendig und passt besser ins Gesamtbild der französischen Flexion, denn das Vorliegen mehrerer Stammallomorphe ist auch bei der Adjektiv- und Verbalflexion zu beobachten: *blanc – blanche, cèdes – cédons*.

3. Adjektivflexion

1. Grammatische Kategorien des Adjektivs
2. Die Endung
3. Der Stamm
4. Zur Morphophonemik des Adjektivs

3.1. Grammatische Kategorien des Adjektivs

Das Adjektiv ist gekennzeichnet durch Genus, Numerus und Steigerungsgrad:

generisch	spezifisch
Genus:	Maskulinum, Femininum
Numerus:	Singular, Plural
Steigerungsgrad:	Positiv, Komparativ, Superlativ

Genus und Numerus. Das Adjektiv variiert in Genus und Numerus. Das Femininum und der Plural werden durch Affixe ausgedrückt, das Maskulinum und der Singular durch die Abwesenheit eines Affixes: *lourd, lourd-e, lourd-s, lourd-e-s*. Darüber hinaus gibt es in der gesprochenen Sprache Unterschiede im Stamm: In den Maskulinformen tritt regelmäßig (wenn auch nicht bei allen Adjektiven) eine andere Stammvariante auf als in den Femininformen.

Steigerung. Im Französischen werden die Steigerungsformen in der Regel analytisch gebildet, d. h. unter Verwendung der Adverbien *plus* oder *moins*, z. B. *cher – plus cher – le plus cher* und *cher – moins cher – le moins cher*. Analytische Bildungen gehören nicht in die Morphologie, sondern in die Syntax (s. o., I, 2.1.2. und II, 1.2.; vgl. auch Grevisse/Goosse 2011: 767). Nur in einigen Fällen hat sich der lateinische synthetische Komparativ erhalten, der nun auch zur Superlativbildung herangezogen wird: *meilleur, moindre, pire*. Viele Adjektive sind aus semantischen Gründen nicht steigerbar, insbesondere Relationsadjektive wie *atomique, scolaire, municipal*.

3.2. Die Endung

Eine Adjektivendung besteht aus einem Femininaffix allein (*grand-e*), aus einem Pluralaffix allein (*grand-s*) oder aus einer Kombination von Feminin- und Pluralaffix (*grand-e-s*). Eine Maskulin-Singular-Form enthält keine Endung (*grand*).

Das Femininum. Eine Femininform besteht aus Feminin-Stamm + Feminin-Affix. Der Femininstamm wird in 3.3. behandelt werden. Es folgt eine Übersicht zur Allomorphie des Feminin-Affixes:

Morphem		Allomorphe		Beispiele für das Vorkommen
gesprochen	geschrieben	gesprochen	geschrieben	
{/-ə/$_{fem}$}	{-e$_{fem}$}	/-ə/	-e	*grande honte*
		/-Ø/	-e	*grande surprise, jolie femme*
			-Ø	*discussion inutile*

Dem Allomorph /-Ø/ der gesprochenen Sprache kann in der geschriebenen Sprache ein *-e* entsprechen wie in *grande* oder eine *-Ø* wie in *inutile*, dessen *-e* ja zum Stamm gehört. Dieses stammhafte *-e* kann hörbar sein wie in *pauvre vieille* oder stumm wie in *pauvre amie, discussion inutile*.

In der gesprochenen Sprache wird {/-ə/$_{fem}$} meist als /-Ø/ realisiert. Immerhin kann es nach den Regeln für das *e instable* unter bestimmten Bedingungen auch hörbar sein; dies vor allem vor *h aspiré* (hier als ' notiert) oder wenn ihm mindestens zwei Konsonanten vorausgehen und mindestens einer folgt ("Dreikonsonantengesetz").

(1) /yngrɑ̃də'ɔ̃t/ (*une grande honte*)
(2) /laptitə'aʃ/ (*la petite hache*)
(3) /ynlurdətaʃ/ (*une lourde tâche*)

Wir erklären /-ə/ zum Basisallomorph, aus dem wir /-Ø/ mit einer morphophonemischen Regel, der Regel für die /ə/-Tilgung, ableiten. Wir formulieren diese Regel nicht aus, geben jedoch zur Illustration einige Bedingungen an, unter denen /ə/ getilgt wird, wobei (d) nur mit einigen Einschränkungen gilt, s. Fouché (1959: 100ff.):

e-instable-Tilgung erfolgt u. a.

(a) am Ende einer Intonationsgruppe: *elle est belle*,
(b) unmittelbar vor Vokal: *une ancienne amitié, une fâcheuse affaire*,
(c) unmittelbar nach Vokal: *jolie, polie, aiguë, floue*,
(d) wenn genau ein Konsonant vorangeht und einer folgt: *belle fille, bonne chance*.

In der geschriebenen Sprache ist normalerweise *-e* das Femininkennzeichen: *anglaise, grande, grise, jolie, noire, petite*. Das Allomorph *-Ø* kann aus systematischen Gründen bei den Adjektiven angenommen werden, die schon im Maskulinum auf *-e* enden, also z. B. bei *facile, libre, pauvre, rapide, stable, utile*, ferner bei den Adjektiven auf *-able, -aire, -esque, -estre, -ible, -ique, -iste, -(at)oire*, wie *aimable, vulgaire, chevaleresque, terrestre, horrible, ironique, gaulliste, diffamatoire, illusoire*.

Der Plural. Das Pluralmorphem hat die gleichen Allomorphe wie bei den Substantiven. Adjektive auf *-al* haben im Mask. Pl. eine Stammvariante auf *-au-*: *fondamentaux, nationaux, normaux*.

Morphem		Allomorphe		Beispiele für das Vorkommen
gesprochen	geschrieben	gesprochen	geschrieben	
{/-z/$_{pl}$}	{-s$_{pl}$}	/-(z)/	-s	*bons enfants, belles choses*
			-x	*beaux esprits, beaux cadeaux*
			-Ø	*doux, gros, fameux, furieux, sérieux*

Die Notation /-(z)/ repräsentiert zwei Allomorphe: /-z/ und /-Ø/.

In der gesprochenen Sprache erscheint {-/z/$_{pl}$} meist als /-Ø/. Doch handelt es sich um einen latenten Konsonanten, der in der *liaison* hörbar ist; diese tritt obligatorisch ein bei vorangestelltem Adjektiv, wenn das nachfolgende Substantiv vokalisch anlautet wie in *Beaux-Arts, jeunes enfants, principaux adversaires*.

3.3. Der Stamm

Wir erinnern an die Definition: Der Stamm einer Wortform ist der Teil, der nach Abtrennung der Endung übrig bleibt. Hat eine Form keine Flexionsendung, kann man den Stamm mit dieser Form gleichsetzen. Betrachten wir einige Paradigmen. (Elemente, die in der betreffenden Wortform verstummen können, sind eingeklammert.)

geschrieb.	gesprochen	Beispiele
fort	/fɔr/	*un fort avantage*
fort-e	/fɔrt-(ə)/	*une forte fièvre, elle est forte*
fort-s	/fɔr-(z)/	*de forts arguments, de forts garçons*
fort-e-s	/fɔrt-(ə)-(z)/	*de fortes impressions, de fortes présomptions*
petit	/p(ə)ti(t)/	*un petit ami, un petit garçon*
petit-e	/p(ə)tit-(ə)/	*une petite hutte, une petite femme*
petit-s	/p(ə)ti-(z)/	*de petits enfants, de petits garçons*
petit-e-s	/p(ə)tit-(ə)-(z)/	*de petites amies, de petites huttes, de petites choses*
grand	/grã(t)/	*un grand hôtel, un grand jardin*
grand-e	/grãd-(ə)/	*une grande honte, une grande quantité*
grand-s	/grã-(z)/	*de grands amis, de grands chiens*
grand-e-s	/grãd-(ə)-(z)/	*de grandes émotions, de grandes haies, de grandes rues*

Wir stellen fest:

1. Während in der geschriebenen Sprache alle Formen von *fort* den gleichen Stamm haben, liegen in der gesprochenen Sprache zwei Stämme vor, einer in den maskulinen und einer in den femininen Formen.
2. Bei Adjektiven wie *petit* oder *grand* ist es nützlich, zu unterscheiden: den Femininstamm, den langen Maskulinstamm und den kurzen Maskulinstamm. Im Auslaut des Femininstamms und des langen Maskulinstamms ist ein Konsonant hörbar, der im kurzen Maskulinstamm verstummt. Dabei kann der Konsonant des langen Maskulinstamms mit dem des Femininstamms identisch sein oder auch nicht; man vergleiche *petit* mit *grand*.
3. Der Femininstamm tritt oft auch bei der Derivation auf, z. B. in *fortifier, petitesse, grandeur*: /fɔrt-ifje/, /p(ə)tit-ɛs/, /grɑ̃d-œr/.[17] Adverbien auf *-ment* wie *clairement* enthalten die volle Femininform (mit *-e*), s. auch III, 2.6.3.

Maskulin- und Femininstamm. Selbstverständlich fassen wir die Formen /fɔr/ und /fɔrt-/, /frwa/ und /frwad-/, /grɑ̃/, /grɑ̃t/ und /grɑ̃d-/ jeweils zu einem Morphem zusammen. Aber das ist noch nicht alles. Wir betrachten die verschiedenen Stammvarianten nicht als "gleichberechtigt", sondern erklären den Femininstamm zum Basisallomorph.[18] Warum den Femininstamm? Weil vom langen Stamm aus der kurze vorhersagbar ist, umgekehrt aber nicht (I, 1.8.2.). So haben wir /p(ə)ti/ und /p(ə)tit-/ gegenüber /gri/ und /griz-/, /pla/ und /plat-/ gegenüber /bɑ/ und /bɑs-/, /drwa/ und /drwat-/ gegenüber /frwa/ und /frwad-/.

Den kurzen Maskulinstamm leiten wir mit einer einfachen morphophonemischen Regel ab, die wir schon aus I, 1.8.2. kennen:

– Basisallomorphe: /pətit-/, /griz-/, /plat-/, /bɑs-/, /drwat-/, /frwad-/ usw.
– Morphophonemische Regel (Skizze): Der Endkonsonant wird getilgt außer bei *liaison* (*petit ami*) oder vor vokalisch anlautendem Suffix (*petit-esse, petit-e*).[19]

---

[17] Ausnahme: einige Bildungen auf *-té* wie *bonté, fierté*. Frz. *bonté* ist das lautgesetzliche Resultat von lat. *bonitatem*, *fierté* eine alte Ableitung von *fier*.

[18] Wie man bei Wörtern wie *grand* verfahren soll, wollen wir nicht diskutieren. Man kann für den Stamm zwei Basisformen annehmen oder aber den langen Maskulinstamm mit Hilfe einer Ersetzungsregel ableiten.

[19] Bekanntlich wird bei der Suffigierung wie auch bei der *liaison* der Endkonsonant in die nächste Silbe "hinübergezogen": /grɑ̃.dœr/, /pə.ti.tə.'yt/, /pə.ti.tɑ̃.fɑ̃/. Deshalb lässt sich die Regel auch so formulieren: Ein latenter Konsonant bleibt erhalten, wenn er im Silbenanlaut steht. Er wird getilgt, wenn er im Silbenauslaut steht (außer, wenn dies auf Grund einer /ə/-Tilgung der Fall ist wie z. B. in /pə.tit.fij/). Hierzu s. Schwarze/Lahiri (1998: 81ff.).

Die Regel ist nicht anwendbar auf Wörter mit stabilem Konsonanten, z. B. /bryt/ (*brut, brute*). Sie darf auch nicht nach der Tilgung des *e instable* angewendet werden, sonst kommt für *petite* auch wieder /p(ə)ti/ heraus, s. u., 3.4.

Es folgen nun einige Beispiele mit Konsonanten, die im Maskulinstamm stumm, im Femininstamm aber hörbar sind:

/d/: *blond – blonde, chaud – chaude, grand – grande, froid – froide*
/t/: *fort – forte, petit – petite, secret – secrète, vert – verte*
/g/: *long – longue*
/k/: *franc$_1$ – franque*
/kt/: *exact – exacte, suspect – suspecte*; im Mask. fakultativ: /ɛgza(kt)/, /syspɛ(kt)/
/z/: *heureux – heureuse, mauvais – mauvaise, niais – niaise, sérieux – sérieuse*
/s/: *doux – douce, faux – fausse, gros – grosse*
/ʃ/: *blanc – blanche, franc$_2$ – franche, frais – fraîche*
/r/: *dernier – dernière, entier – entière, léger – légère, premier – première*

Beim latenten /r/ alterniert das vorangehende /e/ mit /ɛ/: *dernier – dernière*.[20] Ein anderes Beispiel für begleitende Vokalalternanz ist der Wechsel zwischen Oral- und Nasalvokal. Ist der Endkonsonant nasal, so geht sein Verstummen mit einer Nasalierung, sein Hörbarwerden mit einer Entnasalierung des vorangehenden Vokals einher:

/ɑ̃ ~ an/: *occitan – occitane, paysan – paysanne, toscan – toscane*
/ɔ̃ ~ ɔn/: *bon – bonne, mignon – mignonne*
/œ̃ ~ yn/: *brun – brune, commun – commune*
/ɛ̃ ~ ɛn/: *américain – américaine, plein – pleine, prochain – prochaine*
/ɛ̃ ~ in/: *fin – fine, voisin – voisine*
/ɛ̃ ~ iɲ/: *bénin – bénigne, malin – maligne*

Langer und kurzer Maskulinstamm. Die Unterscheidung zwischen einem langen und einem kurzen Stamm beim Mask. beruht außer beim Typ *beau – bel* (s. u.) auf der *liaison*. Sie ist deshalb fast nur bei Adjektiven möglich, die einem Substantiv vorangestellt werden können (*petit enfant* vs. *petit garçon*), denn sonst kommt die *liaison* selten vor (wie in *prêt-à-porter*). Der lange Maskulinstamm und der Femininstamm fallen meist zusammen wie in (1) und (2); manchmal sind sie auch verschieden wie in (3) bis (7):

---

[20] Das wird manchmal damit erklärt, dass /e/ nicht in geschlossener Silbe stehen darf: /dɛrnjɛr/. Dem ist entgegenzuhalten, dass im Femininum i m m e r /ɛ/ kommt, auch wenn die Silbe offen ist wie in *dernière étape*: /dɛr.njɛ.re.tap/.

(1) /ləptitɑ̃fɑ̃/ – /laptitafɛr/ (*le petit enfant – la petite affaire*)
(2) /œ̃famøzɛgzɑ̃pl/ – /ynfamøzafɛr/ (*un fameux exemple – une fameuse affaire*)
(3) /œ̃grɑ̃tɔtɛl/ – /yngrɑ̃ddam/ (*un grand hôtel – une grande dame*)
(4) /œ̃lɔ̃kivɛr/ – /ynlɔ̃gdiskysjɔ̃/ (*un long hiver – une longue discussion*)
(5) /œ̃fozami/ – /ynfosamitje/ (*un faux ami – une fausse amitié*)
(6) /œ̃grozɔm/ – /yngrosɛrœr/ (*un gros homme – une grosse erreur*)
(7) /ləbazɑ̃pir/ –/labaslatinite/ (*le Bas-Empire – la basse latinité*)

Einen besonderen Maskulinstamm, der vor vokalisch anlautendem Substantiv auftritt, haben auch die Adjektive *beau, nouveau, fou, mou* und *vieux*: *un bel ami, jusqu'à nouvel ordre, un fol espoir, un mol oreiller, un vieil homme*.[21] Dieser Stamm unterscheidet sich nur orthographisch vom Femininstamm: *bel – bell-e*.

Sonderfälle. Vom Schema "langer Stamm im Femininum – kurzer Stamm im Maskulinum" gibt es folgende Abweichungen:

1. Konsonantenwechsel haben einige Adjektive wie *chétif – chétive, naïf – naïve, primitif – primitive, vif – vive, sec – sèche*.
2. Den gleichen Stamm für das Maskulinum und das Femininum haben Adjektive mit stabilem Auslautkonsonanten, z. B. / bryt/ (*brut – brute*), /strikt/ (*strict – stricte*), /kɔrɛkt/ (*correct – correcte*), ferner /amɛr/, /ʃɛr/, /grɛk/, /tyrk/ (mit Unterschieden nur im Schriftbild: *amer – amère, cher – chère, grec – grecque, turc – turque*).
3. Auch bei Auslaut auf Oralvokal gibt es nur einen Stamm fürs Maskulinum und fürs Femininum: /ʒɔli/ (*joli – jolie*), /ɛgy/ (*aigu – aiguë*).

3.4. Zur Morphophonemik des Adjektivs

Wir gehen aus von folgenden Basisallomorphen:

– beim Adjektivstamm: Stamm der femininen Form, z. B. /fɔrt-/;
– beim Femininmorphem: /-ə/;
– beim Pluralmorphem: /-z/.

Wir zeigen nun, dass mit den Regeln der Konsonantentilgung und der /ə/-Tilgung die richtige Adjektivform abgeleitet werden kann. Zur Illustration wählen wir den Aus-

---

[21] Der Wechsel von vokalisch und konsonantisch auslautender Form erklärt sich aus der Vokalisierung des /l/ vor Konsonant im Afrz.; Näheres s. Rheinfelder (1976a: 129–133 u. 241; 1976b: 50).

druck *de hautes herbes*. Es sei noch einmal betont, dass hier nicht die Ableitung einer phonetischen aus einer phonologischen Repräsentation dargestellt wird, wie z. B. bei Schane (1968: 1–17) oder Dell (1980: 151–168), sondern eine Beziehung zwischen Folgen von Allomorphen (vgl. I, 1.8.2.). Als Ausgangspunkt geben wir eine Folge von Basisallomorphen an und leiten daraus die Folge von Morphen ab, aus denen sich die sprachliche Form *de hautes herbes* zusammensetzt. Wir notieren das *h aspiré* mit ', Morphemgrenzen mit - , Wortgrenzen mit # und die Grenze einer Intonationsgruppe mit ## .

/də # 'ot-ə-z # ɛrbə-z ##/	Basisform
/də # 'ot-ə-z # ɛrbə-Ø ##/	Endkonsonant bleibt stehen bei *liaison*, wird getilgt vor ##.
/də # 'ot-Ø-z # ɛrb-Ø ##/	*e instable* bleibt stehen vor *h aspiré* (/də/), wird getilgt nach einem Konsonanten vor einem weiteren Konsonanten (/ot-Ø-z/), wird getilgt vor ## (/ɛrb-Ø/).

Die Regel der Konsonantentilgung darf nicht nach der /ə/-Tilgung angewendet werden, wie man sich leicht überzeugen kann: Bei *haute volée* bekäme man aus /'otə/ erst /'ot/ (richtig), dann aber /'o/ (falsch). Und bei *petite chose* bekäme man erst /ptitʃoz/ (richtig), dann aber */ptiʃo/ (falsch).

Zum Abschluss bringen wir ein Beispiel für das Zusammenspiel der Allomorphie der Flexionsaffixe und des Stamms in verschiedenen Adjektivformen.

Form	gespr.	geschr.	Beispiele (gespr.)	Beispiele (geschrieben)
Mask. Sg.	/fɔr/	*fort*	/œfɔravɑ̃taʒ/	*un fort avantage*
Fem. Sg.	/fɔrt-ə/	*fort-e*	/ynfɔrtəfjɛvr/	*une forte fièvre*
	/fɔrt-Ø/		/ɛlɛfɔrt/	*elle est forte*
Mask. Pl.	/fɔr-z/	*fort-s*	/dəfɔrzargymɑ̃/	*de forts arguments*[22]
	/fɔr-Ø/		/ilsɔ̃fɔr/	*ils sont forts*
Fem. Pl.	/fɔrt-ə-z/	*fort-e-s*	/dəfɔrtəzemosjɔ̃/	*de fortes émotions*
	/fɔrt-Ø-z/		/dəfɔrtzemosjɔ̃/	*de fortes émotions*[23]
	/fɔrt-ə-Ø/		/dəfɔrtəʃɑ̃s/	*de fortes chances*
	/fɔrt-Ø-Ø/		/ɛlsɔ̃fɔrt/	*elles sont fortes*

---

[22] Zu *un fort avantage* und *de forts arguments* siehe Fouché (1959: 470, Rem II).
[23] Fouché (1959: 139) gibt nur diese Aussprache an.

4. Verbflexion

1. Grammatische Kategorien des Verbs
2. Verbklassifikation
3. Aufbau einer Verbform
4. Finite Verbformen: die Endung
5. Finite Verbformen: der Stamm
6. Die infiniten Verbformen
7. Ein deskriptives Problem: das "starke" Passé simple

4.1. Grammatische Kategorien des Verbs

Man unterscheidet zwischen finiten und infiniten Verbformen. Finite Formen sind solche, die die Kategorie 'Person' ausdrücken (*aime, aimes* usw.). Infinite Verbformen sind der Infinitiv (*aimer*), das Partizip (*aimant, aimé*) und das Gerundium (*en aimant*). Sowohl die finiten als auch die infiniten Formen unterteilt man in einfache (*aime, aimer*) und zusammengesetzte (*ai aimé, avoir aimé*).

Die **finiten** Verbformen sind durch folgende Kategorien gekennzeichnet:

generisch	spezifisch
Person:	1., 2., 3.
Numerus:	Singular und Plural
Tempus:	Präsens, Imperfekt, Passé simple, Futur, Konditional, zusammengesetzte Tempora
Modus:	Indikativ, Konjunktiv, Konditional, Imperativ
Genus verbi:	Aktiv und Passiv

Zu den **infiniten** Formen: Infinitiv, Partizip und Gerundium werden in vielen französischen Grammatiken zu den Modi gerechnet; bei Grevisse/Goosse (2011: 1026) heißen sie "modes impersonnels ou non conjugués". Das Partizip Präsens ist unveränderlich, das Partizip Perfekt flektiert nach Genus und Numerus.

Kategorien, die durch analytische Formen ausgedrückt werden, sehen wir nicht als morphologisch an (s. o., 1.2.). Das betrifft das gesamte Passiv, die zusammengesetzten Tempora und das Gerundium.

Ein Grenzfall ist der Imperativ. Außer bei der 2. Sg. der Verben auf *-er* (*chante, parle* usw.) und einiger Verben auf *-ir* (*ouvre, cueille* u. a.) ist er nicht durch eigene Endungen charakterisiert, und Besonderheiten im Stamm treten nur bei vier Verben auf: *avoir*, *être*, *savoir*, *vouloir*. Das Hauptkennzeichen des Imperativs ist das Fehlen eines Subjektpronomens. Man kann also durchaus die Auffassung vertreten, dass der Imperativ keine morphologische Kategorie ist, da er überwiegend durch syntaktische Mittel ausgedrückt wird.

Tempus. Obwohl die zusammengesetzten Tempora nicht in unser Gebiet fallen, zählen wir sie der Übersicht halber mit auf, hier für den Indikativ:

temps simples	**temps composés**	**temps surcomposés**
présent	passé composé	passé surcomposé
je parle	*j'ai parlé*	*j'ai eu parlé*
imparfait	plus-que-parfait	plus-que-parfait surcomposé
je parlais	*j'avais parlé*	*j'avais eu parlé*
passé simple	passé antérieur	–
je parlai	*j'eus parlé*	
futur	futur antérieur	futur antérieur surcomposé
je parlerai	*j'aurai parlé*	*j'aurai eu parlé*
conditionnel	conditionnel passé	conditionnel passé surcomposé
je parlerais	*j'aurais parlé*	*j'aurais eu parlé*

Aspekt. Das Imperfekt und das Passé simple drücken keine verschiedenen Zeitstufen aus, sondern unterschiedliche Sichtweisen einer vergangenen Handlung: eine Handlung in ihrem Verlauf gegenüber einer Handlung als abgeschlossenem Ganzen. Der Einfachheit halber werden wir uns aber einem verbreiteten Brauch anschließen und Imperfekt und Passé simple als Tempora bezeichnen.

Modus. Der Konditional kann je nach Verwendung Tempus oder Modus sein, deshalb haben wir ihn unter beiden Rubriken aufgezählt. Tempus ist er in (1), Modus in (2):

(1) *Je savais qu'il viendrait.*
(2) *Si je le savais, je le dirais.*

4.2. Verbklassifikation

Es gibt zwei Prinzipien, nach denen Verben klassifiziert werden können: (a) nach der Form des Infinitivs, (b) nach der Zahl der Stammvarianten. Die Klassifikation nach der Form des Infinitivs ist die klassische Einteilung, die man in Grammatiken findet.

Nach der Form des Infinitivs unterscheidet man folgende Konjugationsklassen:[24]

I. die Verben auf *-er*: *chanter, parler*
II. die Verben auf *-ir* mit Stammerweiterung *-iss-*: *finir, punir*
III. die übrigen Verben:
    a. die Verben auf *-ir* ohne *-iss-*Erweiterung: *dormir, servir, venir*
    b. die Verben auf *-oir*: *devoir, recevoir*
    c. die Verben auf *-re*: *croire, écrire, rendre*

Diese Einteilung ist historisch begründet und geht auf die lateinischen Verbklassen zurück.[25]

I. *cantare > chanter*
II. *finire > finir*
III. a. *venire > venir*
    b. *debēre > devoir*
    c. *scribĕre > écrire*

Zweierlei ist zu beachten: 1. Viele Verben haben gegenüber dem klassischen Latein die Klasse gewechselt: frz. *savoir* < vlat. *sapēre* (klat. *sapĕre*), frz. *répondre* < vlat. *respondēre* (klat. *respondĕre*). 2. Verben, die nicht ererbt, sondern aus dem Lateinischen entlehnt sind (s. III, 1.5.), hat das Französische fast immer in die I. Konjugation eingereiht, unabhängig von der Konjugationsklasse im Lateinischen: lat. *adorare* – frz. *adorer*, lat. *persuadēre* – frz. *persuader*, lat. *negligĕre* – frz. *négliger*.

Als Alternative zur Klassifikation nach Infinitiven hat Dubois (1966) eine Klassifikation nach der Anzahl der Verbstämme vorgeschlagen. Hierzu einige Beispiele:

(1) Verb mit einem Stamm, z. B. *chanter*: *chant-*
(2) Verb mit zwei Stämmen, z. B. *écrire*: *écri-*, *écriv-*
(3) Verb mit drei Stämmen, z. B. *plaindre*: *plain-*, *plaign-*, *plaind-*
(4) Verb mit vier Stämmen, z. B. *valoir*: *vau-*, *val-*, *vaud-*, *vaill-*
(5) Verb mit fünf Stämmen, z. B. *vouloir*: *veu-*, *voul-*, *veul-*, *voud-*, *veuill-*
(6) Verb mit sechs Stämmen, z. B. *pouvoir*: *peu-*, *pouv-*, *peuv-*, *puiss-*, *pour-*, *p(u)-*

Für *être* kommt Dubois auf acht Stämme (1966: 191). Bei *p(u)-* und einigen anderen wie z. B. *d(u)-*, *conn(u)-* kann man den Vokal zum Stamm oder zur Endung zählen; s. u., 4.7. Bei beiden Analysen erhält man einen besonderen Stamm für das Passé simple.

---

[24] In älteren Grammatiken, z. B. Ayer (1885: 230), findet man substantiell die gleiche Einteilung, doch wird dort etwas anders nummeriert: I. Verben auf *-er*, II. Verben auf *-ir*, III. Verben auf *-oir*, IV. Verben auf *-re*. Innerhalb von II. gibt es dann zwei Untergruppen.
[25] In den lateinischen Grammatiken werden die Konjugationen etwas anders geordnet: I. *cantare*, II. *debēre*, III. *scribĕre*, IV. *finire*.

Bei *être* lassen sich sechs Stämme problemlos identifizieren: *êt-, soi-, soy-, ét-, se-, f(u)-* (*être, sois, soyons, étais, serai, fus*). Für die Präsens-Indikativ-Formen dagegen erscheint eine Zerlegung in Stamm und Endung wenig sinnvoll: *suis, es, est, sommes, êtes, sont*.

Bei *avoir* kann man sechs Stämme isolieren: *av-, a-, ai-, ay-, au-, eu-* (*avoir, as, aie, ayons, aurai, eus*). Im Präsens Indikativ ist eine Segmentierung in Stamm und Endung nicht bei allen Formen möglich: *ai, a-s, a, av-ons, av-ez, ont*.

Ein Sonderfall ist die **Suppletion.** Von Suppletion spricht man, wenn verschiedene Stämme eines Worts von unterschiedlicher etymologischer Herkunft sind. Ein Beispiel ist *aller*, dessen Stämme auf drei lateinische Verben zurückgehen: 1. *all-, aill-* von vlat. *al(are)*, klat. *ambul(are)*, 2. *i-* von lat. *i(re)*, 3. *vai-, va-* von lat. *vad(ere)*. Ein anderes Beispiel ist *être* mit *ét-* von lat. *st(are)* und den übrigen Stämmen von lat. *esse* (vlat. *essere*), das schon im Lateinischen suppletiv ist.

4.3. Aufbau einer Verbform

4.3.1. Stamm und Endung

Es entspricht der grammatischen Tradition, eine Verbform in Stamm und Endung zu zerlegen:

Verbform	Beispiel	Stamm	Endung
1. Pl. Präs. Ind.	*vendons*	*vend-*	*-ons*
1. Pl. Präs. Konj.	*vendions*	*vend-*	*-ions*
1. Pl. Imperf. Ind.	*vendions*	*vend-*	*-ions*

Während das Prinzip der Aufteilung in Stamm und Endung ebenso unumstritten ist wie die Zerlegung der obigen drei Formen, gibt es bei anderen Verbformen unterschiedliche Auffassungen darüber, wo der Schnitt zu legen ist:

Verbform	Beispiel	Zerlegung A		Zerlegung B	
1. Pl. Futur	*vendrons*	*vend-*	*-rons*	*vendr-*	*-ons*
1. Pl. Konditional	*vendrions*	*vend-*	*-rions*	*vendr-*	*-ions*
1. Pl. Passé simple	*vendîmes*	*vend-*	*-îmes*	*vendî-*	*-mes*
1. Pl. Imperf. Konj.	*vendissions*	*vend-*	*-issions*	*vendi-*	*-ssions*

Der Unterschied liegt darin, dass das Futur-*r* und der Passé-simple-Vokal bei Zerlegung A als Bestandteile der Endung, bei Zerlegung B als stammbildende Elemente aufgefasst werden; mehr dazu im Anhang I dieses Buches. Die folgende Darstellung orientiert sich an der Analyse A.

Zerlegung A findet man z. B. in der *Grammaire Larousse* (Chevalier et al. 1964: 287–294), bei Van Den Eynde/Blanche-Benveniste (1970: 415–418 u. 424ff.), Grevisse/Goosse (2011: 1076f., 1080) und Béchade (1992: 255–262). Zur Zerlegung B s. Hall (1948: 27f.). Viele Autoren vertreten eine "gemischte" Auffassung: Futur nach A, Passé simple nach B, so z. B. Gertner (1973: 17), Iliescu/Mourin (1991: 259–262 u. 328–330), Le Goffic (1997: 7–11), Huot (2005: 155–163). Umgekehrt wird das Futur nach B, das Passé simple nach A analysiert bei Ayer (1885: 241–243), Grundstrom (1983: 145 u. 147) u. a. Nicht immer wird restlos klar, ob der Passé-simple-Vokal zur Endung (Zerlegung A) oder zum Stamm (Zerlegung B) zu zählen ist, z. B. bei Pinchon/Couté (1981: 97–100 u. 249–254).

4.3.2. Bestandteile von Stamm und Endung

Stamm und Endung können noch einmal in sich strukturiert sein. Der Stamm kann aus einer Wurzel allein bestehen (*aim-er*) oder komplex sein (*décentralis-er*). Innerhalb der Endung eines finiten Verbs kann man oft zwei Elemente, ein Tempus-Modus-Affix und ein Person-Numerus-Affix, isolieren. Die Endung kann auch aus einem einzigen Affix bestehen, z. B. beim Infinitiv oder beim Partizip Präsens.

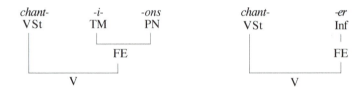

Besteht die Endung aus nur einem Affix wie bei *chant-er*, so werden wir sie der Einfachheit halber nur mit FE etikettieren, ohne das Affix näher zu charakterisieren:

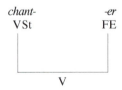

Stammerweiterung. Bei den Verben auf *-ir* kann man innerhalb des Stamms eine Stammerweiterung isolieren. Sie tritt in der II. Konjugation (*punir*) in den Varianten *-i-* und *-iss-* auf, in der III. Konjugation (IIIa: *dormir*) erscheint sie nur als *-i-* (und nur in einem Teil der Formen). Die Stammerweiterung bildet die Voraussetzung für die Flexion und die deverbale Derivation:

pun- + *-i-*   =   Voraussetzung für die Flexion: *pun-i-s*, *pun-i-r-ai*
                                Voraussetzung für die Derivation: *pun-i-tion*, *pun-i-tif*

pun- + *-iss-* = Voraussetzung für die Flexion: *pun-iss-ez, pun-iss-i-ez*
Voraussetzung für die Derivation: *pun-iss-able, pun-iss-eur*

Wir nennen *-i-* und *-iss-* „Stammerweiterungsaffixe" und fassen sie als Allomorphe eines Morphems {-i-$_{SE}$} auf. In der Literatur wird die vokalische Stammerweiterung oft auch als **Themavokal** bezeichnet; die Formen auf *-iss-* müssen dann noch feiner segmentiert werden: *-i-ss-*.

Für eine synchronische Beschreibung des Französischen spielt die Stammerweiterung nur bei den Verben auf *-ir* eine Rolle. In anderen romanischen Sprachen, z. B. dem Spanischen, ist die vokalische Stammerweiterung ein Merkmal der gesamten Verbflexion; die Konjugationsklassen unterscheiden sich durch den Themavokal: *cant-a-r, tem-e-r, part-i-r*. Im Lat. sind die I., II. und IV. Konjugation durch eine vokalische Stammerweiterung gekennzeichnet: I. *cant-a-re*, II. *tim-e-re*, IV. *pun-i-re*. Zwar gehen die frz. Verbformen *chanter, chantes, chantez* usw. auf lat. *cant-a-re, cant-a-s, cant-a-tis* zurück, doch könnte man bei den Verben auf *-er* einen Themavokal nur um den Preis einer recht komplizierten Analyse abtrennen; oft ist er in der Endung (*-es, -e, -ez, -ent*) oder im Derivationssuffix (*-aison* < *-ationem*, *-eur* < *-atorem*) aufgegangen.

Radikal. Den Teil des Stammes, den wir nach Abtrennung der Stammerweiterung erhalten, nennen wir Radikal[26]. Ist keine Stammerweiterung vorhanden, so ist der Stamm gleich dem Radikal. Die innere Struktur des Radikals, z. B. die von *res-sais-* in *ressaisir* oder *at-terr-Ø-* in *atterrir* gegenüber *pun-* in *punir*, ist eine Sache der Wortbildung.

4.3.3. Drei Paradigmen

Als Grundlage für die nachfolgenden Darlegungen bringen wir drei Paradigmen, die in den Grammatiken als „regelmäßig" bezeichnet werden.

---

[26] Es ist auch die Bezeichnung „Wurzel" üblich, doch haben wir sie bereits für einen bestimmten Morphemtyp reserviert, vgl. I, 2.2.3. Radikal und Wurzel können zusammenfallen, z. B. *pun-* in *punir*, müssen aber nicht: In *ressaisir* ist *ressais-* das Radikal, aber keine Wurzel; in *atterrir* ist *atterr-* das Radikal, aber keine Wurzel. Die Wurzeln sind *sais-* und *terr-*.

Präsens Indikativ

VSt	TM	PN
chant		e
chant		es
chant		e
chant		ons
chant		ez
chant		ent

Rad	SE	TM	PN
pun	i		s
pun	i		s
pun	i		t
pun	iss		ons
pun	iss		ez
pun	iss		ent

VSt	TM	PN
romp		s
romp		s
romp		t
romp		ons
romp		ez
romp		ent

Präsens Konjunktiv

VSt	TM	PN
chant	Ø	e
chant	Ø	es
chant	Ø	e
chant	i	ons
chant	i	ez
chant	Ø	ent

Rad	SE	TM	PN
pun	iss	Ø	e
pun	iss	Ø	es
pun	iss	Ø	e
pun	iss	i	ons
pun	iss	i	ez
pun	iss	Ø	ent

VSt	TM	PN
romp	Ø	e
romp	Ø	es
romp	Ø	e
romp	i	ons
romp	i	ez
romp	Ø	ent

Imperfekt Indikativ

VSt	TM	PN
chant	ai	s
chant	ai	s
chant	ai	t
chant	i	ons
chant	i	ez
chant	ai	ent

Rad	SE	TM	PN
pun	iss	ai	s
pun	iss	ai	s
pun	iss	ai	t
pun	iss	i	ons
pun	iss	i	ez
pun	iss	ai	ent

VSt	TM	PN
romp		ai	s
romp		ai	s
romp		ai	t
romp		i	ons
romp		i	ez
romp		ai	ent

Futur

VSt	TM	PN
chant	er	ai
chant	er	as
chant	er	a
chant	er	ons
chant	er	ez
chant	er	ont

Rad	SE	TM	PN
pun	i	r	ai
pun	i	r	as
pun	i	r	a
pun	i	r	ons
pun	i	r	ez
pun	i	r	ont

VSt	TM	PN
romp	r	ai
romp	r	as
romp	r	a
romp	r	ons
romp	r	ez
romp	r	ont

Konditional

VSt	TM	PN
chant	er + ai	s
chant	er + ai	s
chant	er + ai	t
chant	er + i	ons
chant	er + i	ez
chant	er + ai	ent

Rad	SE	TM	PN
pun	i	r + ai	s
pun	i	r + ai	s
pun	i	r + ai	t
pun	i	r + i	ons
pun	i	r + i	ez
pun	i	r + ai	ent

VSt	TM	PN
romp	r + ai	s
romp	r + ai	s
romp	r + ai	t
romp	r + i	ons
romp	r + i	ez
romp	r + ai	ent

Passé simple

VSt	TM	PN
chant	ai	
chant	a	s
chant	a	Ø
chant	â	mes
chant	â	tes
chant	è	rent

Rad	SE	TM	PN
pun		i	s
pun		i	s
pun		i	t
pun		î	mes
pun		î	tes
pun		i	rent

VSt	TM	PN
romp	i	s
romp	i	s
romp	i	t
romp	î	mes
romp	î	tes
romp	i	rent

Imperfekt Konjunktiv

VSt	TM	PN
chant	ass	e
chant	ass	es
chant	â	t
chant	assi	ons
chant	assi	ez
chant	ass	ent

Rad	SE	TM	PN
pun		iss	e
pun		iss	es
pun		î	t
pun		issi	ons
pun		issi	ez
pun		iss	ent

VSt	TM	PN
romp	iss	e
romp	iss	es
romp	î	t
romp	issi	ons
romp	issi	ez
romp	iss	ent

Imperativ

VSt	TM	PN
chant		e
chant		ons
chant		ez

Rad	SE	TM	PN
pun		i	s
pun	iss		ons
pun	iss		ez

VSt	TM	PN
romp		s
romp		ons
romp		ez

Infinite Verbformen:

Infinitiv

VSt	Endg
chant	er

Rad	SE	Endg
pun	i	r

VSt	Endg
romp	re

Partizip Präsens

VSt	Endg
chant	ant

Rad	SE	Endg
pun	iss	ant

VSt	Endg
romp	ant

Partizip Perfekt

VSt	PAf	Gen	Num
chant	é		
chant	é	e	
chant	é		s
chant	é	e	s

Rad	PAf	Gen	Num
pun	i		
pun	i	e	
pun	i		s
pun	i	e	s

VSt	PAf	Gen	Num
romp	u		
romp	u	e	
romp	u		s
romp	u	e	s

VSt – Verbstamm, Rad – Radikal, SE – Stammerweiterung, TM – Tempus-Modus-Affix(e), PN – Person-Numerus-Affix, PAf – Partizipaffix, Gen – Genusaffix, Num – Numerusaffix.

4.3.4. Regelmäßige und unregelmäßige Bildungen

Regelmäßige Verben. Bei Klein/Kleineidam (1994: 104) werden diejenigen Verben als regelmäßig bezeichnet, die folgende zwei Bedingungen erfüllen: 1. Ihre Formen lassen sich auf Grund ihrer Zugehörigkeit zu einer bestimmten Konjugationsklasse vorhersagen. 2. Sie haben im Präsens maximal zwei Stämme. Regelmäßig sind hiernach *chanter*, *jeter*, *essuyer*, *punir*, *dormir*, *vendre*. Unregelmäßig sind z. B. *tenir*, *devoir*, *prendre* (jeweils drei Stämme im Präsens) oder *couvrir* (im Präsens ein Stamm, aber Endungen der I. Konjugation). Die unregelmäßigen Verben gehören fast immer der III. Konjugation an.

Regelmäßige Tempusbildung. Zweckmäßiger scheint es, nicht einem Verb insgesamt, sondern den einzelnen Tempora eines Verbs den Status der Regelmäßigkeit zu- oder abzusprechen, denn ein unregelmäßiges Verb wie *aller* kann ein bestimmtes Tempus völlig regelmäßig bilden, z. B. das Imperfekt. Umgekehrt kann ein Verb in einem einzigen Tempus Abweichungen aufweisen und im Übrigen völlig regelmäßig sein, vgl. *envoyer* im Futur: *enverrai*. Deshalb vereinbaren wir:

Die Bildung des Tempus bzw. Modus T ist beim Verb V regelmäßig, wenn zwei Bedingungen erfüllt sind: (1) Die Endungen von V in T lassen sich auf Grund der Zugehörigkeit von V zu einer bestimmten Konjugationsklasse vorhersagen. (2) Der Stamm von V in T ist auf Grund gewisser Verallgemeinerungen vorhersagbar, die wir in 4.5.1. aufzählen werden.

Die unregelmäßige Tempusbildung beruht in den meisten Fällen auf Irregularitäten im Stamm. Unregelmäßigkeiten im Bereich der Endung sind selten, z. B. *ouvr-e*, *cueill-es*, *di-tes*, *fai-tes*.

Wenn man einzelne Tempusbildungen (und nicht die Verben) unter dem Gesichtspunkt der Regelmäßigkeit betrachtet, dann ergeben sich viel weniger Abweichungen, als ein Blick in die herkömmlichen Grammatiken suggeriert. So ist z. B. das Präsens von *devoir* unregelmäßig, aber der von *doivent* gebildete Konjunktiv *doive* steht wieder vollkommen im Einklang mit den Regeln der französischen Formenbildung.

4.4. Finite Verbformen: die Endung

In vielen Grammatiken werden die Endungen als nicht weiter analysierbares Ganzes behandelt, so z. B. in der *Grammaire Larousse* (Chevalier et al. 1964) oder in der Grammatik von Wagner und Pinchon, wo die gesamte Endung als ein einziges Morphem aufgefasst wird:

> La désinence est un morphème postposé au radical. Elle apporte des informations sur les catégories du mode, du temps, de la personne. (Wagner/Pinchon 1988: 229)

Auf der anderen Seite gibt es eine Tradition, derzufolge Endungen als strukturierte Einheiten gesehen werden. Als ehrwürdigen Zeugen zitieren wir Ayer:

> Les terminaisons, étant destinées à marquer les rapports de temps, de mode et de personne, renferment trois éléments distincts, savoir: la *caractéristique temporelle*, la *voyelle modale* et la *désinence personnelle*. (Ayer 1885: 231)

Ayer führt als Beispiel die Form *chantassions* an, deren Endung *-assions* er in *-ass-i-ons* zerlegt; mit *-ass-* als "caractéristique de l'imparfait du subj. des verbes en *er*" und *-i-* als "voyelle modale des formes du subjonctif à la 1. et 2. P." (1885: 231).

Wir werden uns im Grundsatz Ayer anschließen, aber nicht so fein segmentieren wie er. Wir teilen nur in *chant-assi-ons* auf. Wenn wir Zerlegung A voraussetzen, können wir außer im Präs. Ind. (und im Imperativ) bei allen finiten Verbformen ein Tempus-Modus-Element und ein Person-Numerus-Element isolieren. Wir geben sie zunächst morphemisch an, und zwar für die geschriebene Sprache. Auf die gesprochene Sprache lässt sich das in naheliegender Weise übertragen.

Person + Numerus: $\{-s_{1.Sg.}\}$, $\{-s_{2.Sg.}\}$, $\{-t_{3.Sg.}\}$, $\{-ons_{1.Pl.}\}$, $\{-ez_{2.Pl.}\}$, $\{-ent_{3.Pl.}\}$

Tempus + Modus: $\{-i_{Präs.Konj.}\}$, $\{-i_{Impf.Ind.}\}$, $\{-r_{Fut.}\}$, $\{-i_{P.simple}\}$, $\{-iss_{Impf.Konj.}\}$

Eine finite Verbform, die k e i n e Tempus-Modus-Markierung enthält, ist eine Indikativ-Präsens-Form. Eine finite Form, die ein Allomorph von $\{-r_{Fut.}\}$, gefolgt von einem Allomorph von $\{-i_{Impf.Ind.}\}$, enthält, ist eine Konditionalform.

Im anschließenden Abschnitt 4.4.1. folgen Einzelheiten zur Allomorphie der Person-Numerus-Morpheme, in 4.4.2. zur Allomorphie der Tempus-Modus-Morpheme. Dabei wird auch auf die gesprochene Sprache eingegangen.

4.4.1. Das Person-Numerus-Affix

Die Person-Numerus-Affixe lassen sich zu vier Hauptserien arrangieren:

Person	1. Serie	2. Serie	3. Serie	4. Serie
1. Sg.	-e	-s	-s	-ai
2. Sg.	-es	-s	-s	-as
3. Sg.	-e(-t-)	-t	-t	-a(-t-)
1. Pl.	-ons	-ons	-mes	-ons
2. Pl.	-ez	-ez	-tes	-ez
3. Pl.	-ent	-ent	-rent	-ont

Wie man sieht, stimmen die erste und die zweite Serie im Plural, die zweite und die dritte Serie im Singular überein. Die Serien verteilen sich über die verschiedenen Tempora wie folgt:

- Die erste Serie erscheint (a) im Präsens Indikativ bei den Verben der I. Konjugation; (b) im Präsens Konjunktiv aller Verben außer *être* und *avoir*: *que je chante, finisse, souffre, doive, plaise* usw. Der Einschub von *-t-* in der 3. Sg. ist bei Inversion obligatorisch: *parle-t-il?* Unregelmäßig ist das Auftreten dieser Serie bei einigen Verben auf *-ir* wie *ouvrir, couvrir, offrir, souffrir*: *je souffre* usw.
- Die zweite Serie erscheint (a) im Präsens Indikativ bei der II. und bei vielen Verben der III. Konjugation: *je finis, dors, dois, plais* usw.; (b) im Imperfekt Indikativ und im Konditional aller Verben: *je chantais, finissais, courais, devais, plaisais* usw.
- Die dritte Serie tritt auf im Passé simple (außer in der I. Konjugation, s. u.): *je finis, courus, dus, plus* usw.
- Die vierte Serie tritt auf im Futur aller Verben: *je chanterai, punirai, courrai* usw. Der Einschub von *-t-* in der 3. Sg. ist bei Inversion obligatorisch: *Souffrira-t-il? Peut-être finira-t-il. Courra-t-il?*

Zu diesem Grundschema gibt es folgende Modifikationen:

1. Im Passé simple der I. Konjugation treten im Sg. Person-Numerus-Affixe auf, die sich von denen der dritten Serie unterscheiden: *chant-ai, chant-a-s, chant-a-Ø*. In der Endung *-ai* sind Tempus-Modus- und Person-Numerus-Affix miteinander verschmolzen. Die 3. Sg. erscheint als *-Ø*, bei Inversion als *-t-*: *chanta-t-il?*
2. Im Imperfekt Konjunktiv aller Verben haben wir die Affixe der ersten Serie außer in der dritten Person Singular, wo *-t* statt *-e* erscheint: *qu'il chantât, finît, valût*.
3. In der geschriebenen Sprache findet man im Singular des Präsens Indikativ neben der Hauptserie *-s, -s, -t* noch zwei weitere Serien: *-x, -x, -t* wie bei *pouvoir* und *-s, -s, -Ø* wie bei *prendre*.[27]

Die Allomorphie in der geschriebenen Sprache ergibt sich unmittelbar aus der obigen Tabelle (S. 63). Für die Allomorphie in der gesprochenen Sprache ergibt sich unter Berücksichtigung der *liaison*-Formen:

---

[27] Die Serie *-x, -x, -t* tritt auf bei *valoir, pouvoir* und *vouloir;* die Serie *-s, -s, -Ø* bei *vaincre* und bei den Verben, deren Stamm in der 3. Sg. graphisch auf *d* oder *t* endet: *coudre, moudre, prendre,* ferner *battre, étendre, descendre, perdre, rendre, répondre, vendre*: *il coud, il bat* usw.

Morphem	1. Serie	2. Serie	3. Serie	4. Serie
$\{/\text{-}z/_{1.\text{Sg.}}\}$	/-(ə)/	/-(z)/	/-(z)/	/-e/
$\{/\text{-}z/_{2.\text{Sg.}}\}$	/-(ə)(z)/	/-(z)/	/-(z)/	/-a(z)/
$\{/\text{-}t/_{3.\text{Sg.}}\}$	/-(ə)(t)/	/-(t)/	/-(t)/	/-a(t)/
$\{/\text{-}\tilde{ɔ}z/_{1.\text{Pl.}}\}$	/-ɔ̃(z)/	/-ɔ̃(z)/	/-m(ə)(z)/	/-ɔ̃(z)/
$\{/\text{-}ez/_{2.\text{Pl.}}\}$	/-e(z)/	/-e(z)/	/-t(ə)(z)/	/-e(z)/
$\{/\text{-}ət/_{3.\text{Pl.}}\}$	/-(ə)(t)/	/-(ə)(t)/	/-r(ə)(t)/	/-ɔ̃(t)/

Zur Schreibweise: **Morphologisch bedingte Alternationen** liest man ab aus der Zugehörigkeit zu einer der vier Serien. **Phonologisch bedingte Alternationen** werden mit Hilfe von **Klammern** ökonomisch dargestellt. So repräsentiert /-(ə)/ zwei Allomorphe: /-ə/ und /-Ø/. Entsprechend steht /-(ə)(t)/ für vier Allomorphe: /-ət/, /-ə/, /-t/ und /-Ø/; mit /-ət/ wie in *tremble-t-il?*, /-ə/ wie in *il tremble de rage*, /-t/ wie in *joue-t-il?* und /-Ø/ wie in *il joue*. Ein Allomorph, das in mehreren Serien auftritt, wird natürlich nur einmal gezählt. So hat das Morphem $\{/\text{-}z/_{1.\text{Sg.}}\}$ vier Allomorphe, nämlich /-ə/, /-z/, /-e/ und /-Ø/, wobei /-ə/ in der ersten, /-z/ in der zweiten und dritten, /-e/ in der vierten und /-Ø/ in der ersten, zweiten und dritten Serie auftritt.

Die Allomorphie ist teils morphologisch, teils phonologisch bedingt. Sie ist morphologisch bedingt, soweit sich das Auftreten einer Suffixvariante aus der Konjugationsklasse des Verbs oder aus dem gewählten Tempus erklärt. So kann das Morphem $\{/\text{-}z/_{1.\text{Sg.}}\}$ im Futur nur als /-e/ erscheinen, im Präsens dagegen kommt es auf die Konjugationsklasse an, ob es als /-(ə)/ oder /-(z)/ auftritt. Innerhalb dieses Rahmens gibt es dann noch phonologisch bedingte Alternationen zwischen /-ə/ und /-Ø/ einerseits, zwischen /-z/ und /-Ø/ andererseits.

Die *liaison* ist bei Inversion der 3. Sg. und der 3. Pl. obligatorisch: *finit-il? aiment-ils?* Im Übrigen ist die *liaison* einer Verbform mit einem nachfolgenden Element eher ungewöhnlich. Dennoch handelt es sich nicht um eine *liaison interdite*, s. Langlard (1928: 74–80), Fouché (1959: 460–462), Csécsy (1968: 57–75), Warnant (1987: CIX–CXIV). Hierzu einige Beispiele (Langlard 1928: 75 u. 78):

(1) *Je vous croyais avocat.* (/krwajɛz/)
(2) *Nous croyons en lui.* (/krwajɔ̃z/)
(3) *Vous vous croyez un grand génie.* (/krwajez/)

Schwierig nachzuweisen ist die *liaison*-Form der 2. Sg. (außer im Imperativ), was nach Langlard (1928: 75) auch nicht verwunderlich ist, da die *liaison facultative* zum gehobenen Stil gehört und schlecht zur Verwendung der familiären zweiten Person Singular passt.

Es folgt eine zusammenfassende Übersicht über die Person-Numerus-Morpheme:

Morphem		Allomorphe		Beispiele für das Vorkommen
gesprochen	geschrieben	gesprochen	geschrieben	
{/-z/$_{1.Sg.}$}	{-s$_{1.Sg.}$}	/-(ə)/	-e	je tremble, que je punisse, rompe
		/-(z)/	-s, -x	je punis, romps, rends, veux
		/-e/	-ai	je tremblerai, punirai, romprai
{/-z/$_{2.Sg.}$}	{-s$_{2.Sg.}$}	/-(ə)(z)/	-es	tu trembles, que tu punisses, rompes
		/-(z)/	-s, -x	tu punis, romps, rends, veux
		/-a(z)/	-as	tu trembleras, puniras, rompras
{/-t/$_{3.Sg.}$}	{-t$_{3.Sg.}$}	/-(ə)(t)/	-e(-t-)	il tremble, tremble-t-il?, aime-t-il?
		/-(t)/	-t, -Ø	il punit, rompt, rend, trembla
		/-a(t)/	-a(-t-)	il tremblera, punira, rompra-t-il?
{/-ɔ̃z/$_{1.Pl.}$}	{-ons$_{1.Pl.}$}	/-ɔ̃(z)/	-ons	nous tremblons, tremblions
		/-m(ə)(z)/	-mes	ns. tremblâmes, punîmes, voulûmes
{/-ez/$_{2.Pl.}$}	{-ez$_{2.Pl.}$}	/-e(z)/	-ez	vous tremblez, trembliez, tremblerez
		/-t(ə)(z)/	-tes	vous tremblâtes, punîtes, voulûtes
{/-ət/$_{3.Pl.}$}	{-ent$_{3.Pl.}$}	/-(ə)(t)/	-ent	ils tremblent, punissent, rompent
		/-r(ə)(t)/	-rent	ils tremblèrent, punirent, voulurent
		/-ɔ̃(t)/	-ont	ils trembleront, puniront, rompront

4.4.2. Das Tempus-Modus-Affix

Präsens Indikativ. Dieses Tempus ist durch die Abwesenheit eines Tempus-Modus-Affixes gekennzeichnet. Das Paradigma zeigt, dass diese Stelle im Schema immer unbesetzt bleibt. Ob man hier doch ein Affix, nämlich {-Ø-$_{Präs.Ind.}$} ansetzt, hängt davon ab, ob man prinzipiell bereit ist, Nullmorpheme zuzulassen (vgl. I, 1.7.).

Präsens Konjunktiv. {-i-$_{Präs.Konj.}$} erscheint als -i-[28] in der 1. und 2. Plural, -Ø- in den übrigen Formen: *que je chant-Ø-e, que nous chant-i-ons*.

---

[28] In der gesprochenen Sprache gibt es eine Alternation zwischen /-i-/ und /-j-/, die phonologisch bedingt ist: /-i-/ steht nur nach Konsonant mit Liquid, sonst steht /-j-/ (sog. "Gliding"): /trãbl-i-ɔ̃/ (*tremblions*), aber /ʃãt-j-ɔ̃/ (*chantions*). Wir betrachten diesen Wechsel als morphophonemischen Prozess mit /-i-/ als Basisallomorph. Die Alternative wäre, nur ein Allomorph /-i-/ zu postulieren, das phonetisch als [i] oder als [j] realisiert werden kann. Wir vertreten allerdings den klassischen strukturalistischen Standpunkt "once a phoneme, always a phoneme", d. h., wenn man schon ein Phonem /j/ ansetzt, dann zählt auch jedes Auftreten von [j] als eine Realisierung dieses Phonems. An diesem Beispiel kann man gut sehen, wie die Zahl der Allomorphe, die man für die gesprochene Sprache annimmt, u. a. auch abhängt von der phonologischen Theorie, die man vertritt.

Imperativ. Der Imperativ ist niemals durch ein eigenes Tempus-Modus-Morphem charakterisiert. Meist ist er formengleich mit der entsprechenden Präs.-Ind.-Form, mit zwei wichtigen Ausnahmen: (a) Endung *-e* in der 2. Sg. bei der I. Konjugation: *pense* (aber: *penses-y*); (b) Konjunktivstamm bei *avoir, être, savoir, vouloir*; s. 4.5.2.

Imperfekt Indikativ. {-i-$_{\text{Impf.Ind.}}$} erscheint als *-i-* in der 1. und 2. Plural, als *-ai-* in den übrigen Formen: *je chant-ai-s, nous chant-i-ons*.

Futur. {-r-$_{\text{Fut.}}$} erscheint als *-er-* bei den Verben der I. Konjugation, als *-r-* bei den übrigen Verben: *je chant-er-ai, je pun-i-r-ai, je prend-r-ai*. Unregelmäßig ist *-er-* in *cueillerai*. In vielen Beschreibungen wird mit Rücksicht auf die diachronischen Verhältnisse[29] anders zerlegt: *chanter-ai, chanter-ais, punir-ai, punir-ais* mit *chanter*, *punir* als dem gemeinsamen Stamm für Futur und Konditional. Synchronisch-deskriptiv spricht aber nichts dagegen, *-er-* bzw. *-r-* als Tempus-Modus-Affix aufzufassen.

Konditional. Prinzipiell wäre es möglich, ein Konditionalmorphem zu postulieren. Ein Blick auf die Paradigmen zeigt jedoch, dass die Phonemfolge, die die grammatische Kategorie 'Konditional' ausdrückt, sich als Kombination von Futur- und Imperfektaffix darstellen lässt:

*chant-**er**-**ai**-s*   *vend-**r**-**ai**-s*   *pun-i-**r**-**ai**-s*
*chant-**er**-**i**-ons*   *vend-**r**-**i**-ons*   *pun-i-**r**-**i**-ons*

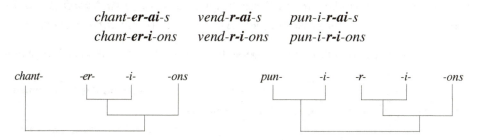

Nach dieser Analyse ist das Tempus-Modus-Element aus zwei Tempus-Modus-Affixen aufgebaut. Die Termini "Imperfektmorphem" und "Futurmorphem" geben die komplexen Bedeutungsverhältnisse nur angenähert wieder und sind als bequeme Abkürzungen zu verstehen. Allein bezeichnet {-i-$_{\text{Impf.Ind.}}$} das Imperfekt und {-r-$_{\text{Fut.}}$} das Futur; miteinander kombiniert drücken sie den Konditional aus.

Passé simple. {-i-$_{\text{P.simple}}$} weist eine beträchtliche Allomorphie auf. Als Grundregel gilt: Beim Passé simple ist der Vokal *a* charakteristisch für die Verben auf *-er*, der

---

[29] Futur und Konditional gehen bekanntlich auf das Syntagma "Infinitiv + Flexionsform von *habēre*" zurück: *chantera < cantare habet, chanterait < cantare habebat*.

Vokal *i* für die Verben auf *-ir* und *-re,* der Vokal *u* für die Verben auf *-oir*. Hier ein Überblick über die vorhersagbare Allomorphie des Passé-simple-Morphems:

Sg./3. Pl.	1./2. Pl.	Konjugationsklasse	Beispiele
-a-, -è-	*-â-*	I	*chantas, chantâmes, chantèrent*
-i-	*-î-*	II, IIIa, IIIc	*dormis, dormîmes; vendis, vendîmes*
-u-	*-û-*	IIIb	*dus, dûmes; voulus, voulûmes*

Von dieser Regel gibt es zahlreiche Abweichungen. Nicht vorhersagbar ist die Allomorphie in folgenden Fällen:

Sg./3. Pl.	1./2. Pl.	Konjugationsklasse	Beispiele
-u-	*-û-*	IIIa, IIIc	*courus, mourus; moulus, parus*
-Ø-	*-^-*	IIIa, IIIb, IIIc	*vins, vînmes; vis, vîmes; dis, dîmes*

Die Analysen *d-u-s, p-u-s, s-u-s,* aber *di-Ø-s, mi-Ø-s, pri-Ø-s* werden wir in 4.7. rechtfertigen.

Imperfekt Konjunktiv. Vom Passé simple ausgehend kann man die Allomorphie von {-iss-$_{\text{Impf.Konj.}}$} voraussagen: (a) bei *-a-* im Passé simple: *-ass-, -â-, -assi-* (*chantasse, chantât, chantassions*); (b) bei *-i-* im Passé simple: *-iss-, -î-, -issi-* (*dormisse, dormît, dormissions*); (c) bei *-u-* im Passé simple: *-uss-, -û-, -ussi-* (*voulusse, voulût, voulussions*); (d) bei *-Ø-* im Passé simple: *-ss-, -^- , -ssi-* (*disse, dît, dissions*).

Es folgt nun eine zusammenfassende Übersicht über die Tempus-Modus-Morpheme:

Morphem		Allomorphe		Bsple. für das Vorkommen
gesprochen	geschrieben	gesprochen	geschrieben	
{/-i-/$_{\text{Präs.Konj.}}$}	{-i-$_{\text{Präs.Konj.}}$}	/-i-/, /-j-/	*-i-*	*trembliez, aimiez, punissiez*
		/-Ø-/	*-Ø-*	*aimes, punisses*
{/-i-/$_{\text{Impf.Ind.}}$}	{-i-$_{\text{Impf.Ind.}}$}	/-i-/, /-j-/	*-i-*	*trembliez, aimiez, punissiez*
		/-ɛ-/	*-ai-*	*aimais, punissais*
{/-r-/$_{\text{Fut.}}$}	{-r-$_{\text{Fut.}}$}	/-(ə)r-/	*-er-*	*trembleras, aimeras*
		/-r-/	*-r-*	*puniras, rompras*
{/-i-/$_{\text{P.simple}}$}	{-i-$_{\text{P.simple}}$}	/-a-/, /-ɛ-/	*-a-, -â-, -è-*	*aimas, aimâtes, aimèrent*
		/-i-/	*-i-, -î-*	*punis, punîtes*
		/-y-/	*-u-, -û-*	*voulus, voulûtes*
		/-Ø-/	*-Ø-, -^-*	*mis, mîtes*
{/-is-/$_{\text{Impf.Konj.}}$}	{-iss-$_{\text{Impf.Konj.}}$}	/-as(j)-/, /-a-/	*-ass-, -assi-, -â-*	*aimasses, aimassiez, aimât*
		/-is(j)-/, /-i-/	*-iss-, -issi-, -î-*	*punisses, punissiez, punît*
		/-ys(j)-/, /-y-/	*-uss-, -ussi-, -û-*	*voulusses, voulussiez, voulût*
		/-s(j)-/, /-Ø-/	*-ss-, -ssi-, -^-*	*misses, missiez, mît*

4.5. Finite Verbformen: der Stamm

Die Allomorphie im Bereich des Verbstamms kann beträchtliche Ausmaße annehmen. Im Präsens Indikativ gibt es (außer bei *aller*, *avoir* und *être*) maximal drei Stämme, z. B. ***boi***-s, ***buv***-ons, ***boiv***-ent. Ein Stamm, der mit keinem Präsensstamm übereinstimmt, kann auftreten

(a) im Futur und Konditional: ***sau***-r-ai
(b) im Präsens Konjunktiv: ***sach***-Ø-e
(c) im Passé simple und Imperfekt Konjunktiv: ***naqu***-i-s
(d) im Participe passé: ***n***-é
(e) bei der deverbalen Wortbildung: *dédui-(re)* → ***déduct***-ible.

Die Unterscheidung zwischen regelmäßigen und unregelmäßigen Bildungen erlaubt es, diese Vielfalt etwas zu ordnen.

Im regelmäßigen Präsens gibt es einen oder zwei Stämme, im unregelmäßigen drei oder (selten) mehr Stämme. Für die übrigen Tempora gilt: Die regelmäßige Bildung erfolgt von einem der Präsensstämme (oder vom Radikal); bei der unregelmäßigen Bildung tritt ein Stamm auf, der mit keinem Präsensstamm übereinstimmt.

Zu einer umfassenden Analyse der Stammalternation s. Bonami/Boyé (2003) und Boyé (2011).

4.5.1. Die Stämme bei den regelmäßigen Bildungen

Wir geben zunächst einige allgemeine Regeln an und wenden uns dann den Besonderheiten der einzelnen Konjugationsklassen zu. Allgemein gilt:

1. Im regelmäßigen Präsens Indikativ gibt es maximal zwei Stämme: *lèv-e – lev-ons*, *pun-i-s – pun-iss-ons*, *meur-s – mour-ons*, *dor-s – dorm-ons*, *vi-s – viv-ons*.
2. Das regelmäßige Imperfekt wird vom Stamm der 1. Pl. Präsens Indikativ gebildet: *lev-ons – lev-ai-s*, *dorm-ons – dorm-ai-s*, *dev-ons – dev-ai-s*.
3. Der regelmäßige Konjunktiv des Präsens wird in der 1. und der 2. Pl. vom Stamm der 1. Pl. des Indikativs gebildet, in den übrigen Formen vom Stamm der 3. Pl.: *dev-ons – dev-i-ons*, *doiv-ent – doiv-Ø-e*.
4. Die regelmäßige Bildung des Futurs und Konditionals erfolgt von einem der Präsensstämme (*lèv-er-ai*, *dev-r-ai*), evtl. erweitert um -i- (*dorm-i-r-ai*).
5. Die regelmäßige Bildung des Passé simple und des Imperfekts Konjunktiv erfolgt in der II. Konjugation vom Radikal: *pun-* + *-i-s*, in der I. und III. Konjugation vom Stamm der 1. Pl. Präsens Indikativ: *lev-ons – lev-ai*, *écriv-ons – écriv-i-s*, *nuis-ons – nuis-i-s*, *voul-ons – voul-u-s*.

Es gilt für regelmäßige wie für unregelmäßige Bildungen: Der Konditional wird vom gleichen Stamm gebildet wie das Futur, und der Konjunktiv des Imperfekts vom gleichen Stamm wie das Passé simple. Wir brauchen daher die Stämme des Konditionals und des Imperfekts Konjunktiv nicht mehr gesondert zu erwähnen.

I. Konjugation. Die Verben der I. Konjugation haben in der Regel einen, manchmal zwei Stämme. Wenn sie zwei Stämme haben, dann gibt es im Präsens einen Stamm für die 1./2. Pl. und einen für die übrigen Formen. Die Alternation beruht auf Vokalwechsel oder j-Einschub. Der Vokalwechsel ist /ə/ ~ /ɛ/ oder /e/ ~ /ɛ/.

Ein Stamm:	/ə/ ~ /ɛ/:	/e/ ~ /ɛ/:	/j/-Einschub:
parl-e	lèv-e	cèd-e	ploi-e
parl-es	lèv-es	cèd-es	ploi-es
parl-e	lèv-e	cèd-e	ploi-e
parl-ons	**lev-ons**	**céd-ons**	**ploy-ons**
parl-ez	**lev-ez**	**céd-ez**	**ploy-ez**
parl-ent	lèv-ent	cèd-ent	ploi-ent

Bei den Verben mit /ə/ ~ /ɛ/ spiegelt sich der Wechsel graphisch auf unterschiedliche Weise: *jetons – jettent, pelons – pèlent, appelons – appellent*, aber bei *interpeller* entspricht dem Phonemwechsel /ə/ ~ /ɛ/ kein Wechsel im Schriftbild: *interpellons – interpellent*.

Das Futur leitet sich vom Singularstamm her, vgl. *lèv-er-ai, céd-er-ai* (= /sɛd-r-e/!) *ploi-er-ai*; das Passé simple vom Pluralstamm: *lev-ai, céd-ai* (= /sed-e/), *ploy-ai*.

II. Konjugation. Charakteristisch für die Verben der II. Konjugation sind zwei erweiterte Stämme: der kurze Stamm auf *-i-* und der lange auf *-iss-*. Wir betrachten *-i-* und *-iss-* als Allomorphe eines Morphems {-i-$_{SE}$}[30], s. o., 4.3.2.

Im Indikativ des Präsens haben die Singularformen den *i*-Stamm, die Pluralformen den *iss*-Stamm. Das Futur wird vom Singularstamm gebildet: *pun-i- + -r-ai*.

Der Stamm des Passé simple ist identisch mit den Radikal, d. h., die Passé-simple-Form *punis* hat eine andere Konstituentenstruktur als die Präsensform *punis*; Passé simple: *pun- + -i-s*; Präsens: *pun-i- + -s*. Vertretbar wäre es auch, für das Passé simple eine Form *pun-Ø- + -i-s* anzusetzen, mit *-Ø-* als Stammerweiterung.

---

[30] Manche Autoren geben als Verbstamm *fini-* an, der in gewissen Formen durch *-ss-* erweitert ist, z. B. Wagner/Pinchon (1988: 256), Price (1988: 188); ähnlich auch Schwarze für das Italienische (1995: 83–90).

III. Konjugation. Das regelmäßige Präsens der III. Konjugation hat zwei Stämme. Sie können auf zweierlei Weise verteilt sein: (1) der Stamm der 3. Pl. ist gleich dem Stamm der 1./2./3. Sg., (2) der Stamm der 3. Pl. ist gleich dem Stamm der 1./2. Pl.

Im ersten Falle haben wir einen Vokalwechsel wie bei *meurs – mourons* oder einen j-Einschub wie bei *crois – croyons*. (Das ist vollkommen parallel zur oben besprochenen Zweistämmigkeit bei der I. Konjugation.) Im zweiten Fall alterniert ein kurzer Stamm im Singular mit einem langen im Plural; gelegentlich gibt es dabei noch einen Vokalwechsel wie bei *sais – savons* oder *crains – craignons*.

(1)	Vokalwechsel	/j/-Einschub	(2)	Im Pl. lang – im Sg. kurz	
	meur-s	*croi-s*		*dor-s*	*li-s*
	meur-s	*croi-s*		*dor-s*	*li-s*
	meur-t	*croi-t*		*dor-t*	*li-t*
	***mour**-ons*	***croy**-ons*		***dorm**-ons*	***lis**-ons*
	***mour**-ez*	***croy**-ez*		***dorm**-ez*	***lis**-ez*
	meur-ent	*croi-ent*		***dorm**-ent*	***lis**-ent*

Zum Schema (1) gibt es nicht viele Beispiele, darunter die folgenden: Vokalwechsel bei *acquiers – acquérons*, /j/-Einschub in IIIa bei *fuis – fuyons*, in IIIb bei *assois – assoyons*, *déchois – déchoyons*, *vois – voyons*, in IIIc bei *trais – trayons*.

Dem Schema (2) folgen viele Verben: in IIIa *dormir*, *partir*, *servir* usw., in IIIc *battre*, *conduire*, *construire*, *écrire*, *lire*, *luire*, *mettre*, *nuire*, *perdre*, *plaire*, *rendre*, *répondre*, *suffire*, *suivre*, *taire*, *vivre* u. a. Mit Vokalwechsel: *savoir*, *valoir*, *craindre*, *joindre*, *peindre* usw. Der Wechsel zwischen kurzem und langem Stamm wird orthographisch nicht wiedergegeben bei *rompre*, *vaincre* und den Verben mit Pluralstamm auf /d/ wie *perdre*, *rendre*, *vendre* usw.: /vã-Ø/ – /vãd-ɔ̃/, *vend-s* – *vend-ons* (3. Sg.: *il vend-Ø*, vgl. Anm. 27).

Zum Futur: In IIIa bilden die meisten Verben das Futur vom Pluralstamm + *-i-* (Stammerweiterung): *dormirai*, *mentirai*, *partirai*, *servirai* u. a. (aber: *acquerrai*, *courrai*, *mourrai*). In IIIb bilden einige Verben das Futur vom Stamm der 1. Pl.: *devrai*, *recevrai*. Meist ist das Futur in IIIb aber unregelmäßig; s. u., 4.5.2. In IIIc haben viele Verben im Futur den Pluralstamm (*battrai*, *mettrai*, *perdrai*, *romprai*, *suivrai*, *vaincrai*, *vivrai* u. a.), andere den Singularstamm (*dirai*, *écrirai*, *lirai*, *nuirai*, *plairai*, *tairai* u. a.). Oft ist das Futur in IIIc aber unregelmäßig; s. u., 4.5.2.

Zum Passé simple: Regelmäßig ist die Ableitung vom Stamm der 1. Pl. Präs. Ind.: *sortis*, *voulus*, *joignis*. In vielen Fällen ist die Bildung jedoch unregelmäßig: *recevons*, aber *reçus*; hierzu s. u., 4.5.2.

4.5.2. Die Stämme bei den unregelmäßigen Bildungen

Drei Stämme im Präsens. Wenn ein Verb drei Stämme im Präsens Indikativ hat, dann gibt es zwei Pluralstämme: einen für die 1./2. Pl. und einen für die 3. Pl. Hier treffen zwei Erscheinungen zusammen: Vokalwechsel und Alternation zwischen langem und kurzem Stamm. Im Singular tritt der kurze, im Plural der lange Stamm auf. Der Vokal kann in der 3. Pl. der gleiche sein wie im Sg., Beispiel *devoir*. Er kann auch verschieden sein, Beispiel *prendre*.

doi-s	**dev**-*ons*		*prend-s*	**pren**-*ons*
doi-s	**dev**-*ez*		*prend-s*	**pren**-*ez*
doi-t	***doiv***-*ent*		*prend*-Ø	***prenn***-*ent*

Der Stamm des Präsens Konjunktiv. Beim unregelmäßigen Konjunktiv sind drei Fälle zu unterscheiden: (a) Ein eigener Stamm tritt nur im Singular und in der 3. Pl. auf, während die 1. und 2. Pl. ganz regelmäßig den Stamm der entsprechenden Indikativformen haben. Dies betrifft *aller, valoir, vouloir*: *que je veuill-Ø-e – que nous voul-i-ons*. (b) Es gibt einen eigenen Konjunktivstamm, der in allen Formen auftritt, so bei *savoir, faire, pouvoir*: *que je sach-Ø-e – que nous sach-i-ons*. (c) Es gibt zwei Konjunktivstämme, die vom Indikativstamm verschieden sind: einen für die 1./2. Pl. und einen für die übrigen Formen. Das ist der Fall bei *être* und *avoir*: *que je sois – que nous soyons*; *que j'aie – que nous ayons*.

Bei vier Verben kommen die Konjunktivstämme auch im Imperativ vor: *aie, ayons, ayez*; *sois, soyons, soyez*; *sache, sachons, sachez*; *veuille, veuillons, veuillez*. Die Stämme *sach-* und *ay-* findet man auch beim Partizip Präsens: *sachant, ayant*.

Der Stamm des Futurs. Ein eigener Stamm, der mit keinem Präsensstamm übereinstimmt, erscheint in IIIa: *viendrai, tiendrai*, in IIIb: *faudra, pourrai, saurai, vaudrai, voudrai, verrai* u. a., in IIIc: *craindrai, coudrai, joindrai, moudrai, absoudrai, résoudrai, paraîtrai, naîtrai, croîtrai* u. a. In den Beispielen zu IIIc ist der Futurstamm identisch mit dem Stamm des Infinitivs: *craind-re – craind-r-ai*;[31] in IIIa und IIIb sind die beiden Stämme verschieden: *ven-i-r – viend-r-ai, val-oir – vaud-r-ai*. Einzelfälle sind *enverrai* in I und *ferai* in IIIc.

---

[31] Während die Faustregel der Schulgrammatik "Futur = Infinitiv + Formen von *avoir*" für die synchrone Beschreibung nicht übermäßig viel hergibt (*venirai, *vouloirai, *recevoirai), ist Folgendes eine etwas bessere Näherung: Futur**stamm** = Infinitiv**stamm**, z. B. *recev-r-ai, craind-r-ai* (aber: *lèverai, saurai, verrai, viendrai*).

Der Stamm beim Passé simple. Während das regelmäßige Passé simple in der III. Konjugation vom Stamm der 1. Pl. Präs. Ind. gebildet wird (*dormons – dormis, valons – valus, craignons – craignis*), haben manche Verben einen davon abweichenden (oft kürzeren) Passé-simple-Stamm, vgl. *conquérons – conquis, pouvons – pus, disons – dis*.

Weitere Beispiele sind *bus, (con-, dé-, per-, re-)-çus, connus, crus, crûs, dus, eus, fis, fus, lus, mis, mus, naquis, plus, plut, pris, (ac-, con-, re-)-quis, (as-, sur-)-sis, sus, tins, vins, tus, vécus, vis* (*prévis*, aber *pourvus*). Wie diese Formen zu zerlegen sind, wird in 4.7. diskutiert werden.

4.6. Die infiniten Verbformen

Der Infinitiv hat die Endungen *-er, -r, -oir* und *-re*. In der I. Konjugation erfolgt die Bildung vom Stamm der 1. Pl. (*lev-er, céd-er, ploy-er*), in der II. Konjugation vom Stamm des Singulars (*fin-i- + -r*). Die eigentliche Infinitivendung der "Verben auf ir" ist *-r*, nicht *-ir*. Es wäre inkonsequent, den Infinitiv anders analysieren zu wollen als die finiten Verbformen (*je fin-i-s* usw.). Das gilt auch für IIIa: *dorm-i-r, part-i-r, serv-i-r*. Für Verben wie *courir* oder *mourir* bedeutet diese Analyse, dass der Infinitiv die einzige Form mit Stammerweiterung *-i-* ist. In IIIb wird der Infinitiv meist vom Stamm der 1. Pl. gebildet (*dev-oir, sav-oir*, aber: *choir, seoir, voir*). In IIIc wird der Infinitiv vom Singularstamm (*li-re*), 1.-Pl.-Stamm (*vend-re*), oder von einem eigenen Stamm (*craind-re*) gebildet.

Das Partizip Präsens hat die Endung *-ant* und wird regulär vom Stamm der 1. Pl. gebildet: *pay-ant, finiss-ant, dorm-ant, recev-ant, luis-ant*, aber: *étant, ayant, sachant*. Das Partizip Präsens ist eine Verbform und ist nicht zu verwechseln mit dem gleichlautenden Verbaladjektiv, das nach Genus und Numerus flektiert und lexikalisiert ist, vgl. *une fille dormant profondément* (Partizip) und *une eau dormante* ('stehendes Gewässer' – Verbaladjektiv). Manchmal unterscheidet sich das Verbaladjektiv vom Partizip in der Orthographie: *différant* (Verbform) – *différent* (Adjektiv). Es ist also zu unterscheiden zwischen {-ant$_1$}, das immer als *-ant* erscheint, und {-ant$_2$} mit den Allomorphen *-ant* und *-ent*.

Das Partizip Perfekt wird mit Hilfe der Suffixe *-é, -i, -u, -s, -t* gebildet. Man unterscheidet Partizipien auf Vokal ("schwache" Partizipien) und Partizipien auf Konsonant ("starke" Partizipien). Letztere kommen nur in der III. Konjugation vor.

Die I. Konjugation bildet das Partizip auf *-é* vom Stamm der 1. Pl.: *lev-é, céd-é, pay-é*; die II. Konjugation leitet das Partizip auf *-i* vom Radikal ab (*fin-i*).

In der III. Konjugation wird das Partizip auf *-i, -u* oder auf Konsonant gebildet. Regelmäßig sind in IIIa die Partizipien auf *-i*, z. B. *dormi*, in IIIb die Partizipien auf *-u*, z. B. *voulu*, und in IIIc ebenfalls die Partizipien auf *-u*: *perdu, rendu*. Unregelmäßig sind u. a. in IIIa *couru, mort, ouvert, acquis*, in IIIb *assis*, in IIIc *suivi, ri*, ferner *clos, mis, pris; conduit, construit, cuit, confit, dit, écrit, frit, fait, craint, joint, peint*.[32] Der Stamm, von dem aus das Partizip gebildet wird, stimmt häufig mit dem Stamm des Passé simple überein (vgl. 4.7.). Zu beachten ist *confit*, aber *suffi*, ferner *inclus, reclus, occlus*, aber *conclu, exclu*, und schließlich *dissous, dissoute*, aber *résolu*.

Das Partizip Perfekt kann wie ein Adjektiv flektiert werden: *chanté, chantée, chantés, chantées*; insofern steht es zwischen Verbform und Adjektiv. Das heißt, die Suffixe *-é, -i, -u, -s, -t* sind keine "richtigen" Endungen, sondern stammbildende Affixe; sie dienen der Ableitung von Partizipstämmen (die sich in der Flexion wie Adjektivstämme verhalten).

4.7. Ein deskriptives Problem: das "starke" Passé simple

In diesem Abschnitt wird ein Zerlegungsproblem diskutiert, das wir zur besseren Übersicht aus der allgemeinen Darstellung der Verbformen ausgegliedert haben.

Die Endungen des Passé simple bilden vier Serien (frei nach Picoche 1979: 46):

1. Serie	2. Serie	3. Serie	4. Serie
-ai	*-i-s*	*-u-s*	*-Ø-s*
-a-s	*-i-s*	*-u-s*	*-Ø-s*
-a-Ø	*-i-t*	*-u-t*	*-Ø-t*
-â-mes	*-î-mes*	*-û-mes*	*-^-mes*
-â-tes	*-î-tes*	*-û-tes*	*-^-tes*
-è-rent	*-i-rent*	*-u-rent*	*-Ø-rent*

In 4.4.2. haben wir als grobe Orientierungsregel angegeben: Das Passé simple wird mit Hilfe eines der Vokale *a, i* oder *u* gebildet. Dieser Regel entsprechen die ersten drei Serien, und man kann sich fragen: Wozu die vierte Serie? Während man keine Schwierigkeiten hat, den charakteristischen Passé-simple-Vokal in den Beispielreihen (1) bis (3) zu erkennen, kommen bei der Reihe (4) Zweifel auf:

---

[32] Die Partizipien auf Konsonant wie *mis, pris, dit, écrit* sind Relikte stammbetonter lateinischer Partizipien: *missum, prehensum, dictum, scriptum*.

(1) I. *cédas, chantas, levas, parlas* u. v. a.
(2) II. *finis, punis* u. v. a.; IIIa. *mentis, sentis* u. a.; IIIb. – ; IIIc. *battis, cousis, craignis, (con-, dé-, ré-)-duisis, écrivis, naquis, perdis* u. v. a.
(3) IIIa. *courus, mourus*; IIIb. *fallut, voulus, valus*; IIIc. *moulus, parus, (ab-, dis-, ré-)-solus, vécus*
(4) (a) IIIa. *tins, vins*
 (b) IIIa. *(ac-, con-, re-)-quis*; IIIb. *(as-, sur-)-sis, vis*; IIIc. *dis, fis, mis, pris, ris*
 (c) IIIa. –; IIIb. *(con-, dé-, per-, re-)-çus, dus, eus, mus, plut, pourvus, pus, sus*; IIIc. *bus, (con-, in-, oc-, re-)-clus, connus, crus, crûs, fus, lus, plus, tus*

Das Passé simple in (4) wird "stark" genannt, weil hier der Vokal *-in-, -i-, -u-* auf einen betonten Stammvokal in älteren Sprachstufen zurückgeht.[33] Die Frage ist, wieweit das synchronisch von Interesse ist. In der Literatur findet man unterschiedliche Auffassungen vertreten. Wir wollen sie kurz darstellen und gegeneinander abwägen.

Standpunkt A. Im Neufranzösischen sind alle starken Passé-simple-Formen, die kein *i* oder *u* enthalten, mit Ausnahme von *vins* und *tins* verschwunden; z. B. sind afrz. *mor-s, join-s* ersetzt durch *mord-is, joign-is*. Deshalb kann man *-i-, -u-* aus synchronischer Perspektive auch in den "starken" Bildungen einfach als den typischen Passé-simple-Vokal interpretieren und *dis, crus* usw. in *d-i-s, cr-u-s* zerlegen. Dann kommt die vierte Endungsserie nur bei *venir* und *tenir* vor, denn *dis* fällt in die zweite und *crus* in die dritte Serie. Somit:

dorm-	*-i-s*	*d-*	*-i-s*
mour-	*-u-s*	*cr-*	*-u-s*
Stamm	Endung	Stamm	Endung

Standpunkt B. Auch bei der synchronischen Beschreibung sollte der Unterschied zwischen starkem und schwachem Passé simple nicht verwischt werden, somit:

schwach:		**stark:**	
dorm-	*-i-s*	*di-*	*-Ø-s*
mour-	*-u-s*	*cru-*	*-Ø-s*
Stamm	Endung	Stamm	Endung

---

[33] Im Afrz. waren die 1. Sg., 3. Sg. und 3. Pl. stammbetont, z. B. bei *veeir: vi, vit, virent*. Die übrigen Formen waren endungsbetont: *veïs, veïmes, veïstes*. Durch Verstummen des Stamm-*e* wurden auch sie zu stammbetonten Formen. Bei Verben wie *savoir* war die Entwicklung komplizierter, s. Nyrop (1903: 144), Price (1988: 231f.).

Welche Argumente für B lassen sich ohne Bezug auf die Sprachgeschichte anführen? Zum einen hat man als nfrz. Relikt die Einsilbigkeit der starken Formen (soweit sie keine Präfixe enthalten), und zum anderen entspricht einem starken Passé simple auf -*i*- auch im Nfrz. ein starkes Partizip auf Konsonant: Passé simple *dis* – Partizip *dit*, was eine Zerlegung in *di*- + Affixe nahelegt. Die Schwäche des zweiten Arguments liegt darin, dass es (außer bei *inclure*, *reclure*, *occlure*) auf die *u*-Bildungen so nicht anwendbar ist: Passé simple *crus* – Partizip *cru*. Soll man also analysieren *cru-Ø-s* und *cru-Ø*? Oder etwa *cru-Ø-s* und *cr-u*? Dies führt uns zu Standpunkt C.

Standpunkt C. Ausschlaggebend für unsere Überlegungen soll ein Vergleich mit dem Partizip sein. Einem starken Passé simple auf -*i*- entspricht ein starkes Partizip auf Konsonant. Einem starken Passé simple auf -*u*- entspricht (außer bei *in*-, *re*-, *occlure*) ein schwaches Partizip auf -*u*. In beiden Fällen wäre es unschön, zwei verschiedene Stämme anzunehmen. Deshalb zerlegen wir die Passé-simple-Formen einerseits in *di*- + Endung, andererseits aber in *d*-, *cr*- + Endung, d. h., die vierte Endungsserie wird nur den starken Formen auf -*i*- und *venir*, *tenir* zugeschrieben; somit:

Passé simple		Part. passé		Passé simple		Part. passé	
di-	-Ø-*s*	*di*-	-*t*	*b*-	-*u*-*s*	*b*-	-*u*
fi-	-Ø-*s*	*fai*-	-*t*	*cr*-	-*u*-*s*	*cr*-	-*u*
confi-	-Ø-*s*	*confi*-	-*t*	*d*-	-*u*-*s*	*d*-	-*û*
fri	-Ø-*s*	*fri*-	-*t*	*l*-	-*u*-*s*	*l*-	-*u*
mi-	-Ø-*s*	*mi*-	-*s*	*m*-	-*u*-*s*	*m*-	-*û*
pri-	-Ø-*s*	*pri*-	-*s*	*pl*-	-*u*-*s*	*pl*-	-*u*
assi-	-Ø-*s*	*assi*-	-*s*	*p*-	-*u*-*s*	*p*-	-*u*
inclu-	-Ø-*s*	*inclu*-	-*s*	*s*-	-*u*-*s*	*s*-	-*u*

Standpunkt A wird (ohne Begründung) in Pinchon/Couté (1981: 97–100 u. 249–254) zugrunde gelegt. Dort wird sogar *vins* in *v-in-s* segmentiert. Konsequenterweise werden die starken Partizipien wie *assis*, *pris* in *ass-is*, *pr-is* usw. segmentiert. Standpunkt B scheint die allgemein übliche Auffassung zu sein. Standpunkt C wird von Ayer (1885: 246) vertreten.

Wir entscheiden uns für Standpunkt C. Gegenüber B finden wir ihn in synchronischer Hinsicht konsequenter. Verglichen mit Standpunkt A, dem man auch Konsequenz nicht absprechen kann, scheint C mehr im Einklang mit dem Sprachgefühl zu stehen.

Aufgaben und Fragen zu Teil II

1. Beschreiben Sie für die folgenden Wörter die Pluralbildung in der geschriebenen und in der gesprochenen Sprache (*liaison* nicht vergessen!): *enfant, chien, travail, détail, éventail, bail, bal, journal, carnaval, idéal, croix, peau, jeu*.

2. In traditioneller Orthographie schreibt man *le porte-avions, les porte-avions*. Daneben ist heute auch zulässig: *le porte-avion, les porte-avions*. Vergleichen Sie die entsprechenden Konstituentenstrukturen.

3. (a) Beschreiben Sie die Variation des Stamms der folgenden Adjektive in der gesprochenen und der geschriebenen Sprache: *entier, dernier, actif, bref, public, turc, grec, sec, blanc, vert, gris, gros, doux, faux, persan, paysan, divin, certain, mignon, dévot, sot*. (b) Welches ist die Grundform (das Basisallomorph) des Stamms bei regelmäßigen Adjektiven wie *petit, gris, chaud*?

4. Wie ist eine französische Verbform aufgebaut?

5. Geben Sie für jedes der folgenden Verben die Präsensstämme an (gesprochen und geschrieben): *manger, naviguer, vouloir, pouvoir, prendre, rendre, commencer, cueillir, servir*.

6. Wenn man Nullmorphe als Beschreibungsmittel einsetzt, wird die 1. Person Singular des Präsens Indikativ üblicherweise als /ʃɑ̃t-Ø/ notiert, die 1. Person Singular des Präsens Konjunktiv aber als /ʃɑ̃t-Ø-Ø/. Warum?

7. (a) Geben Sie für jedes der folgenden Verben die Formen an: 1. Pl. Imperfekt Indikativ, 1. Pl. Futur, 1. Pl. Konditional, 1. Pl. Passé simple, 1. Pl. Imperfekt Konjunktiv: *marcher, chanceler, interpeller, altérer, secouer, déferler, punir, courir, fuir, vêtir, acquérir, tressaillir, asseoir, mouvoir, prévaloir, rire, répandre, mordre, joindre, maudire, contredire, conclure, nuire*; (b) segmentieren Sie jede Form; (c) geben Sie für jede Form die Konstituentenstruktur an (Zerlegung A).

Lösungshinweise findet man im Internet auf der Homepage des Verlages.

Teil III. Wortbildung

1. Allgemeines zur Wortbildung

1. Überblick über die Wortbildungsverfahren
2. Simplex, Derivat, Kompositum
3. Derivationsbasis
4. Motivation und Produktivität
5. Historische Schichten im Wortschatz
6. Volkstümliche und gelehrte Elemente

1.1. Überblick über die Wortbildungsverfahren

Man kann folgende Wortbildungsverfahren unterscheiden:

A. Derivation
   1. Suffigierung
   2. Präfigierung
   3. Parasynthese
B. Komposition
C. Wortkürzung

Diese Einteilung ist nicht die einzig übliche. Die Präfigierung wird oft unter Komposition eingeordnet, s. 3.2. Die Konversion (s. u.) kann man als eigenes Verfahren ansehen oder, so wie wir es tun, als Nullsuffigierung unter A.1. einreihen.

Suffigierung ist die Anfügung eines Suffixes an eine sprachliche Form: *fleur → fleuriste*. Wie in Teil I dargelegt, gibt es Derivations-, Stammerweiterungs- und Flexionssuffixe; hier geht es um die Suffigierung als Derivationsverfahren. Das abgeleitete Wort kann der gleichen Wortart angehören wie das Grundwort (*état → étatisme*) oder aber einer anderen Wortart (*structure → structurel*).

Präfigierung ist die Anfügung eines Präfixes an einen Wortstamm. Im Französischen dienen alle Präfixe der Wortbildung. Nach einer verbreiteten Auffassung gehört das abgeleitete Wort stets zur gleichen Klasse wie das Grundwort: *honneur → déshonneur, acceptable → inacceptable, ferm-(er) → referm-(er)*.

Parasynthese ist die g l e i c h z e i t i g e Anfügung eines Präfixes und eines Suffixes: *seuil → enseuillement, rat → dératis-(er)*, d. h., bei der Ableitung gibt es keine Zwischenstufen wie **enseuil* oder **seuillement*, **dérat* oder **ratis-(er)*.

Konversion ist der Übergang eines Worts oder eines Wortstamms aus einer Wortart in eine andere, ohne dass der Klassenwechsel durch ein explizites Affix gekennzeichnet ist: *devoir → le devoir, général → le général, cri-(er) → le cri*.

Komposition ist die Zusammenfügung von flektierten Wörtern und/oder Wortstämmen zu einem neuen Wort(stamm): *coffre-fort, wagon-lit, brise-glace, philanthrope, anthropologie*.

Wortkürzung. Die verschiedenen Kürzungsverfahren bedürfen keiner Erläuterung; einige Beispiele mögen hier genügen. (a) Initialwörter: *E.N.A.* aus *École Nationale d'Administration, C.G.T.* aus *Confédération Générale du Travail*, (b) Kurzwörter: *auto* aus *automobile, cinéma* aus *cinématographe, labo* aus *laboratoire, télé* aus *télévision*; (c) Kurzwörter aus zwei Bestandteilen (sog. *mots-valises*): *stagflation* aus *stagnation + inflation, autobus* aus *automobile + omnibus*. Eine ausführliche Darstellung der verschiedenen Kürzungsarten bietet Thiele (1993: 98–105).

Neben der Einteilung nach formalen Gesichtspunkten ist auch eine semantisch begründete Klassifikation der Wortbildungsverfahren möglich; die Unterscheidung Gaugers (1971a) von Ausgriff, Verschiebung, Variation und die Unterteilung Coserius (1977) in Modifikation, Entwicklung und Komposition seien hier nur erwähnt. Eine ausführlichere Darstellung würde über den Rahmen dieses Arbeitshefts hinausgehen; wir verweisen auf Dietrich/Geckeler (2012: 114–118).

1.2. Simplex, Derivat, Kompositum

Simplex. Ein grammatisches Wort ist ein Simplex, wenn sein Stamm bzw. Radikal aus genau einer Wurzel besteht (das bedeutet ja, dass das Wort nicht abgeleitet und nicht zusammengesetzt ist).

In (a) ist die Flexionsendung *-i-ons*, der Stamm *chant-*. Der Stamm ist eine Wurzel. In (b) ist die Endung *-i-ez*, der Stamm *puniss-*. Er besteht aus der Stammerweiterung *-iss-* und dem Radikal *pun-*. Dieses ist eine Wurzel.

Derivation und Komposition sind Wortbildungsverfahren, die Resultate dieser Verfahren sind Derivate und Komposita. Für die Einordnung eines Worts als **Derivat** oder **Kompositum** kommt es darauf an, worin der letzte Schritt beim Aufbau seines

Stamms besteht: ob im letzten Schritt ein Affix angefügt wird oder ob zwei Wörter oder Stämme zusammengefügt werden. Das spiegelt sich anschaulich in der Konstituentenstruktur wider.

Derivat. Ein grammatisches Wort ist ein Derivat, wenn es so zerlegt werden kann, dass mindestens eine der unmittelbaren Konstituenten des Stamms bzw. Radikals ein Derivationsaffix ist:

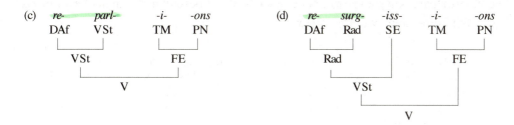

In (c) ist der Stamm *re-parl-*, eine der unmittelbaren Konstituenten des Stamms ist das Präfix *re-*. In (d) ist der Stamm *re-surg-iss-*; das Radikal ist *re-surg-*, dieses enthält als unmittelbare Konstituente das Präfix *re-*.

Kompositum. Ein grammatisches Wort ist ein Kompositum, wenn es so zerlegt werden kann, dass jede unmittelbare Konstituente des Stamms eine Wurzel enthält:

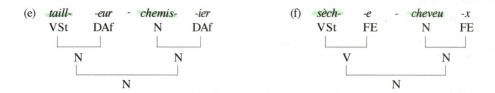

In (e) ist der Stamm mit dem Wort identisch, da keine Flexionsendung vorhanden ist. Die unmittelbaren Konstituenten des Stamms sind *tailleur* und *chemisier*, sie enthalten jeweils eine Wurzel (*taill-*, *chemis-*). Das Gesamtwort ist kein Derivat, auch wenn es Derivationsaffixe enthält, denn keines dieser Affixe ist unmittelbare Konstituente des Stamms.

Auch in (f) ist der Stamm mit dem Wort identisch, denn die Flexionsendungen sind keine Endungen des Gesamtworts. Beide Konstituenten enthalten eine Wurzel.

Da alle Formen eines lexikalischen Worts auf der Ebene der Morpheme den gleichen Stamm haben (I, 2.1.2.), vererben sich die Bezeichnungen "Simplex", "Derivat", "Kompositum" in naheliegender Weise von den grammatischen auf die lexikalischen Wörter (Beispiele s. nächste Seite).

Beispiele	Grammatische Wörter	Lexikalische Wörter
Simplicia:	*chien, chiens, parlerions*	CHIEN, PARLER
Derivata:	*poliment, retirera*	POLIMENT, RETIRER
Komposita:	*porte-avions, ronds-points*	PORTE-AVIONS, ROND-POINT

1.3. Derivationsbasis

Die unmittelbare Ausgangsform bei einer Ableitung bezeichnet man als Derivationsbasis. Wir betrachten zwei Beispiele:

(a) 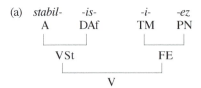 (b)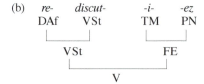

(a) Suffigierung

    grammatisches Wort: *stabilisiez*
    Stamm dieses Worts: *stabilis-*
    Derivationsbasis: *stabil-*

(b) Präfigierung

    grammatisches Wort: *rediscutiez*
    Stamm dieses Worts: *rediscut-*
    Derivationsbasis: *discut-*

Wie ermittelt man die Derivationsbasis eines Worts? Im ersten Schritt trennt man die Flexionsendung ab (sofern vorhanden) und betrachtet den Rest: Wenn dieser Rest in Derivationsaffix + X zerlegbar ist, dann ist das Wort ein Derivat, und X ist die Derivationsbasis. Es kommt auch vor, dass nicht eine, sondern zwei unmittelbare Konstituenten des Stamms Derivationsaffixe sind, d. h., der Stamm besteht aus Affix + X + Affix (Parasynthese); die Derivationsbasis von *dératiser* ist *rat*.

Beim Beispiel (a) kommt die Frage auf: Ist denn nun *stabil-* oder *stable* die Derivationsbasis von *stabiliser*? Antwort: Es kommt auf den Blickwinkel an. Nimmt man es ganz streng, so erhält man durch Abtrennung des Suffixes die Form *stabil-*, also ist das die Derivationsbasis. Andererseits sind natürlich *stabil-* und *stable* Allomorphe desselben Morphems {stable}. Deshalb: Allomorphisch gesehen ist *stabil-* die Derivationsbasis, morphemisch gesehen {stable}. Ebenso: Die Ableitungsbasis von *canadien* ist allomorphisch *canad-*, morphemisch {Canada}; die Basis von *central* ist allomorphisch *centr-*, morphemisch {centre}.

1.4. Motivation und Produktivität

Motiviertheit. Häufig gibt es eine systematische Beziehung zwischen der Gesamtbedeutung eines komplexen Worts und der Bedeutung seiner Bestandteile: *re-ferm-er*, *stabil-is-ation*, *in-vrai-sembl-able-ment*. Solche Bildungen nennt man motiviert.

Demotivierung. Im Laufe der Zeit kann die semantische Beziehung verdunkelt werden oder ganz verschwinden; niemand würde heute *amortir* ('abfedern') mit *mort* in Zusammenhang bringen, obwohl es etymologisch auf ein vlat. °*admortire*, von vlat. *mortus* (klat. *mortuus*) zurückgeht (BW). Eine Zerlegung in *a-mort-i-r* (oder mit -Ø- in *a-mort-Ø-i-r*, s. 4.1.) ist zwar möglich, denn formal steht *amortir* zu *mort(e)* in der gleichen Beziehung wie *agrandir* zu *grand(e)*, *approfondir* zu *profond(e)*, *aplatir* zu *plat(e)* usw. Doch kann man nicht sagen, dass sich die Bedeutung von *amort-* in irgendeiner vernünftigen Weise aus der Bedeutung von *a-* und von *mort* ergibt. Bildungen dieser Art bezeichnet man als demotiviert.

Lexikalisierung. Der Übergang zwischen motiviert und demotiviert ist fließend: Die Beziehung zwischen *fin* und *enfin*, *confins* ist nicht sehr deutlich, aber auch nicht völlig verdunkelt. In solchen Fällen spricht man von Lexikalisierung. Je weiter die tatsächliche Bedeutung eines Worts abweicht von der Bedeutung, die von seinen Bestandteilen her zu erwarten wäre, umso höher ist der Grad der Lexikalisierung; der höchste Grad ist die Demotivierung.

Formale Analysierbarkeit. Im Laufe der Zeit kann nicht nur die semantische Motiviertheit eines Wortes verlorengehen, sondern auch seine formale Zerlegbarkeit. Das kann durch Lautwandel geschehen, der die Morphemgrenzen verschwimmen lässt: vlat. °*cale-fare* > frz. *chauffer*, lat. *col-locare* > frz. *coucher*. Auch der Verlust des Grundworts kann eine Ursache dafür sein, dass eine Ableitung nicht mehr als solche erkennbar ist. So ist *orage* (mit *-age* von afrz. *ore* 'Wind' < lat. *aura*) so lange analysierbar, wie es neben *ore* steht. Später, als *ore* untergegangen ist, erscheint *orage* als unzerlegbares Simplex.

Produktivität. Ein Wortbildungsmuster ist zur Zeitspanne *t* produktiv, wenn während *t* nach diesem Muster neue Wörter gebildet werden. So sind z. B. Ableitungen mit den Suffixen *-ation* und *-iste* im heutigen Französisch sehr produktiv, ebenso die Zusammensetzung nach dem Schema V + N (*porte-avions*). Die Derivation mit dem Suffix *-aison*, *-i-son* ist nicht mehr produktiv. Die Bildungen sind aber nicht demotiviert: Der Zusammenhang von *livraison* mit *livrer*, von *guérison* mit *guérir* ist vollkommen durchschaubar. Zu den heute im Französischen produktiven Wortbildungsverfahren s. Weidenbusch (2008).

1.5. Historische Schichten im Wortschatz

Unter diachronischem Gesichtspunkt unterscheidet man Erbwörter, Lehnwörter und Neubildungen; ausführlich hierzu Wise (1997: 26–131, insbes. Kap. 2., 3. u. 6.).

Erbwörter. Den Grundstock des französischen Wortschatzes bilden die Erbwörter. Die meisten von ihnen stammen aus der Variante des Vulgärlateinischen, die in Gallien gesprochen wurde. Sie haben an der Sprachentwicklung vom Vulgärlatein bis zum Neufranzösischen teilgenommen und dabei erhebliche lautliche (oft auch morphologische und semantische) Veränderungen erfahren: vlat. *misculare* > frz. *mêler*, lat. *colligere* > frz. *cueillir*, lat. *collocare* > frz. *coucher*.[34]

Lehnwörter sind Wörter, die zu verschiedenen Zeitpunkten aus anderen Sprachen übernommen wurden; das Französische hat vor allem aus dem Lateinischen (*vapeur*), Griechischen (*dynamique*), Okzitanischen (*cap*), Italienischen (*soldat*), Spanischen (*casque*) und Englischen (*parking*) entlehnt. Unter den Lehnwörtern spielen die gelehrten Entlehnungen eine herausragende Rolle. Sie sind aus dem Lateinischen, seit dem 16. Jh. auch aus dem Griechischen, ins Französische übernommen worden; dabei wurden sie lautlich und orthographisch adaptiert.

Unter **Neubildungen** versteht man Derivata und Komposita, die selbst nicht ererbt oder entlehnt sind, sondern innerhalb des Französischen aus ererbten oder entlehnten Elementen gebildet wurden. Die Bausteine von *chauff-eur* sind ererbt (*chauffer* < °*calefare*, *-eur* < *-atorem*), aber das Wort *chauffeur* ist eine französische Bildung aus dem 17. Jh.; die Bausteine von *aspir-ateur* sind aus dem Lateinischen entlehnt, aber *aspirateur* wurde erst im 19. Jh. gebildet (Angaben nach BW).

Nicht immer kann man mit Gewissheit sagen, ob ein Wort im Französischen gebildet ist: "On est très embarrassé de savoir si les suivants, qui n'appartiennent pas à la langue latine ancienne, ont été formés d'abord dans le latin du moyen âge, d'où ils auraient passé au français, ou s'ils sont directement dérivés dans le français" (Brunot 1966: 584). Als Beispiele führt Brunot an: *cultivateur*, *aggravation*, *alimentation*, *amélioration*, *approximation*, *association*, *autorisation* u. a.

Synchronie. Synchronisch verhält sich *acheteur* zu *acheter* wie *porteur* zu *porter*, obwohl *acheteur* im Französischen gebildet wurde, während *porteur* (< *portatorem*) aus dem Lateinischen ererbt ist (BW). Ebenso verhält sich *acclamateur* zu *acclamer*

---

[34] Einige wenige Wörter stammen aus dem Gallischen, z. B. *bouc*, *lande*, *ruche*. Erheblich mehr Wörter stammen aus dem Fränkischen, der Sprache der germanischen Eroberer Galliens, z. B. *maréchal*, *riche*, *guetter*. Die gallischen Wörter wurden schon ins Vulgärlatein, die fränkischen ins (nördliche) Galloromanische entlehnt. Für das Französische waren sie "von Anfang an dabei" und zählen deshalb nicht als Lehnwörter.

wie *administrateur* zu *administrer*, obwohl *administrateur* eine Entlehnung aus dem Lateinischen, *acclamateur* eine Neubildung des 16. Jh. ist (BW). Aus synchronisch-systematischer Sicht ist jedes dieser Substantive vom entsprechenden Verb abgeleitet: *achet(er)* → *acheteur*, *port(er)* → *porteur*, *administr(er)* → *administrateur* usw.

1.6. Volkstümliche und gelehrte Elemente

Suffixe, Präfixe und Wurzeln, die als Bestandteil von Erbwörtern "mitgeerbt" worden sind (und die entsprechenden lautlichen Entwicklungen mitgemacht haben), nennen wir **volkstümlich.** Volkstümliche Suffixe sind z. B. *-eur* wie in *pêcheur* (< *piscatorem*), *-ure* wie in *armure* (< *armaturam*); volkstümliche Präfixe sind *re-* wie in *recueillir* (< *recolligere*), *dé-* wie in *découvrir* (< *discooperire*). Ein Beispiel für eine volkstümliche Wurzel ist *sauv-* wie in *sauver*.

Suffixe, Präfixe und Wurzeln, die als Bestandteil von lateinischen oder griechischen Wörtern "mitentlehnt" worden sind, bezeichnet man als **gelehrt.** Gelehrte Suffixe sind z. B. *-ateur* wie in *administrateur*, *-ature* wie in *armature*; gelehrte Präfixe sind *ré-* wie in *récompenser* und *dis-* wie in *discontinuer*. Ein Beispiel für eine gelehrte Wurzel ist *salv-* wie in *salvatrice*. Oft hat ein volkstümliches Element eine gelehrte Entsprechung; solche Paare nennt man Dubletten:[35]

Element	volkstümlich	gelehrt	lat. Grundlage
Suffix	*-aison*	*-ation*	*-ationem*
	-eur	*-ateur*	*-atorem*
Präfix	*re-, r-*	*ré-*	*re-*
	dés-, dé-	*dis-*	*dis-*
Wurzel	*sauv-*	*salv-*	*salv-*
	livr-	*libér-*	*liber*
Wort	*livrer*	*libérer*	*liberare*
	sûreté	*sécurité*	*securitatem*

Synchronie. Ob ein Wortbaustein volkstümlich oder gelehrt ist, spielt für die synchronische Betrachtung deshalb eine Rolle, weil damit gewisse Kombinationsbeschränkungen erklärt werden können: nicht **rondité*, sondern *rondeur* (dagegen: *rotondité*), nicht **laitaire*, sondern *laitier* (aber: *lactaire*). Gelehrte Suffixe wie *-ité* und *-aire* treten in der Regel nicht an eine volkstümliche Basis. Mehr dazu in 2.4.2.

---

[35] Ob bei solchen Paaren Allomorphie vorliegt, muss in jedem Fall einzeln entschieden werden. So wird man *sauv-* und *salv-* zu einem Morphem zusammenfassen, *livr-* und *libér-* dagegen nicht.

2. Suffigierung

1. Allgemeines zur Suffigierung
2. Alternationen in der Derivationsbasis
3. Alternationen beim Derivationssuffix
4. Volkstümliche und gelehrte Ableitung
5. Nullsuffigierung
6. Eine Auswahl von Suffixen

2.1. Allgemeines zur Suffigierung

Suffigierung gibt es im Bereich der Flexion und der Wortbildung. In der Wortbildung versteht man unter Suffigierung die Anfügung eines Derivationssuffixes an eine sprachliche Form: *impoli* → *impoliment*, *cherch-(er)* → *chercheur*, *centre* → *central* → *centralis-(er)* → *centralisation*.

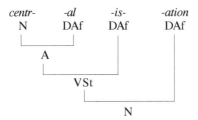

Derivationsbasis. In den meisten Fällen führt die Ableitung von einem Stamm zu einem neuen Stamm. So geht die deadjektivische Ableitung oft vom Stamm des Femininus aus, die deverbale Ableitung vom Stamm der 1. Pl.: *blanche – blancheur, grosse – grossier, vieille – vieillesse; lisons – liseur, prenons – preneur*. Häufig stimmt aber die Derivationsbasis mit keinem der Stämme des Grundworts überein (*apercevoir – aperception*); dazu s. u.

Andererseits ist die Derivationsbasis nicht immer ein Wortstamm. Hier ist vor allem die Adverbbildung zu nennen; sie geht in der Regel nicht vom Femininstamm, sondern von der vollen femininen Form aus, so z. B. in *ancienne* → *anciennement* oder *forte* → *fortement* (aber: *poliment, constamment*). Man könnte sagen, dass die Basis ein "eingefrorenes" Flexionssuffix enthält. Mit der Formulierung "eingefroren" ist gemeint, dass es sich formal um das Femininsuffix handelt, das hier aber nicht mehr die grammatische Kategorie 'Femininum' ausdrückt. Ein anderes Beispiel ist die Suffigierung mit *-iste*; dieses Suffix tritt nicht nur an Wortstämme: *C.G.T.* → *cégétiste, jusqu'au bout* → *jusqu'au-boutiste*.

Derivationsschema. Das Derivat kann einer anderen Wortart angehören als das Grundwort (*atome – atomique, joli – joliment*) oder aber der gleichen Wortart (*fleur – fleuriste, tousser – toussoter*); letzteres ist der seltenere Fall. Für das Französische kann man folgende Derivationsschemata unterscheiden:

wortartverändernd:
V → N	*chauffer → chauffage*
A → N	*faible → faiblesse*
V → A	*laver → lavable*
N → A	*individu → individuel*
A → Adv	*lente → lentement*
N → V	*alcool → alcooliser*
A → V	*mobile → mobiliser*

wortarterhaltend:
N → N	*état → étatisme*
A → A	*rouge → rougeâtre*
V → V	*siffler → siffloter*

Alternation. Sowohl Derivationsbasen als auch Suffixe können der Alternation unterliegen. Die Alternation kann phonologisch oder morphologisch bedingt sein, s. I, 1.8.1. Beispiele für die Alternation in der Basis sind (1) bis (4):

(1) phonologisch: /patrɔ̃/ vs. /patrɔn-/ in *patron, patronner*
(2) morphologisch: /lɑ̃g/ vs. /lɛ̃gw-/ in *langue, linguiste*

Die Anfügung eines Suffixes kann, wie in (1) und (2), ein bestimmtes Wurzelallomorph verlangen, sie kann auch das letzte Suffix einer komplexen Derivationsbasis beeinflussen:

(3) phonologisch: /-asjɔ̃/ vs. /-asjɔn-/ in *organisation, organisationnel*
(4) morphologisch: /-ibl(ə)/ vs. /-ibil-/ in *compressible, compressibilité*

Schließlich kann ein Suffix in Abhängigkeit davon alternieren, an welche Basis es angefügt wird:

(5) phonologisch: /-je/ vs. /-e/ in *abricotier, oranger* (s. u., 2.3.)
(6) morphologisch: /-te/ vs. /-ite/ in *saleté, intimité*

Bei Suffixen kann also die Alternation von "rechts" verursacht sein, wie in (3), (4), oder von "links", wie in (5), (6).

2.2. Alternationen in der Derivationsbasis

2.2.1. Überblick

Im abgeleiteten Wort kann die Derivationsbasis gegenüber dem Grundwort unverändert auftreten, z. B. bei *vrai – vrai-ment, amour – amour-eux*, sie kann aber auch formale Unterschiede aufweisen: im Lautbild bei *sport – sport-if*, im Schriftbild bei *garage – garag-iste*, im Laut- und Schriftbild bei *chanson – chansonn-ier*. Solche Alternationen spielen bei der Suffigierung eine bedeutende Rolle (Nyrop 1908: 41–64; Grevisse/Goosse 2011: 170); die wichtigsten sind folgende:

1. Verstummen/Hörbarwerden eines latenten Konsonanten: *sport – sportif*
2. Wechsel zwischen Nasalvokal und Oralvokal plus Nasalkonsonant: *maison – maisonnette, révision – révisionniste*
3. Einschub eines Bindekonsonanten: *abri – abriter*
4. Wechsel zwischen volkstümlicher und gelehrter Basis: *langue – linguiste*
5. Alternation zwischen gelehrten Stämmen, die schon im lat. Vorbild gegeben ist: *discuter – discussion, éroder – érosion* (*discutere – discussio, erodere – erosio*)

Der zweite und der dritte Fall lassen sich als Sonderfälle des ersten interpretieren. Die ersten drei Alternationen sind phonologisch bedingt, die letzten beiden morphologisch bedingt.

2.2.2. Phonologisch bedingte Alternation

2.2.2.1. Latente Konsonanten

Vergleicht man die Aussprache von *sport* und *sportif* oder von *bois* und *boiser*, so erkennt man: Im Auslaut ist der Konsonant stumm, vor vokalisch anlautendem Suffix dagegen hörbar. Hierzu eine kleine Auswahl von Beispielen:

/b/: *plomb – plombier*
/p/: *camp – camper*
/d/: *bavard – bavarder, clochard – clochardisation, échafaud – échafauder, gourmand – gourmandise, marchand – marchandise*
/t/: *bout – aboutir, dent – dentaire, enfant – enfantin, fruit – fruitier, lait – laitier, sport – sportif*
/g/: *hareng – harengaison*
/k/: *escroc – escroquerie, tronc – tronquer*
/z/: *abus – abuser, bois – boiser, croix – croiser, noix – noisette*

/s/:   dos – adosser, encens – encenser, univers – universel, vernis – vernisser
/ʃ/:   croc – crochet, tronc – tronchet

Wie viele Allomorphe hat *sport* in der gesprochenen Sprache? Wie bereits in I, 1.8.2. dargelegt, ist es in neueren Theorien üblich, Wörtern mit latentem Konsonanten nur e i n e phonologische Repräsentation zuzuschreiben: /spɔrt/. Dann gibt es nur ein einziges Allomorph, nämlich /spɔrt/, das seinerseits zwei phonetische Realisierungen hat: [spɔʀt] und [spɔːʀ]. In dieser Einführung halten wir uns aber an die klassische strukturalistische Vorgehensweise: Wir schreiben dem Morphem {/spɔrt/} z w e i Allomorphe zu, nämlich /spɔrt-/ und /spɔr/, zwischen denen die Beziehung der phonologisch bedingten Alternation besteht. Somit:

Morphem		Allomorphe		Beispiele für das Vorkommen
gesprochen	geschrieben	gesprochen	geschrieben	
{/plɔ̃b/}	{plomb}	/plɔ̃/ /plɔ̃b-/	plomb	plomb plomber, plombier, plomberie
{/bɔrd/}	{bord}	/bɔr/ /bɔrd-/	bord	bord bordure
{/bwaz/}	{bois}	/bwa/ /bwaz-/	bois	bois boiser, boisage, boisement
{/spɔrt/}	{sport}	/spɔr/ /spɔrt-/	sport	sport sportif

Die Frage ist nun: Welches Allomorph soll bei der Beschreibung der Alternation als Ausgangspunkt dienen? Auch diese Überlegung wurde bereits in I, 1.8.2. angestellt (s. auch II, 3.3.): Vergleicht man z. B.

/spɔr/ – /spɔrtif/ mit /bɔr/ – /bɔrdyr/ (*sport – sportif, bord – bordure*),
/bwa/ – /bwaze/ mit /twa/ – /twatyr/ (*bois – boiser, toit – toiture*),
/do/ – /adose/ mit /eʃafo/ – /eʃafode/ (*dos – adosser, échafaud – échafauder*),

so sieht man, dass es aus dem Blickwinkel der gesprochenen Sprache nicht vorhersagbar ist, welcher Konsonant bei welchem Wort hörbar werden kann. Es ist daher einfacher und allgemeiner, als Basisallomorphe die konsonantisch auslautenden Varianten zu nehmen und dann eine Tilgungsregel anzugeben. Somit:

– Basisallomorphe: /spɔrt-/, /bwaz-/, /frwad-/, /plɔ̃b-/ usw.
– Morphophonemische Regel (Skizze): Ein Verschluss- oder Reibelaut vor einer Morphemgrenze wird getilgt a u ß e r vor einem vokalisch anlautenden Suffix oder bei *liaison*.

Wie schon erwähnt (II, 3.4.), darf die Regel nicht angewendet werden nach der /ə/-Tilgung wie in *traitement* /trɛtmɑ̃/ oder in *haute pression* /otprɛsjɔ̃/. Ferner darf sie nicht angewendet werden bei Wörtern, deren Endkonsonant immer hörbar bleibt: *avec*, z. B. in *avec nous* /avɛknu/; *sens*, z. B. in *sens du ridicule* /sɑ̃sdyridikyl/.

Komplizierter ist es bei *tronc*, denn hier gibt es zu /trɔ̃/ gleich mehrere konsonantisch auslautende Varianten, unter denen man eine als Basisallomorph auswählen muss: /trɔ̃k-/ wie in *troncature, tronquer*; /trɔ̃s-/ wie in *tronçon*; /trɔ̃ʃ-/ wie in *tronche* und *tronchet*.

2.2.2.2. Nasalvokal – Nasalkonsonant

Wir kommen nun zu einem Sonderfall der im letzten Abschnitt besprochenen Alternation. Verstummt ein Nasalkonsonant, so wird der vorangehende Vokal nasaliert.

/ɑ̃ ~ an/:	*an – année, anglican – anglicanisme, artisan – artisanat, charlatan – charlatanerie, gallican – gallicanisme, paysan – paysannerie, tympan – tympanique, tyran – tyranniser*
/ɔ̃ ~ ɔn/:	*charbon – charbonneux, liaison – liaisonner, maison – maisonnette, organisation – organisationnel, patron – patronner, soupçon – soupçonner*
/œ̃ ~ yn/:	*brun – brunâtre, commun – communal, opportun – opportunisme*
/ɛ̃ ~ ɛn/:	*drain – drainer, frein – freiner, souverain – souveraineté*
/ɛ̃ ~ in/:	*bouquin – bouquiniste, clandestin – clandestinité*
/ɛ̃ ~ an/:	*pain – paner, main – manette, républicain – républicaniser*

Nicht berücksichtigt sind einige seltene Alternationen wie /ɛ̃ ~ ən/ (*grain – grenier*), /ɛ̃ ~ am/ (*faim – affamé, famine*), /wɛ̃ ~ waɲ/ (*soin – soigner, loin – éloigner*) u. a.

Damit ergeben sich u. a. folgende Morphemvariationen:

Morphem		Allomorphe		Beispiele für das Vorkommen
gesprochen	geschrieben	gesprochen	geschrieben	
{/tiran/}	{tyran}	/tirɑ̃/ /tiran-/	tyran tyrann-	tyran tyrannie, tyranniser
{/mɛzɔn/}	{maison}	/mɛzɔ̃/ /mɛzɔn-/	maison maisonn-	maison maisonnette, maisonnée
{/frɛn/}	{frein}	/frɛ̃/ /frɛn-/	frein freɛn-	frein freiner, freinage
{/fin/}	{fin}	/fɛ̃/ /fin-/	fin fin-	fin, enfin, confins finir, final, finalité

Wieder erweist es sich als einfacher, von der konsonantisch auslautenden Form auszugehen, denn von /ɛn/ oder /in/ aus ist /ɛ̃/ vorhersagbar, umgekehrt nicht; man vergleiche *frein – freinage* mit *fin – final*. Somit:

- Basisallomorphe: /ʃarlatan-/, /ʃarbɔn-/, /frɛn-/, /fin-/ usw.
- Morphophonemische Regel (Skizze): Ein Nasalkonsonant vor Morphemgrenze wird getilgt a u ß e r vor vokalisch anlautendem Suffix oder bei *liaison*. Zugleich wird der vorangehende Vokal nasaliert, wobei gilt: /an/ wird zu /ã/ oder /ɛ̃/ (s. u.), /ɔn/ wird zu /ɔ̃/, /œ̃/ wird zu /yn/, /ɛn/ wird zu /ɛ̃/, /in/ wird zu /ɛ̃/.

Anm.: (1) Auch hier ist die Regel nicht anwendbar nach der /ə/-Tilgung, z. B. in *entraînement* /ãtrɛnmã/ oder *bonne femme* /bɔnfam/. (2) Im Einklang mit der Regel erfolgt Tilgung vor konsonantischem Suffix (*bon-té*), keine Tilgung vor vokalischem Suffix (*charbonn-eux*).

Ein Problem ist, dass /an/ sowohl mit /ã/ als auch mit /ɛ̃/ alterniert. Synchronisch lässt sich keine phonologische Regel formulieren, die die Auswahl steuert.[36] Immerhin lassen sich drei Arten von Fällen angeben, in denen die Alternation von inlautendem /an/ mit auslautendem /ɛ̃/ eintritt:

(1) Alternation zwischen zwei volkstümlichen Formen: *pain – paner, panetier, main – manier, manette*
(2) Alternation zwischen volkstümlicher und gelehrter Form: *pain – panifier, main – manuel, vain – vanité*
(3) Alternation zwischen finaler und nichtfinaler Suffixgestalt: *-ain/-an-* wie in *mondain – mondanité, romain – romaniser* (mehr dazu s. u., 2.4.3.).

In allen anderen Fällen alterniert inlautendes /an/ mit auslautendem /ã/: *an – annuel, artisan – artisanal* usw., s. o.

Man beachte, dass für den Wechsel /an ~ ã/ keine positive Bedingung formuliert wurde; die Beispiele bilden eine recht heterogene Menge: volkstümliche Wörter (*an, paysan*), gelehrte Wörter aus dem Lateinischen (*anglican, gallican*) bzw. Griechisch-Lateinischen (*tympan, tyran*), Entlehnungen aus modernen Sprachen (ital.: *artisan*), Umbildungen (*paysan* ursprünglich *païsenc*). Die lateinische Grundlage kann *-ann-* (*annus, tyrannus*) oder *-an-* (*anglicanus, tympanum*) sein.

---

[36] Diachronisch erklärt sich der Wechsel /an ~ ɛ̃/ aus dem Wandel von lat. [a] zu afrz. [aj] in betonter, offener Silbe vor Nasalkonsonant: *panem > pain, manum > main*; s. Rheinfelder (1976a: 87).

2.2.2.3. Bindekonsonant

Tritt an eine vokalisch auslautende Basis ein vokalisch anlautendes Suffix, so ergeben sich drei Möglichkeiten (Nyrop 1908: 46 u. 54–61):

1. Der Hiatus bleibt erhalten: *bleu – bleuâtre, café – caféine, revue – revuiste.*
2. Der Endvokal fällt aus: *Canada – canadien, charité – charitable, nécessité – nécessiteux, Espéranto – espérantiste.*
3. Ein Bindekonsonant wird eingefügt: *abri – abriter, bijou – bijoutier.*

Die Bindekonsonanten betrachten wir genauer. Am häufigsten ist /t/: *bleu – bleuté, café – cafetier, caillou – caillouteux, chapeau – chapeauter, clou – clouter, écho – échoter, fer-blanc – ferblantier, jus – juter, numéro – numéroter, recrue – recruter, sirop – siroter, tabac – tabatière, tableau – tableautin, tuyau – tuyauter.* Außerdem kommen noch /d/, /z/ und /l/ vor; /d/: *Marivaux – marivauder*; /z/: *banlieue – banlieusard*; /l/: *Togo – togolais, Congo – congolais, chaux – chauler.* Selten ist der Konsonantenwechsel wie in *miroir – miroiter, miroiterie* oder ein Bindekonsonant nach Konsonant: *cauchemar – cauchemardesque.*

Für die Beschreibung gibt es zwei Wege: Man kann diese Konsonanten entweder dem Suffix oder der Derivationsbasis zuordnen.

Nyrop (1908: 54, 178, 190f.) nimmt eine Alternation zwischen erweitertem und nichterweitertem Suffix an: *-tier* neben *-ier*, *-teux* neben *-eux* usw.

Die Alternative ist, den Bindekonsonanten der Basis zuzuordnen. Dann gibt es wieder zwei Möglichkeiten. Zum einen kann man diese Konsonanten als eine Art Stammerweiterungsaffix interpretieren: [[*bijou-t-*]-*ier*]. Zum anderen kann man, so wie Thiele (1993: 18), diese Fälle als Allomorphie deuten. Das Morphem {bijou} hat dann zwei Allomorphe, nämlich *bijou* und *bijout-*. Hiernach gibt es eine gewisse Ähnlichkeit zwischen Bindekonsonanten und latenten Konsonanten. Dieser Auffassung schließen wir uns an. Somit:

Morphem		Allomorphe		Beispiele für das Vorkommen
gesprochen	geschrieben	gesprochen	geschrieben	
{/abri/}	{abri}	/abri/	*abri*	*abri*
		/abrit-/	*abrit-*	*abriter*
{/biʒu/}	{bijou}	/biʒu/	*bijou*	*bijou*
		/biʒut-/	*bijout-*	*bijoutier, bijouterie*

Bei einer Reihe von Wörtern gibt es sowohl Ableitungen mit als auch solche ohne Bindekonsonant. Zu *bleu* gibt es einerseits *bleuté*, andererseits *bleuir* und *bleuâtre*, zu *café* einerseits *cafetier* und *cafetière*, andererseits *caféier* und *caféière*, zu *jus* einerseits *juteux* und *juter*, andererseits *jusée*. Von *chapeau* leitet man nicht *chapeautier oder *chapeauterie ab, sondern *chapelier* und *chapellerie*. Auf der anderen Seite heißt es nicht *chapeler, sondern *chapeauter*.

Eine umfassende Diskussion des hier beschriebenen Ableitungstyps findet man bei Stein (1971).

2.2.3. Morphologisch bedingte Alternation

2.2.3.1. Wechsel zwischen volkstümlicher und gelehrter Form

Häufig gibt es zu einem volkstümlichen Simplex ein suffigiertes Wort, das gelehrt ist, zu *lait* z. B. *lactaire*, *lactique* u. a. Dabei spielt es aus synchronischer Sicht keine Rolle, ob das Derivat aus dem Lateinischen entlehnt ist wie *lactaire* (der häufigere Fall) oder ob es eine französische Neubildung aus lateinischen Bestandteilen ist wie *lactique*. Wir bringen noch einige Beispiele:

Grundwort	lat. Etymon	abgeleitetes Wort
bœuf	*bos, bovis*	*bovin* (lat. *bovinus*)
cercle	*circulus*	*circulaire* (lat. *circularis*)
île	*insula*	*insulaire* (lat. *insularis*)
œil	*oculus*	*oculiste* (Neubildung)
voix	*vox, vocis*	*vocal* (lat. *vocalis*)
haut	*altus*	*altitude* (lat. *altitudo*)
plein	*plenus*	*plénitude* (lat. *plenitudo*)
rond	*rotundus*	*rotondité* (lat. *rotunditas*)
sourd	*surdus*	*surdité* (lat. *surditas*)
sûr	*securus*	*sécurité* (lat. *securitas*)
joindre	*iungere, iunctus*	*jonction* (lat. *iunctio*)
nier	*negare, negatus*	*négation* (lat. *negatio*)
recevoir	*recipere, receptus*	*réception* (lat. *receptio*)
rompre	*rumpere, ruptus*	*rupture* (lat. *ruptura*)
étendre	*extendere, extensus*	*extensible* (Neubildung)

Gehören *haut* und *alt-*, *œil* und *ocul-* jeweils zum selben Morphem? Wie man die Alternationen zwischen volkstümlichen und gelehrten Formen behandeln soll, ist schon oft diskutiert worden, vgl. u. a. Marchand (1951), Schwarze (1970), Corbin (1987). Die möglichen Standpunkte lassen sich wie folgt charakterisieren:

Standpunkt A. Der französische Wortschatz besteht aus zwei deutlich unterschiedenen Teilsystemen, dem volkstümlichen und dem gelehrten. Getrennte Systeme behandelt man getrennt, d. h., Allomorphien werden nur innerhalb jedes Teilsystems postuliert. Die unbestreitbar vorhandenen Beziehungen zwischen Elementen, die verschiedenen Teilsystemen angehören, werden nicht als Allomorphie eines Morphems, sondern als Äquivalenzrelation zwischen verschiedenen Morphemen dargestellt. Hiernach liegen in den Wörtern *œil* und *oculaire* zwei verschiedene Morpheme {œil} und {ocul-} vor.

Solche Gedankengänge kann man z. B. bei Marchand (1951) und Schwarze (1970) finden. Äquivalenzrelationen wie die zwischen {œil} und {ocul-} nennt Schwarze "Übersetzungssuppletion".

Standpunkt B. Trotz verschiedener historischer Schichten im französischen Wortschatz sollte man synchronisch doch von e i n e m Wortbildungssystem sprechen, denn die beiden Teile – der volkstümliche und der gelehrte – haben sich so weit durchdrungen, dass ihre kategorische Trennung nicht möglich ist. Innerhalb des Gesamtsystems kann man die verschiedenen Bausteine (Wurzeln, Suffixe, Präfixe) nach bestimmten Kriterien zu Morphemen gruppieren. Dann entscheiden diese Kriterien im Einzelfall, ob ein gelehrtes und ein volkstümliches Element zum selben Morphem gehören oder nicht. Hier wird man nur ein Morphem {œil} mit den Allomorphen *œil*, *œill-* wie in *œil*, *œillade* und *ocul-* wie in *oculaire* ansetzen.

Standpunkt B kann in verschiedenen Varianten vertreten werden. Sinn der Zusammenfassung von Morphen zu Morphemen ist es, systematische Parallelen im Verhalten von Elementen unterschiedlicher Phonemgestalt zu erfassen, und offenkundig kann man sehr unterschiedlicher Meinung darüber sein, was denn nun systematische Parallelen sind.

So lässt Corbin (1987: 290–302) Allomorphie zwischen gelehrten und volkstümlichen Elementen zu, verlangt aber (für jede Art von Allomorphie) als Einschränkung: phonologische Reproduzierbarkeit einer Alternanz. Nur ein Wechsel, der in wenigstens zwei Paaren belegt ist, gilt als allomorphisch. Demnach besteht Allomorphie zwischen volkstümlichem Wort und lateinischer Derivationsbasis in *frère – fraternel*, denn es gibt noch *père – paternel* und *mère – maternel* (Corbin 1987: 293). Bei *île – insulaire* dagegen liegt zwar eine formale Beziehung vor, doch ist diese nicht reproduzierbar. Deshalb werden solche Paare nicht als allomorphisch gewertet. Man hat aber den Eindruck, dass das Kriterium ziemlich willkürlich ist und dass eigentlich nur ein synchronisches Merkmal konstruiert wird, um nicht auf etymologische Zusammenhänge Bezug nehmen zu müssen.

Wir entscheiden uns für Standpunkt B und beschreiben den systematischen Wechsel zwischen einer volkstümlichen und einer gelehrten Form wie bei *étoile – stell-*, *île –*

insul-, œil – ocul-, père – patern-, rond – rotond- als Allomorphie. Anders als Corbin wollen wir bei solchen Alternationen von der lautlichen Seite absehen. Es geht doch darum, dass vor einem gelehrten Suffix nicht eine volkstümliche Form, sondern ihr gelehrtes Gegenstück erscheint. Das trifft auf die Alternanz *père – patern-* ebenso zu wie auf die Alternanz *île – insul-*. Dass der Wechsel /ɛr/ – /atɛrn/ auch in *frère – fratern-* zu beobachten ist, scheint demgegenüber sekundär.

Was heißt "gelehrtes Gegenstück einer volkstümlichen Form"? Es muss die gleiche Bedeutung u n d den gleichen etymologischen Ursprung haben wie die volkstümliche Form. Wenig Erkenntniswert hätte es, den Wechsel mit einer synonymen, aber etymologisch nicht verwandten Basis als Allomorphie zu bezeichnen, etwa den Wechsel von *aveugle* mit *céc-* wie in *cécité*, von *jeu* mit *lud-* wie in *ludique*, von *prison* mit *carcér-* wie in *carcéral*, oder von *ville* mit *urb-* wie in *urbain* (Wandruszka 1976: 21; weitere Beispiele s. Marouzeau 1975: 9f.).

Geradezu absurd wäre es, bei Elementen mit gleicher Herkunft, aber verschiedener Bedeutung eine Allomorphie sehen zu wollen; *métier* und *ministère*, *chose* und *cause* gehören nicht zum selben Morphem, obwohl sie jeweils auf dasselbe Etymon zurückgehen: lat. *ministerium, causa*.

Somit:

Morphem		Allomorphe		Beispiele für das Vorkommen
gesprochen	geschrieben	gesprochen	geschrieben	
{/lɛt/}	{lait}	/lɛ/	lait	lait
		/lɛt-/		laitier, laiteux, laitage
		/lakt-/	lact-	lactique, lactaire, lactose
{/œj/}	{œil}	/œj/	œil	œil
			œill-	œillade, œillère, œillet
		/jø-/	yeu-	les yeux
		/ɔkyl-/	ocul-	oculaire, oculiste, oculariste

Zahlreiche Beispiele zum hier besprochenen Ableitungstyp findet man bei Marouzeau (1975: 8f.) und bei Huot (2005: 221–223).

2.2.3.2. Wechsel zwischen gelehrten Formen

Bei vielen Paaren aus einem gelehrten Verb und dem dazugehörigen gelehrten Nomen actionis ist die Alternation schon im Lateinischen vorgegeben: (1) *absorber – absorption*, (2) *céder – cession*, (3) *comprimer – compression*, (4) *diriger – direction*, (5) *décider – décision*, (6) *discuter – discussion* u. v. a. Vom Französischen her ist hier kein System zu erkennen. So ist nicht zu durchschauen, warum zwar die Ableitung *citer – citation*, nicht aber *discuter – *discutation* korrekt gebildet ist.

Ein Blick auf die lateinische Wortbildung hilft weiter. Ausgangspunkt ist das lat. Partizip Perfekt. Dieses wird auf *-tus/-sus* gebildet, und die Form der lat. Ableitung auf *-tio/-sio, -tor/-sor* usw. richtet sich nach der Form dieses Partizips: (1) *absorbere, absorptus – absorptio*, (2) *cedere, cessus – cessio*, (3) *comprimere, compressus – compressio*, (4) *dirigere, directus – directio*, (5) *decidere, decisus – decisio*, (6) *discutere, discussus – discussio*. Somit:

Morphem		Allomorphe		Beispiele für das Vorkommen
gesprochen	geschrieben	gesprochen	geschrieben	
{/diskyt-/}	{discut-}	/diskyt-/	discut-	dicuter
		/diskys-/	discuss-	discussion
{/desid-/}	{décid-}	/desid-/	décid-	décider
		/desiz-/	décis-	décision

2.3. Alternationen beim Derivationssuffix

Auch Suffixe können der Alternation unterliegen; diese kann phonologisch oder morphologisch bedingt sein. Dabei kann die Gestalt eines Suffixes sowohl von der Derivationsbasis beeinflusst sein, an die es angefügt wird, als auch davon, ob ein weiteres Suffix folgt oder nicht.

Einfluss der Derivationsbasis. Als Beispiel für eine Alternation, die durch phonologische Merkmale der Derivationsbasis bedingt ist, kann man (mit Einschränkung) den Wechsel zwischen *-ier* und *-er* nennen: nach /ʃ/, /ʒ/, /j/, /ɲ/ erscheint /-e/, nach Konsonant mit Liquid /-ie/, sonst /-je/: *pêch-er, orang-er, oreill-er* vs. *poivr-ier, pomm-ier, ceris-ier*. Die Einschränkung besteht darin, dass der Wechsel keiner allgemeinen phonologischen Gesetzmäßigkeit entspricht (vgl. z. B. *cherchiez, nagiez*) und dass es sogar bei {-ier} einige Ausnahmen gibt (Pichon 1942: 38): *fichier, pistachier, imagier*.

Zur morphologisch bedingten Alternation führen wir zwei Beispiele an: (a) den Wechsel zwischen *-té* und *-ité*: *fier-té* vs. *servil-ité*; (b) den Wechsel zwischen *-ation, -ition, -tion* und *-ion*: *accus-ation, oppos-ition, constitu-tion, explos-ion*. Zu (a): Während *-té* in der Regel in volkstümlichen Wörtern auftritt, ist *-ité* Bestandteil gelehrter Wörter. Zu (b): Die Varianten *-ation, -ition* usw. sind alle gelehrt; ihr Auftreten erklärt sich aus der Form des jeweiligen lateinischen Partizips (s. o.): *accusatus – accusatio, oppositus – oppositio, constitutus – constitutio, explosus – explosio*.

Einfluss eines nachfolgenden Suffixes. Die in 2.2.2. besprochene Alternation zwischen stummem und hörbarem Konsonanten kann auch das letzte Suffix einer komplexen Derivationsbasis betreffen. Hierzu noch einige Beispiele: *liaison – liaisonner*; *organisation – organisationnel, abolition – abolitionniste, opposition – oppositionnel, révision – révisionniste*; *gouvernement – gouvernemental, règlement – réglementaire, sentiment – sentimental*.[37] Kurzum, der Wechsel zwischen finaler und nichtfinaler Suffixvariante kann phonologisch bedingt sein.

Es gibt aber auch morphologisch bedingte Alternation, z. B. zwischen *-el* und *-al-* wie in *universel – universaliste, universaliser*, zwischen *-ible* und *-ibil-* wie in *prévisible – prévisibilité*. Um sie besser zu verstehen, wollen wir zunächst die gelehrte Derivation genauer betrachten. Wir verschieben deshalb die weitere Erörterung auf 2.4.3.

2.4. Volkstümliche und gelehrte Derivation

2.4.1. Volkstümliche und gelehrte Suffixe

Zur ersten Orientierung folgt eine (unvollständige) alphabetisch geordnete Liste von volkstümlichen und gelehrten Suffixen, wobei Allomorphiebeziehungen, Häufigkeit und Produktivität unberücksichtigt bleiben. Einige dieser Suffixe werden ausführlicher in 2.6. erörtert werden. Einzelheiten zu diesen und vielen anderen Suffixen findet man bei Nyrop (1908: 81–164 u. 194–203).

Volkstümliche Suffixe: *-able* (*lavable, périssable*), *-age$_1$* (*chauffage, lavage*), *-age$_2$* (*feuillage, esclavage*), *-aie* (*chênaie*), *-ail* (*épouvantail*), *-aille* (*ferraille, fiançailles*), *-ain* (*chapelain*), *-ais* (*hollandais*), *-aison* (*crevaison, pendaison, olivaison*), *-ance* (*alliance, connaissance*), *-âtre* (*blanchâtre, folâtre*), *-é* (*ailé, mouvementé*), *-eau* (*chevreau*), *-ée* (*journée, cuillerée*), *-el* (*charnel, mortel*), *-ement* (*avancement, accomplissement*), *-er* (*horloger*), *-esse* (*faiblesse*), *-et* (*œillet, jardinet*), *-ette* (*maisonnette*), *-eur$_1$* (*baigneur, chercheur*), *-eur$_2$* (*blancheur*), *-eux* (*avantageux, courageux*), *-euse* (*batteuse*), *-ie* (*courtoisie*), *-ien* (*grammairien, balzacien, norvégien*), *-ier* (*caissier, encrier, fruitier*), *-ière* (*jardinière, théière*), *-if* (*pensif, craintif*), *-in* (*enfantin*), *-ise* (*marchandise*), *-i-son* (*guérison, trahison*), *-oir* (*arrosoir, abreuvoir*), *-oire* (*baignoire, nageoire*), *-ois* (*ardennois, suédois, villageois*), *-té* (*fierté, lâcheté*), *-ure* (*brûlure, denture*), *-oy(er)* (*foudroyer, nettoyer*).

---

[37] Erwähnt seien auch *raison – raisonner, saison – saisonnier, nation – national, station – stationner, piment – pimenter*, bei denen *-aison, -ation, -ment* synchronisch nicht abtrennbar sind.

Gelehrte Suffixe: *-aire* (*rudimentaire*), *-al* (*régional*), *-at* (*électorat*), *-ateur* (*accélérateur*), *-atif* (*cumulatif*), *-ation* (*association*), *-atique* (*idiomatique*), *-atoire* (*confiscatoire*), *-ature* (*musculature*), *-ence* (*préférence*), *-ible* (*exigible, explosible*), *-ique* (*atomique*), *-isme* (*socialisme*), *-iste* (*socialiste*), *-ité* (*finalité, nationalité*), *-iteur* (*compositeur*), *-ition* (*répétition*), *-itude* (*exactitude*), *-ifi(er)* (*planifier, humidifier*), *-is(er)* (*monopoliser, centraliser*).

Auch aus neueren Sprachen können Suffixe entlehnt sein: Das Suffix *-ade* ist mit Wörtern aus dem Italienischen (*arcade*), Okzitanischen (*aubade*) und Spanischen (*camarade*, ursprünglich fem.) ins Französische gekommen; *-esque* ist aus dem Italienischen entlehnt (mit Wörtern wie *carnavalesque, soldatesque*). Zu weiteren entlehnten Suffixen s. Nyrop (1908: 165–176).

Einige Suffixe sind nicht ererbt und nicht entlehnt, sondern innerhalb des Französischen entstanden. Das bekannteste Beispiel ist *-erie* wie in *drôlerie, orfèvrerie*. Dieses Suffix ist aus der Verschmelzung von *-ier* und *-ie* hervorgegangen: *cheval – chevalier – chevalerie*, mit *-er-* als unbetonter Variante von {-ier}. Zu weiteren neu entstandenen Suffixen s. Nyrop (1908: 177–191), Roché (2009).

2.4.2. Kombinatorik

Welche Suffixe bevorzugen welche Basis? Als grobe Grundregel gilt, dass sich gelehrte Elemente mit gelehrten, volkstümliche Elemente mit volkstümlichen verbinden. Dieses Prinzip macht verständlich, warum es z. B. nicht **saisonn-aire*, sondern *saisonn-ier*, nicht **visionn-ier*, sondern *visionn-aire* heißt, und es erklärt auch die Suffixwahl in *lait-ier* gegenüber *lact-aire*: Das volkstümliche Suffix *-ier* tritt mit volkstümlicher, das gelehrte Suffix *-aire* mit gelehrter Basis auf.

Zu diesem Grundprinzip gibt es einige Einschränkungen: 1. Für viele Suffixe gilt es nur annähernd, z. B. für *-aison*. 2. Für einige Suffixe gilt es überhaupt nicht, z. B. für *-able*.

Betrachten wir zunächst einige Fälle der ersten Art. Gelehrte Suffixe wie *-ateur* und *-ation* verbinden sich, wie gesagt, normalerweise mit einer gelehrten, volkstümliche Suffixe wie *-aison* und *-ier* mit einer volkstümlichen Basis. Man findet aber auch Ausnahmen:[38]

– gelehrte Basis + volkstümliches Suffix: *combin-aison, hospital-ier*
– volkstümliche Basis + gelehrtes Suffix: *accompagn-ateur, dégoût-ation*

Dabei sind Abweichungen wie *combinaison* häufiger als solche wie *dégoûtation*. Pichon (1942: 47–51) diskutiert einige Beispiele dieser Art. Während er Ausdrücke

---

[38] Ähnliche Beispiele lassen sich auch aus dem Bereich der Präfigierung (*désorganiser, disparaître*) und der Komposition (*pyrogravure*) anführen.

wie *germinaison* (statt *germination*), *dilapideur* (statt *dilapidateur*), *féliciteur* (statt *félicitateur*) für stilistisch markiert, aber akzeptabel hält, findet er Abweichungen der zweiten Art unannehmbar: "Au contraire, *immuabilité, savouration, incroyabilité, étourdition* font à des Français cultivés l'effet de vilains monstres" (1942: 51).

Wir kommen nun zum zweiten Fall. Für eine Reihe von Suffixen trifft es überhaupt nicht zu, dass sie nur mit "passenden" Basen auftreten, z. B. für die volkstümlichen *-able, -eux, -el*, ferner für die gelehrten *-iste* und *-isme*.

(1) *-able*:
volkstümlich: *blâmable, guérissable, mangeable, prenable, saisissable*
gelehrt: *accusable, calculable, civilisable, communicable, simplifiable*

(2) *-eux*:
volkstümlich: *boueux, chaleureux, courageux, dangereux, peureux*
gelehrt: *poreux, scandaleux, volumineux*

(3) *-el*:
volkstümlich: *charnel* (zu *chair*)
gelehrt: *accidentel, additionnel, culturel, individuel, nutritionnel*

(4) *-iste*:
volkstümlich: *affichiste, fleuriste, fumiste, garagiste, visagiste*
gelehrt: *capitaliste, centraliste, communiste, dodécaphoniste, impressionniste*

(5) *-isme*:
volkstümlich: *arrivisme, défaitisme, maniérisme, pointillisme*
gelehrt: *capitalisme, centralisme, dirigisme, expressionnisme, nationalisme*

Fazit: Es gibt eine Grundtendenz, dass sich gelehrte Elemente mit gelehrten, volkstümliche Elemente mit volkstümlichen verbinden. Im Einklang mit dieser Tendenz treten (mit Ausnahme von *-isme* und *-iste*) gelehrte Suffixe fast nur an gelehrte Derivationsbasen. Abweichend von dieser Tendenz kommen jedoch einige volkstümliche Suffixe auch mit gelehrter Basis vor; für manche gilt das nur in Einzelfällen (*-aison, -ier*), für andere häufig (*-able, -eux*),[39] für *-el* fast immer.

Nach lauthistorischen Kriterien sind die Suffixe *-able* (< *-abilem*), *-eux* (< *-osum*) und *-el* (< *-alem*) volkstümlich; was aber ihre Kombinatorik und Allomorphie angeht, so verhalten sie sich in Verbindung mit einer gelehrten Basis nicht anders als gelehrte Suffixe: *adapt-able – adapt-abil-ité, por-eux – por-os-ité, individu-el – individu-al-isme*; mehr dazu im nächsten Abschnitt.

---

[39] So bemerkt der TLFi zu *-eux*: "Le développement en fr. présente dès le début deux courants, un courant sav. qui continue la tradition scolaire du lat. et un courant pop. moins important [...]."

2.4.3. Finale und nichtfinale Suffixvarianten

Tritt ein gelehrtes Suffix an eine komplexe Derivationsbasis, d. h. an eine Basis, die selbst schon abgeleitet ist, so kann das die Form des vorangehenden Suffixes beeinflussen; so heißt es *-ible* in *exigible*, aber *-ibil-* in *exigibilité*. Anders gesagt: Manche Suffixe haben eine doppelte Gestalt: eine, die am Wortende vorkommt, und eine, die vor einem gelehrten Suffix auftritt, z. B. vor *-ité*. Die vor gelehrtem Suffix auftretende Variante hat stärker die lateinische Form bewahrt, wie ein Vergleich von frz. *-ible* und *-ibil-* mit lat. *-ibil(em)* zeigt. Es folgen einige Beispiele für den Wechsel zwischen finaler und nichtfinaler Suffixform:

-able/-abil-:	*adaptable – adaptabilité, calculable – calculabilité, comparable – comparabilité*
-ible/-ibil-:	*accessible – accessibilité, compressible – compressibilité, prévisible – prévisibilité, sensible – sensibiliser, transmissible – transmissibilité*
-ain/-an-:	*africain – africaniser, mondain – mondanité, républicain – républicanisme*
-aire/-ar-:	*circulaire – circulariser, complémentaire – complémentarité, égalitaire – égalitarisme, fonctionnaire – fonctionnariser, révolutionnaire – révolutionnarisme, scolaire – scolariser*
-el/-al-:	*constitutionnel – constitutionnalité, formel – formaliser, individuel – individualisme, universel – universaliste*
-eux/-os-:	*lumineux – luminosité, nerveux – nervosité, poreux – porosité*
-eur$_1$/-or-:	*électeur – électoral, inspecteur – inspectorat, protecteur – protectorat*

Nun wissen wir aus dem vorigen Abschnitt (2.4.2.), dass sich einige Suffixe sowohl mit volkstümlichen als auch mit gelehrten Basen verbinden, z. B. *-able* und *-eux*. Die hier beschriebene Alternation tritt in der Regel nicht ein, wenn die Basis volkstümlich ist:[40]

-able:	*guérissable – *guérissabilité, mangeable – *mangeabilité*
-ain:	*hautain – *hautanité, souverain – *souveranité*
-eux:	*boueux – *bouosité, peureux – *peurosité*
-eur$_1$:	*chanteur – *chantorat*

Zu weiteren Beispielen siehe Wandruszka (1976: 23f.) und Dell/Selkirk (1978). Für die Allomorphie ergibt sich:

---

[40] Immerhin gibt es einige Ausnahmen wie *recevabilité, insaisissabilité, interchangeabilité, dangerosité*, und zu *charnel* erwähnt der TLFi noch ein *charnalité*.

Morphem		Allomorphe		Beispiele für das Vorkommen
gesprochen	geschrieben	gesprochen	geschrieben	
{/-ablə/}	{-able}	/-abl(ə)/	-able	*adaptable, admirablement*
		/-ibl(ə)/	-ible	*exigible, sensiblement*
		/-abil-/	-abil-	*adaptabilité*
		/-ibil-/	-ibil-	*exigibilité*
{/-ɛn/}	{-ain}	/-ɛ̃/	-ain	*républicain, africain*
		/-ɛn-/		*républicaine, africaine*
		/-an-/	-an-	*républicanisme, africaniser*
{/-ɛr/}	{-aire}	/-ɛr/	-aire	*complémentaire*
		/-ar-/	-ar-	*complémentarité*
{/-ɛl/}	{-el}	/-ɛl/	-el	*individuel, constitutionnel*
			-ell-	*individuelle, constitutionnelle*
		/-al-/	-al-	*individualisme, constitutionnalité*
{/-øz/}[41]	{-eux}	/-ø/	-eux	*nerveux, poreux*
		/-øz-/	-eus-	*nerveuse, poreuse*
		/-oz-/	-os-	*nervosité, porosité*

Die gleiche Alternation ist auch dann zu beobachten, wenn *-able, -ain, -aire* usw. synchronisch nicht oder nur bedingt abtrennbar sind, z. B. in *perméable – perméabilité, stable – stabilité, urbain – urbanisme, militaire – militariste, vulgaire – vulgariser, actuel – actualité, généreux – générosité, nébuleux – nébulosité, docteur – doctorat, précepteur – préceptorat*.

Ein derartiger Wechsel kann auch bei Wortteilen eintreten, die ein lateinisches Suffix reproduzieren, aber im Französischen nicht als Suffix gelten können wie *-ieur* (lat. Komparativsuffix *-ior(em)*): *antérieur – antériorité, intérieur – intérioriser, inférieur – inférioriser, supérieur – supériorité*.

Zum Schluss sei darauf hingewiesen, dass diese Alternation nur wenige Suffixe betrifft, die aber häufig vorkommen: *-able/-abil-, -ible/-ibil-, -ain/-an-, -aire/-ar-, -el/-al-, -eur/-or-, -eux/-os-*. Auch die Zahl der gelehrten Suffixe, die den Wechsel auslösen, ist recht begrenzt: *-ité* (*perceptibilité, porosité*), *-is(er)* (*perméabiliser, individualiser*), *-isme* (*fonctionnarisme, formalisme*), *-iste* (*individualiste*), *-at* (*protectorat*), *-al* (*électoral*).

---

[41] Wir analysieren die Femininform *nerveuse* wie üblich. Stamm: *nerv-eus-*, Endung: *-e*. Für die gesprochene Sprache postulieren wir eine Basisform */nɛrvøzə/, mit /nɛrv-øz-/ als Stamm und /-ə/ als Endung. Für die gesprochene Sprache betrachten wir nach den in I, 1.8.2. dargelegten Prinzipien /-øz-/ als Basisallomorph. Für die geschriebene Sprache sehen wir keinen Grund, die Form *-eus-* gegenüber *-eux* auszuzeichnen. Deshalb repräsentieren wir das Morphem für die gesprochene Sprache durch {/-øz/}, für die geschriebene Sprache aber durch {-eux}.

2.5. Nullsuffigierung

2.5.1. Konversion

Konversion ist der Übergang eines grammatischen Worts (oder eines Wortstamms, s. u.) aus einer Wortart in eine andere, ohne dass dieser Übergang durch ein explizites Affix gekennzeichnet ist. In erster Linie ist hier die Substantivierung zu nennen; es folgen einige Beispiele nach Thiele (1993: 95–98):

(1) substantivierte Verbformen: *le dirigeant, l'étudiant, le licencié, le sourire*
(2) substantivierte Adjektivformen: *la gauche, le rapide, la vieille*
(3) substantivierte Adverbien: *l'arrière, le bien*
(4) substantivierte Präpositionen: *le devant, le pour et le contre*
(5) substantivierte Pronomina: *le moi*

Adjektivierungen gibt es häufig im Bereich der Farbbezeichnungen, z. B. *des joues roses*, und bei den Bildungen auf *-ateur, -atrice* usw.: *un comportement provocateur, une attitude conservatrice*.

Gewiss kann man die Konversion als Wortbildungsverfahren eigener Art ansehen. Man kann aber auch an die Beobachtung anknüpfen, dass der Übergang in eine andere Wortart normalerweise durch Affigierung erfolgt, so wie bei *beau → beauté*. Dann wird man die Beschreibung der Konversion an die der Suffigierung angleichen und die Anfügung eines Nullsuffixes annehmen:

Dabei sind *-re, -ant* usw. als eingefrorene Flexionsaffixe anzusehen, ähnlich wie *-e* in *fortement*.

Zur Konversion kann man außer den soeben besprochenen noch einige weitere Ableitungen zählen, z. B.

(a) *filtre → filtrer, aveugle → aveugler*
(b) *combattre → combat*

Auch hier geht es um einen Wortartwechsel ohne (sichtbare) Beteiligung eines Derivationsaffixes, und zwar um die Umwandlung eines Substantivs oder Adjektivs in einen Verbstamm oder eines Verbstamms in ein Substantiv. Wie solche Bildungen zu analysieren sind, ist das Thema der beiden folgenden Abschnitte.

2.5.2. Desubstantivische und deadjektivische Verben

Die folgenden Verben sind von Substantiven abgeleitet (Marchand 1964a):

(1) *charlataner, espionner, fainéanter, guider, piloter, vagabonder*
(2) *bander, border, ceinturer, clouter, plafonner, semeller*
(3) *brosser, filtrer, fouetter, marteler, pédaler*
(4) *fusiller, guillotiner, poignarder*
(5) (a) *juter, saliver*; (b) *agneler, chienner*; (c) *boutonner, drageonner*
(6) (a) *batailler, cuisiner, enquêter, patrouiller, vidanger*
     (b) *cabrioler, pirouetter, twister, valser*

Die Verben gehören alle der I. Konjugation an. Sie sind angeordnet nach der semantischen Beziehung zwischen Verb und Ausgangssubstantiv. Das Folgende ist nur eine ganz grobe Charakteristik; für genauere Angaben s. Marchand (1964a): (1) 'als x handeln'; (2) ornative Verben: 'mit x versehen'; (3) instrumentale Verben: 'mit x etwas tun'; (4) 'mit x töten'; (5) 'x hervorbringen'; (6) 'x durchführen'; x ist dabei in (1) die vom Substantiv bezeichnete Person, in (2)–(5) der vom Substantiv bezeichnete Gegenstand, in (6) die vom Substantiv bezeichnete Handlung oder Bewegung.

Von Adjektiven sind abgeleitet (Marchand 1969a):

(7) *aveugler, calmer, contenter, soûler*
(8) (a) *blanchir, épaissir, grossir, jaunir, maigrir, mûrir, pâlir, raidir, vieillir*
     (b) *blêmir, faiblir, grandir*
     (c) *matir, salir, ternir*

Die Verben unter (7) gehören der I. Konjugation an. Sie sind transitiv-kausativ, z. B. heißt *aveugler* 'rendre aveugle'. Die Verben unter (8) gehören der II. Konjugation an. Hier gibt es drei Fälle: (a) Das Verb wird transitiv und intransitiv gebraucht, z. B. *jaunir* 1. 'rendre jaune', 2. 'devenir jaune'; (b) das Verb ist nur intransitiv, z. B. *faiblir* 'devenir faible'; (c) das Verb ist transitiv, z. B. *salir* 'rendre sale'.

Die Frage ist nun: Wie sind diese Verben abgeleitet? Wodurch wird die Umwandlung eines Substantivs oder Adjektivs in einen Verbstamm bewirkt? Im Folgenden diskutieren wir verschiedene Analysen.

Standpunkt A. Das Infinitivsuffix ist ein Derivationsaffix, mit dessen Hilfe die hier betrachteten Verben abgeleitet werden. In der Literatur ist diese Auffassung weitverbreitet; als ein Beispiel von vielen zitieren wir Thiele:

> Verbalisierungen ohne ein besonderes Wortbildungsaffix gibt es im Französischen nicht, denn ohne -er bzw. -ir entsteht kein Infinitiv. Die genannten Verbalendungen sind einerseits Flexionsmorpheme, wenn man sie im System der übrigen verbalen Flexionsformen betrachtet, andererseits kann man aber nicht umhin, sie als Suffixe innerhalb der Wortbildung anzusehen, da mit ihrer Hilfe Verbalisierungen realisiert werden. (Thiele 1993: 136)

Dem ist entgegenzuhalten, dass ein Derivationsaffix zum Stamm gehört und deshalb in allen Flexionsformen auftreten muss. In *aveuglons, aveugliez, aveugleront* ist *-er* aber spurlos verschwunden, ganz anders als z. B. *-is-* in *atomise, atomisons, atomisiez* oder *-ot-* in *tremblotons, tremblotions, trembloteront*. Das Suffix *-er* ist ein Flexionsaffix wie alle anderen auch, seine scheinbare Sonderstellung ergibt sich nur aus der Konvention, den Infinitiv als Zitierform des Verbs zu verwenden.

Standpunkt B. Das Derivationsaffix, das den Wortklassenwechsel bewirkt, ist der sog. "Themavokal" (die Stammerweiterung, s. II, 4.3.2.). Das setzt voraus, dass auch in der I. Konjugation ein solcher Vokal abgetrennt wird: *aveugl-e-r* wie *aigr-i-r*. Diese Analyse wird von Gather vertreten:

> Da jedes Verb einer bestimmten Verbklasse angehört, können die Themavokale als overte Markanten der Kategorie 'Verb' schlechthin gedeutet werden. Jede Verbalisierung ist damit zugleich mit der Hinzufügung des Verbklassenmarkanten […] verbunden.
> Die Tatsache, daß der Themavokal kein Flexions- oder bloßes Stammerweiterungs-, sondern ein Derivationsmorphem ist, ist bislang […] kaum hinreichend beachtet worden. (Gather 1999: 102)

Einzuwenden ist, dass hiernach zwar das *-i-* in *aigrir* ein Derivationssuffix ist, nicht aber in *punir*, denn *punir* ist nicht abgeleitet. Ebenso dient dann *-e-* in *aveugler* der Derivation, nicht aber in *aimer*. Auch bei Verben wie *fertiliser* ist *-e-* kein Ableitungssuffix, denn die Derivation erfolgt ja schon durch *-is-*. Üblicherweise wird aber jedes Suffix fest eingeordnet: Entweder ist es ein Ableitungssuffix oder eben nicht.

Hinzu kommt, dass im Französischen, anders als in anderen romanischen Sprachen, die Annahme eines Themavokals bei der I. Konjugation problematisch ist (II, 4.3.2.): Der Vokal, der auf das *-a-* der lat. Verben *cantare, portare* usw. zurückgeht, ist in manchen Formen als Teil der Endung anzusehen (*-es, -e, -ez, -ent*), in anderen Formen ist ein solcher Vokal nicht vorhanden, z. B. in *chantons, chantais*. Manchmal ist der Themavokal im Derivationssuffix aufgegangen, wie ein Vergleich von frz. *livraison* mit lat. *liberationem* oder von frz. *porteur* mit lat. *portatorem* zeigt.

Standpunkt C. Um die Parallele zur expliziten Suffigierung darzustellen, wird ein Nullsuffix postuliert. Diese Analyse wird u. a. von Marchand vertreten:

> It is because of the parallelism with overtly marked derivatives that we speak of zero-marked derivatives […]. We can speak of a zero-morpheme only when zero alternates with an overt sign in other cases (*cash-Ø ~ atomize*). (Marchand 1969b: 360)

Auf das Französische übertragen:

> *segment – segment-Ø-er*   wie   *atome – atom-is-er, plan – plan-ifi-er*
> *aveugle – aveugl-Ø-er*   wie   *fertile – fertil-is-er, intense – intens-ifi-er*

Der Haupteinwand gegen diese Analyse besteht darin, dass das angenommene Nullsuffix ein Nullmorphem ist, d. h. kein anderes Allomorph als eben nur *-Ø-* hat. Wie in I, 1.7. bereits dargelegt, haben viele Linguisten dagegen Vorbehalte; man müsste also schon behaupten, dass *-Ø-* ein Allomorph von *-is-* oder von *-ifi-* ist. Nun sind aber, wie Weidenbusch (1993: 62) bemerkt, *-is-* und *-ifi-* bei der desubstantivischen Ableitung im Hinblick auf die Bedeutung ('zu *x* machen') und den Anwendungsbereich (gelehrt, oft fachsprachlich) wesentlich eingeschränkter als *-Ø-*. Darüber hinaus gibt es vereinzelt auch direkte Kontraste: *égal-Ø-er* 'être égal à'– *égal-is-er* 'rendre égal', *sal-Ø-er* 'assaisonner avec du sel'– *sal-ifi-er* 'faire réagir un acide sur (une base), avec production de sel et d'eau' (Angaben nach PR).

Immerhin spricht für eine Beschreibung mit Nullmorphem die oben erwähnte s t r u k t u r e l l e Parallelität von *filtr-Ø-er* mit *atom-is-er*, von *aveugl-Ø-er* mit *fertil-is-er* usw. Die wird ja von dem Einwand nicht berührt.

Alles in allem scheinen uns die Argumente gegen die Standpunkte A und B deutlich schwerer zu wiegen als die gegen C. Wir entscheiden uns deshalb für Standpunkt C. Die entsprechenden Konstituentenstrukturen sind:

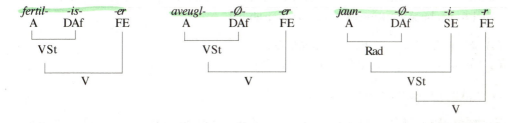

Im Beispiel *jaunir* steht *-Ø-* links von *-i-*, denn das Aufbauprinzip einer Verbform, von "innen" heraus gesehen, ist: erst Bildung des Radikals, dann Stammerweiterung, dann Flexion. Zu einer Analyse, die ganz auf die Annahme einer Derivation verzichtet, s. u., 2.5.3. (Standpunkt C).

2.5.3. Deverbale Substantive

Nicht wenige Substantive sind historisch später belegt als die entsprechenden Verben. Wir führen einige Beispiele an (Thiele 1993: 24; Grevisse/Goosse 2011: 193):

(1) Maskulina: *accueillir – accueil, choisir – choix, combattre – combat, galoper – galop, labourer – labour, reporter – report.*
(2) Feminina: *adresser – adresse, attaquer – attaque, nager – nage, offrir – offre.*

Wie ist das Verhältnis zwischen Verb und entsprechendem Substantiv synchronisch zu bewerten? Hierzu gibt es verschiedene Positionen:

Standpunkt A. Synchronisch gelten grundsätzlich die Verben als abgeleitet.

> In einer synchronen Sicht ist jedoch – angesichts der Unproduktivität des Verfahrens [der deverbalen Ableitung ohne Suffix – N. S.] – gerade von einer umgekehrten Ableitungsrelation auszugehen. Es muss also die Präexistenz des kürzeren Worts postuliert werden. Der etymologische Tatbestand ist dem Sprecher nicht bewußt. (Thiele 1993: 25)

Standpunkt B. In jedem Einzelfall muss eine semantische Analyse entscheiden, ob das Substantiv oder das Verb abgeleitet ist. Diese Auffassung wird von Marchand (1963 u. 1964b) vertreten: Synchronisch soll ein Wort W als Derivat eines verwandten Worts W' gelten, wenn die Bedeutung von W sich mit Hilfe der Inhaltsmerkmale von W' beschreiben lässt, unabhängig davon, welches von den beiden Wörtern historisch früher belegt ist. Hiernach wäre *scier* von *scie* abgeleitet, denn die Bedeutung von *scier* lässt sich mit 'couper avec une scie' umschreiben. Bei *combat* wäre die Ableitungsrichtung umgekehrt, denn *combat* heißt soviel wie 'action de combattre'.

Wie schwierig Marchands Kriterium in der Praxis anzuwenden ist, sieht man am Paar *oublier – oubli*. Es hängt von der semantischen Analyse ab, ob (a) oder (b) als synchronische Ableitungsrichtung zu gelten hat:

(a) N → V: *oubli* → *oubli-Ø-(er)*
(b) V → N: *oubli-(er)* → *oubli-Ø*

Nur: Was ist die korrekte Analyse?

Standpunkt C. Man kann auch eine Art Kompromissstandpunkt zwischen A und B einnehmen, indem man überhaupt keine Derivationsbeziehung postuliert, sondern manche Stämme in mehrere Klassen zugleich einordnet. Hiernach wäre *oubli* sowohl Substantiv- als auch Verbalstamm, und *calme* wäre Substantiv-, Adjektiv- und Verbstamm zugleich. Derartige Vorschläge sind von verschiedenen Autoren gemacht worden: u. a. von Nida (1949: 56f. u. 57, Anm. 52), Hockett (1958: 225–227) und Bergenholtz/Mugdan (1979: 163–165).

Während C eine einleuchtende Lösung für Zweifelsfälle bietet, ergeben sich gerade für die klaren Fälle sehr unbefriedigende Konsequenzen: Man ist gezwungen, Wörtern wie *espion*, *passion* oder *fusil* einen Doppelstatus zuzuschreiben; wegen *espionner*, *passionner*, *fusiller* wären das sowohl Substantiv- als auch Verbstämme. Das widerspricht doch sehr der Intuition, deshalb entscheiden wir uns für Standpunkt B.

Zu einer umfassenden Analyse des hier besprochenen Ableitungstyps siehe Meinschaefer (2004, insbes. Kap. 6).

2.6. Eine Auswahl von Derivationssuffixen

Im Folgenden wird eine begrenzte Zahl von Suffixen vorgestellt und stichwortartig kommentiert. Einzelheiten zu diesen und anderen Suffixen findet man u. a. bei Darmesteter (1877), Nyrop (1908), Meyer-Lübke (1966), Dubois (1962), Lüdtke (1978), Thiele (1993); zu weiteren Literaturangaben s. Schpak-Dolt (2003).

Bei den nachfolgend besprochenen Suffixen wird gelegentlich auf Erbwörter wie *bonté* und Entlehnungen wie *fertilité* hingewiesen, sie werden aber von den französischen Neubildungen wie *saleté* und *finalité* nicht systematisch getrennt. Im Mittelpunkt unserer Darstellung steht die synchronische Analysierbarkeit: *bon-té, sale-té, fertil-ité, final-ité*.

2.6.1. Substantivderivation

2.6.1.1. Derivation V → N

Morphem		Allomorphe		Beispiele für das Vorkommen
gesprochen	**geschrieben**	**gesprochen**	**geschrieben**	
{/-aʒə₁/}	{-age₁}	/-aʒ(ə)₁/	-age₁	*chauffage*
{/-əmɑ̃t/}	{-ement}	/-(ə)mɑ̃(t-)/	-ement	*changement, règlement, réglementer*
			-ment	*blanchiment, sentimental*
{/-ɛzɔn/}	{-aison}	/-ɛzɔ̃/	-aison	*liaison*
		/-ɛzɔn-/	-aisonn-	*liaisonner*
		/-izɔ̃/	-ison	*trahison*
{/-asjɔn/}	{-ation}	/-asjɔ̃/	-ation	*organisation*
		/-asjɔn-/	-ationn-	*organisationnel*
		/-isjɔ̃/	-ition	*opposition*
		/-isjɔn-/	-itionn-	*oppositionnel*
		/-sjɔ̃/	-tion	*distribution, évolution, institution*
		/-sjɔn-/	-tionn-	*distributionnel, évolutionniste*
		/-jɔ̃/	-ion	*annexion*
		/-jɔn-/	-ionn-	*annexionniste*
{/-atœr/}	{-ateur}	/-atœr/	-ateur	*organisateur*
		/-itœr/	-iteur	*compositeur*
		/-tœr/	-teur	*distributeur*
		/-œr₁/	-eur₁	*chercheur*
{/-atrisə/}	{-atrice}	/-atris(ə)/	-atrice	*organisatrice*
		/-itris(ə)/	-itrice	*compositrice*
		/-tris(ə)/	-trice	*distributrice*
		/-ris(ə)/	-rice	*exécutrice*
{/-øzə/}	{-euse}	/-øz(ə)/	-euse	*chercheuse*

In der Tabelle steht /-aʒ(ə)/ für die Varianten /-aʒə/ und /-aʒ/, /-øz(ə)/ für /-øzə/ und /-øz/ usw. Aus /-aʒə/, /-øzə/, /-atrisə/ usw. wird durch /ə/-Tilgung /-aʒ/, /-øz/, /-atris/ abgeleitet (I, 1.8.2.). Formen wie /-aʒə/, /-øzə/ kommen im Standardfranzösischen nicht vor, werden aber aus systematischen Gründen angenommen (I, 1.8.2., Anm. 7).

{-age$_1$} ist volkstümlich und dient zur Bildung von Nomina actionis. Das Suffix tritt fast nur an Verbstämme der I. und der II. Konjugation: I. *cambriolage, chauffage, chômage, échafaudage, mariage, nettoyage, recyclage*, II. *alunissage, atterrissage, rôtissage*, III. *abattage, battage*.

Zu {-age$_2$} siehe weiter unten, 2.6.1.3.

{-ement} ist ebenfalls volkstümlich und dient zur Bildung von Nomina actionis. In der gesprochenen Sprache hat das Suffix die Allomorphe /-əmã/ wie in *gouvernement*, /-əmãt-/ wie in *gouvernemental*, /-mã/ wie in *changement*, /-mãt-/ wie in *sentimental*. Geschrieben erscheint das Suffix in den Varianten -ement und -ment.

-ement: Die meisten Ableitungen erfolgen von Verben der I. Konjugation: *abaissement, bombardement, conditionnement, gouvernement, rassemblement, tremblement*; von Verben der II. Konjugation: *accomplissement, agrandissement, avilissement, ennoblissement, enrichissement, fournissement, mûrissement*; von Verben der III. Konjugation: IIIa. *recueillement*; IIIb. *mouvement*; IIIc. *abattement, rendement*.

-ment: Das ohne -e- geschriebene Allomorph -ment findet sich nur in wenigen Bildungen: *blanchiment, fourniment, sentiment*. (Diese ersetzen die älteren Formen *blanchement, fournement, sentement*; letzteres ist noch erhalten in *consentement*.)

{-aison} ist volkstümlich; das Suffix kommt in einer Reihe von Nomina actionis vor; es ist nicht mehr produktiv. Die Allomorphe sind -aison, -aisonn-, -ison (richtiger wäre -son, s. u.) und in einem einzigen Fall -oison.

-aison: Die vorhandenen Bildungen mit -aison sind (außer einigen wenigen wie *raison, saison*) ohne Weiteres zerlegbar: *crevaison, démangeaison, liaison, livraison*; mit gelehrten Verbstämmen: *combinaison, comparaison, conjugaison, déclinaison, inclinaison, terminaison*. Die Ausgangsverben gehören in der Regel der I. Konjugation an (aber: *cueillir – cueillaison, pendre – pendaison*).

-ison und -oison: Außer *guérison* und *trahison* gibt es noch das demotivierte *garnison*. Das Suffix wird in der Regel als -ison angegeben, eine konsequentere Segmentierung ist jedoch *guér-i-son*, mit -i- als Stammerweiterung wie in *guér-i-r*. Das Allomorph -oison liegt nur noch in *pâmoison*, von *se pâmer*, vor.

-aisonn- tritt auf, wenn ein weiteres Suffix folgt. Hierzu gibt es nur sehr wenige Beispiele: *lier – liaison – liaisonner*; in *raisonnable, saisonnier* ist -aisonn- synchronisch nicht abtrennbar. Für die theoretisch denkbaren -isonn- und -oisonn- scheint es keine Belege zu geben.

{**-ation**} ist ein gelehrtes Suffix und dient zur Ableitung von Nomina actionis. Es hat die Allomorphe *-ation(n-)*, *-ition(n-)*, *-tion(n-)*, *-ion(n-)*.[42]

-ation ist die häufigste Variante, sie kommt in zahlreichen gelehrten Entlehnungen[43] und Neubildungen vor (zu Verben der I. Konjugation): *accumulation, constatation, datation, programmation, centralisation, climatisation, stabilisation, réalisation, planification, personnification, vérification* (zu *-ifi-* ~ *-ific-* s. 2.6.4.1.).

Die Varianten *-ition*, *-tion*, *-ion* treten überwiegend in Entlehnungen aus dem Lateinischen auf. Von den nachfolgenden Beispielen sind nur *déglutition* und *répartition* im Frz. gebildet, alle übrigen sind aus dem Lat. entlehnt (Ang. nach BW u. PR).

-ition ist bei einigen wenigen Substantiven abzutrennen, die im Französischen zu Verben der I. Konjugation in Beziehung stehen: *composition, opposition, exhibition, prohibition, répétition* (zu *compos-er, oppos-er, exhib-er, prohib-er, répét-er*).[44] Andere Substantive auf *-ition*, z. B. *punition*, gehören zu Verben der II. Konjugation; diese zerlegen wir anders: *pun-i-tion*.

-tion: (a) In *abolition, déglutition, démolition, finition, punition, répartition* betrachten wir *-tion* und nicht etwa *-ition* als das Suffix, denn als Verbstämme nehmen wir *pun-i-*, *fin-i-* usw. an, mit *-i-* als Stammerweiterung, vgl. II, 4.3. (b) Auch in den Wörtern *distribution, évolution, institution, pollution* finden wir *-tion* wegen *distribu-er, évolu-er, institu-er, pollu-er*.[45]

-ion isolieren wir in folgenden Fällen: (a) in *agression, exécution, explosion, expulsion, invention* u. a. wegen *agress-er, exécut-er, explos-er, expuls-er, invent-er* usw.,[46] (b) in einer Reihe von Substantiven, deren Basis deutlich verschieden vom entsprechenden Verbstamm ist, z. B. *absorption* (zu *absorber*), *convention* (zu *convenir*), *digestion* (zu *digérer*), *direction* (zu *diriger*), *discussion* (zu *discuter*), *expression* (zu *exprimer*), *évasion* (zu *s'évader*), *instruction* (zu *instruire*), *permission* (zu

---

[42] Eine Diskussion alternativer Segmentierungen wie *-at-ion*, *-it-ion*, *-t-ion* erfolgt im Anhang II.

[43] Aus dem Lateinischen entlehnt sind z. B. *admiration, administration, animation, assimilation, conservation, dérivation* (Ang. nach BW).

[44] Im Lat. gehören die Grundverben nicht der I. Konjugation an: *compositio* von *componere, compositus; prohibitio* von *prohibēre, prohibitus; repetitio* von *repetere, repetitus*.

[45] Auch hier gehören die lat. Ausgangsverben nicht der I. Konjugation an: *distributio* von *distribuere, distributus; evolutio* von *evolvere, evolutus* usw.

[46] Das ist die synchronische Analyse; aus diachroner Perspektive ist Folgendes hinzuzufügen: Die Substantive sind aus dem Lateinischen entlehnt. Lat. *aggressio* ist von *aggredi, aggressus* abgeleitet; *exsecutio* von *exsequi, exsecutus; explosio* von *explodere, explosus; expulsio* von *expellere, expulsus; inventio* von *invenire, inventus*. Die lateinischen Verben *aggredi, exsequi* usw. werden im Französischen nicht weitergeführt; *agresser, exécuter, exploser, inventer* sind französische Neubildungen, *expulser* ist eine Entlehnung des lateinischen Intensivverbs *expulsare*.

permettre), *possession* (zu *posséder*), *réception* (zu *recevoir*), *réflexion* (zu *réfléchir*), *suggestion* (zu *suggérer*) u. v. a. Die Form der Basis erklärt sich jeweils aus der Form des entsprechenden lateinischen Partizips Perfekt.[47]

Die Varianten *-ationn-, -itionn-, -tionn-, -ionn-* treten unter dem Einfluss eines nachfolgenden Suffixes auf. In 2.2.2.2. haben wir gesehen: Vor vokalisch anlautendem Suffix bleibt der Nasalkonsonant hörbar und der vorangehende Vokal ist nicht nasaliert, z. B. /ɔrganizasjɔ̃/ – /ɔrganizasjɔnɛl/ (*organisation* – *organisationnel*).

Es bleibt zu zeigen, dass die Suffixe *-age₁, -ement, -ation* und *-aison*, mit denen Nomina actionis gebildet werden, nicht als Allomorphe eines einzigen Morphems gelten können. Einer Zusammenfassung von *-age* oder *-ement* mit *-ation* oder *-aison* steht der Genusunterschied entgegen. Eine Zusammenfassung von *-age* mit *-ement* oder von *-aison* mit *-ation* würde den Grundsatz verletzen, dass die Allomorphe eines Morphems in keiner Umgebung in Kontrast stehen dürfen (I, 1.5.2., Prinzip 2). Es lassen sich u. a. folgende Paare anführen: (a) *abattage – abattement, aplatissage – aplatissement, boisage – boisement, réglage – règlement*,[48] (b) *déclinaison – déclination, inclinaison – inclination*.

Bei (b) könnte man jedoch überlegen, ob man das Prinzip 2 nicht dahingehend abschwächt, dass nicht vereinzelte Kontraste, sondern nur systematische Kontrastreihen die Gruppierung zu einem Morphem verhindern sollen. Dann könnte man *-aison* als volkstümliche Variante zu {-ation} bezeichnen. Den Bedeutungsunterschied *déclinaison – déclination* und *inclinaison – inclination* könnte man als unterschiedliche Lexikalisierung des jeweiligen Gesamtwortes deuten.

{-ateur} dient zur Ableitung von maskulinen Nomina agentis. Das Suffix hat die Allomorphe *-ateur, -iteur, -teur, -eur₁* (und *-or-*). Zu *-eur₁* s. u., die übrigen Varianten sind gelehrt.

-ateur: *accélérateur, aspirateur, collaborateur, décorateur, organisateur, planificateur, programmateur, réalisateur* u. v. a.[49] Segmentiert wird wie bei *-ation*.

-iteur: *compos-iteur, répét-iteur*. Die Segmentierung erfolgt wie bei *-ition*.

-teur: *distribu-teur, institu-teur*. Die Segmentierung erfolgt wie bei *-tion*.

-eur₁ kommt in volkstümlichen und gelehrten Wörtern vor.[50] Volkstümlich sind, nach Konjugationsklassen des Grundverbs geordnet: I. *baigneur, chercheur, coiffeur*,

---

[47] *absorptus, conventus, digestus, directus, discussus, expressus, evasus, instructus, permissus, possessus, receptus, reflexus, suggestus.*

[48] Zu *-age₁* und *-ement* gibt es eine umfangreiche Literatur; zur Aufarbeitung s. Kelling (2004).

[49] Viele Substantive auf *-ateur* sind aus dem Lateinischen entlehnt: *administrateur, admirateur, conservateur, imitateur* u. v. a. (Ang. nach BW).

[50] Ererbt sind z. B. *pêcheur < piscatorem, pécheur < peccatorem*; aus dem Lateinischen entlehnt sind *acteur, agresseur, diviseur, exécuteur, instructeur, possesseur* u. v. a. (Ang. nach BW).

danseur, joueur, mangeur, nageur u. v. a.; II. *blanchisseur, finisseur, fournisseur, jouisseur, ravisseur* u. a.; IIIa. *coureur, cueilleur, dormeur, menteur*; IIIb. *receveur*; IIIc. *batteur, buveur, connaisseur, preneur*.

Gelehrt sind u. a. *extens-eur, explos-eur, compress-eur, product-eur, propuls-eur*; die Segmentierung erfolgt wie oben bei *-ion*. Vor gelehrtem Suffix tritt *-or-* auf: *directorat, professoral, protectorat*, s. o., 2.4.3.

Zu *-eur$_2$* siehe weiter unten, 2.6.1.2.

{**-atrice**} ist gelehrt und dient zur Bildung von femininen Nomina agentis. Das Suffix hat die Varianten *-atrice, -itrice, -trice, -rice*.

-atrice ist das feminine Gegenstück zum gelehrten *-ateur*: *animatrice, collaboratrice, organisatrice, planificatrice, réalisatrice* u. a.

-itrice, -trice, -rice: *compos-itrice, institu-trice, exécut-rice*. Die Segmentierungen erfolgen wie bei den Bildungen auf *-ition, -tion, -ion* und *-iteur, -teur, -eur*.

{**-euse**} ist das feminine Gegenstück zum volkstümlichen *-eur$_1$*: *blanchisseuse, chercheuse, cueilleuse, danseuse, finisseuse, joueuse, jouisseuse, menteuse, nageuse, porteuse, serveuse*.

Die Nomina agentis dienen häufig zur Bezeichnung von Maschinen und Geräten. Beispiele sind *accumulateur, aspirateur, batteur, batteuse, calculateur, calculatrice, distributeur, générateur, génératrice, moissonneuse-lieuse*.

Viele Nomina agentis können auch adjektivisch gebraucht werden: *comportement provocateur, attitude conservatrice, comité directeur, idée directrice, esprit chercheur, onde porteuse*.

2.6.1.2. Derivation A → N

Morphem		Allomorphe		Beispiele für das Vorkommen
gesprochen	geschrieben	gesprochen	geschrieben	
{/-œr$_2$/}	{-eur$_2$}	/-œr$_2$/	-eur$_2$	*grandeur, largeur*
{/-ite/}	{-ité}	/-ite/	-ité	*finalité, fixité*
		/-te/	-té	*fierté, saleté*
		/-(ə)te/	-eté	*ancienneté, joyeuseté*

{**-eur$_2$**} ist volkstümlich und kommt in einer Reihe von Eigenschaftsabstrakta vor. Beispiele sind *blancheur, grandeur, grosseur, hauteur, largeur, longueur, lenteur, maigreur*. Das Suffix ist nicht mehr produktiv.

{-ité} dient zur Bildung von Eigenschaftsabstrakta. {-ité} hat die Allomorphe *-ité*, *-té* und *-eté*. Die Variante *-ité* ist gelehrt, *-té* volkstümlich; zu *-eté* s. u.

-ité: *expressivité, finalité, fixité, intimité, nationalité, périodicité, sélectivité*.[51] Die Derivationsbasis ist häufig selbst abgeleitet (Thiele 1993: 42); beim vorangehenden Suffix tritt der in 2.4.3. besprochene Wechsel ein: *-able/-abil-*, *-ible/-ibil-*, *-ain/-an-*, *-aire/-ar-*, *-el/-al-*, *-eux/-os-*, daher *adaptabilité, responsabilité, submersibilité, transmissibilité, mondanité, complémentarité, constitutionnalité, porosité*.

-té und *-eté*: Aus dem Lateinischen ererbt sind *beauté, bonté, cherté, santé* u. a.; im Französischen neu gebildet sind *fierté, saleté* (Ang. nach BW). In Wörtern wie *mauvaiseté* oder *naïveté* sieht Nyrop (1908: 186) ein Suffix *-eté*, das durch falsche Abtrennung aus Wörtern wie *âpre-té, ferme-té* usw. hervorgegangen ist ("suffixe de formation française"). Die Varianten *-té* und *-eté* sind nicht mehr produktiv.

2.6.1.3. Derivation N → N

Morphem		Allomorphe		Beispiele für das Vorkommen
gesprochen	geschrieben	gesprochen	geschrieben	
{/-aʒə₂/}	{-age₂}	/-aʒ(ə)₂/	-age₂	*feuillage*
{/-ismə/}	{-isme}	/-ism(ə)/	-isme	*marxisme-léninisme*
{/-istə/}	{-iste}	/-ist(ə)/	-iste	*marxiste*
{/-ie₁/}	{-ier₁}	/-ie₁/	-ier₁	*chanvrier, meurtrier*
		/-je₁/	-ier₁, -yer₁	*banquier, chapelier, épicier, écuyer*
		/-e₁/	-er₁, -ier₁	*vacher, horloger, conseiller, joaillier*
{/-iɛrə/}	{-ière}	/-iɛr(ə)/	-ière	*chanvrière, meurtrière*
		/-jɛr(ə)/	-ière, -yère	*chapelière, écuyère*
		/-ɛr(ə)/	-ère, -ière	*vachère, porchère, joaillière*

Zu {-ier}: Nach Vokal steht *-yer*; nach *-ill-* ist die Schreibung nicht einheitlich: *conseiller* vs. *joaillier*.

{-age₂} ist ein volkstümliches Suffix, mit dem Kollektiva gebildet sind, z. B. *cailloutage, feuillage, herbage, laitage, ombrage, plumage*, außerdem einige Statusbezeichnungen wie *apprentissage, servage, veuvage*. Das Suffix ist nicht mehr produktiv.

{-isme}. Mit Hilfe dieses gelehrten Suffixes werden Namen von künstlerischen, politischen, ideologischen usw. Richtungen gebildet: *dadaïsme, expressionnisme, gaullisme, marxisme, pointillisme, racisme, stalinisme, symbolisme*.

---

[51] Zahlreiche Wörter auf *-ité* sind aus dem Lateinischen entlehnt: *fertilité, mobilité, rapidité, stupidité, timidité* u. v. a. (Ang. nach BW).

{-iste} ist ebenfalls gelehrt und dient zur Bezeichnung von Anhängern einer politischen, ideologischen usw. Richtung; in dieser Funktion steht es in enger Beziehung zu -isme. Beispiele sind *expressionniste, gaulliste, marxiste, raciste, staliniste* u. v. a. Außerdem dient das Suffix zur Bezeichnung von Angehörigen verschiedener Berufe: *garagiste, fleuriste, pianiste, standardiste, téléphoniste* u. a.

-iste kann sich mit ganz verschiedenartigen sprachlichen Formen verbinden. Bei *ajiste, cégétiste, jusqu'au-boutiste, je-m'en-fichiste* u. a. ist die Basis kein Stamm, sondern eine Abkürzung (A.J. = *Auberge de la Jeunesse*, C.G.T. = *Confédération Générale du Travail*) oder eine feste Wendung (*jusqu'au bout, je m'en fiche*).

Viele Bildungen auf *-iste* können auch adjektivisch gebraucht werden: *doctrine communiste, activités fractionnistes, l'Espagne franquiste*.

-isme und *-iste* dienen vor allem der desubstantivischen, aber auch der deadjektivischen und (selten) der deverbalen Ableitung. Deadjektivisch sind z. B. *communisme, nationalisme, socialisme* und *communiste, nationaliste, socialiste*; deverbal sind u. a. *arrivisme, dirigisme* und *arriviste, dirigiste*. Beide Suffixe sind sehr produktiv.

{-ier$_1$} ist ein volkstümliches Suffix; es hat in der gesprochenen Sprache die Allomorphe /-ie$_1$/, /-je$_1$/ und /-e$_1$/. Nach /ʃ/, /ʒ/, /j/ und /ɲ/ tritt /-e$_1$/ auf (*pêcher, oranger, groseillier, châtaignier*), nach Konsonant mit Liquid /-ie$_1$/ (*poivrier*), in den übrigen Fällen /-je$_1$/ (*pommier*).[52] Geschrieben erscheint das Suffix als *-ier$_1$, -yer$_1$* und *-er$_1$*.

Die Semantik des Suffixes ist überaus breit gefächert. Drei Bezeichnungsfelder stechen hervor: (a) Berufe: *banquier, chapelier, chocolatier, cuisinier, horloger, vacher*, (b) fruchttragende Pflanzen: *abricotier, bananier, cacaoyer, cerisier, noyer, oranger, pommier, pêcher*, (c) Behälter: *beurrier, encrier, saladier, sucrier, vinaigrier*. Damit ist längst nicht alles erfasst; erwähnt seien nur *banqueroutier, conseiller, prisonnier, vacancier* und *balancier, oreiller, pédalier, plafonnier*.

{-ière}. Ableitungen gibt es potentiell zu allen Personenbezeichnungen auf {-ier}, z. B. *chapelière, chocolatière, cuisinière, vachère* u. v. a.[53] Namen für Behälter sind u. a. *poivrière, salière, soupière, théière*; Bezeichnungen für Anpflanzungen sind *cacaoyère, houblonnière, luzernière, melonnière, rizière, sapinière* u. a.

Vielen Substantiven auf *-(i)er* oder *-(i)ère* steht ein entsprechendes Relationsadjektiv zur Seite, z. B. *chapelier, -ière*. Angesichts der Bedeutungsvielfalt der Nomina auf *-(i)er* und *-(i)ère* ist vorgeschla-

---

[52] Wir betrachten /-ie/ und /-je/ als zwei Allomorphe, deren Auftreten phonologisch bedingt ist. Die Alternative wäre, nur ein Allomorph /-ie/ zu postulieren, wobei das Phonem /i/ je nach Umgebung phonetisch als [i] oder als [j] erscheint. Siehe auch Anm. 28.

[53] Bei Personenbezeichnungen ließe sich *-ière* auch als Suffixfolge analysieren: *cuisin-ièr-e*.

gen worden (Corbin/Corbin 1991), sie als substantivierte Adjektivformen aufzufassen (die dann unterschiedlich lexikalisiert sind). Hiernach gibt es nur e i n Suffix {-ier}, das der Ableitung von Adjektiven dient. Einzuwenden ist, dass etliche Substantive keine adjektivische Entsprechung haben (*pommier, encrier, soupière*), so dass man hier von hypothetischen Adjektiven ausgehen müsste. Deshalb haben wir die substantivischen *-ier*₁ und *-ière* vom adjektivischen *-ier*₂, *-ière*₂*-e* (s. u.) getrennt.

2.6.2. Adjektivderivation

2.6.2.1. Derivation V → A

Morphem		Allomorphe		Beispiele für das Vorkommen
gesprochen	geschrieben	gesprochen	geschrieben	
{/-ablə/}	{-able}	/-abl(ə)/	-able	*mangeable, indiscutablement*
		/-ibl(ə)/	-ible	*prévisible, lisiblement*
		/-abil-/	-abil-	*calculabilité*
		/-ibil-/	-ibil-	*prévisibilité*

-able verbindet sich mit Stämmen aller Konjugationsklassen: I. *abordable, lavable, pardonnable, remarquable* u. v. a.; II. *guérissable, haïssable, punissable, saisissable* u. a.; IIIa. *convenable, tenable*; IIIb. *concevable, recevable, redevable*; IIIc. *buvable, défendable, faisable, vendable*. Das Suffix *-able* tritt an volkstümliche und an gelehrte Verbstämme; gelehrt sind *applicable, communicable, discutable* u. v. a.

-ible ist gelehrt; die Adjektive sind aus dem Lat. entlehnt, z. B. *corruptible, perceptible*, oder im Frz. neu gebildet, z. B. *submersible, transmissible*.

Zur Form der Ableitungsbasis: (a) In vielen Wörtern weicht sie vom entsprechenden frz. Verbstamm ab (s. o., 2.2.3.) und erklärt sich aus der Form des jeweiligen lat. Partizips Perfekt:[54] *compressible* (zu *comprimer*), *corruptible* (zu *corrompre*), *digestible* (zu *digérer*), *extractible* (zu *extraire*), *perceptible* (zu *percevoir*), *réductible* (zu *réduire*), *submersible* (zu *submerger*), *transmissible* (zu *transmettre*). (b) In einigen Fällen erklärt sich die Gestalt der Derivationsbasis aus der Form des lat. Präsensstamms: *disponible* (zu *disposer*), *éligible* (zu *élire*).[55] (c) Mit einem volkstümlichen Verbstamm kommt *-ible* äußerst selten vor, z. B. in *lisible, nuisible, traduisible*.

Vereinzelt gibt es desubstantivische Bildungen: *effroyable* (zu *effroi*), *paisible* (zu *paix*), *pénible* (zu *peine*), *charitable* (zu *charité*).

Die Varianten *-abil-* und *-ibil-* treten unter dem Einfluss eines nachfolgenden gelehrten Suffixes auf: *applicabilité, accessibilité, exigibilité*; s. o., 2.4.3.

---

54 *compressus, corruptus, digestus, extractus, perceptus, reductus, submersus, transmissus*.
55 Lat. *disponibilis* von *disponere*, lat. *eligibilis* von *eligere*.

Man unterscheidet Ableitungen mit aktiver und solche mit passiver Bedeutung: *nuisible* 'qui nuit', *défendable* 'qui peut être défendu' (Ang. nach PR). Aktive Bedeutung haben *convenable, durable, nuisible, périssable, responsable, semblable, valable* u. a. Passive Bedeutung haben die meisten übrigen Bildungen: *défendable, influençable, lisible, traduisible* u. v. a.

2.6.2.2. Derivation N → A

Morphem		Allomorphe		Beispiele für das Vorkommen
gesprochen	geschrieben	gesprochen	geschrieben	
{/-εl/ }	{-el}	/-εl/	-el	*sensationnel, individuel*
			-ell-	*sensationnelle, individuelle*
		/-al-/	-al-	*sensationnalisme, individualisme*
{/-al/}	{-al}	/-al/	-al	*musical, régional*
		/-o-/	-au-	*musicaux, régionaux*
{/-ikə/}	{-ique}	/-ik(ə)/	-ique, -ic-	*historique, historico-critique*
		/-is-/	-ic-	*historicité*
		/-atik(ə)/	-atique	*systématique*
		/-atis-/	-atic-	*systématicien*
{/-ier$_2$-/}	{-ier$_2$}	/-ie$_2$/, /-iεr$_2$-/	-ier$_2$, -ièr$_2$-	*sucrier, sucrière*
		/-je$_2$/, /-jεr$_2$-/		*printanier, printanière*
		/-e$_2$/ , /-εr$_2$-/	-er$_2$, -èr$_2$-	*fromager, fromagère*

Die Suffixe {-el}, {-al}, {-ique}, {-ier$_2$} dienen zur Ableitung von Relationsadjektiven: *culturel* 'qui est relatif à la culture', *automnal* 'd'automne', *atomique* 'qui a rapport aux atomes', *printanier* 'du printemps'(Ang. nach PR).

{-el} hat die Allomorphe *-el* und *-al-*, außerdem noch *-ell-* (Schreibung im Fem.). Die Variante *-el* ist ursprünglich volkstümlich, tritt aber heute überwiegend in gelehrten Wörtern auf, die entlehnt (*corporel*) oder im Französischen neu gebildet (*individuel*) sein können: *accidentel, constitutionnel, culturel, occasionnel, professionnel*.

Manchmal unterscheidet sich die im Adjektiv vorliegende Derivationsbasis deutlich vom entsprechenden Substantiv: *corporel* (zu *corps*), *manuel* (zu *main*), *mensuel* (zu *mois*), *ponctuel* (zu *point*), *temporel* (zu *temps*). Zu dieser Alternation s. o., 2.2.3.

Die Variante *-al-* tritt nur vor gelehrtem Suffix auf: *constitutionnel – constitutionnalité; individuel – individualiser; professionnel – professionnalisme*; s. o., 2.4.3.

{-al} ist gelehrt: *architectural, automnal, fiscal, génial, tropical; cordial* (zu *cœur*), *infernal* (zu *enfer*), *marginal* (zu *marge*), *spatial* (zu *espace*), *vocal* (zu *voix*). Es ist zu überlegen: Soll man *-el* und *-al* als Allomorphe desselben Morphems ansehen? Anders gesagt: Soll man *-al* und *-au-* als weitere Allomorphe zu {-el} hinzunehmen? Folgende Beispiele sprechen dagegen: *culturel – cultural, originel – original, idéel – idéal, partiel – partial*. Kontrastierende Paare sind ein starkes Argument gegen die Zuordnung zweier Morphe zu demselben Morphem, s. I, 1.5.2., Prinzip 2.

{**-ique**} hat die Allomorphe *-ique, -ic-, -atique, -atic-*. Die Varianten *-ic-* (/-is-/) und *-atic-* (/-atis-/) erscheinen vor Suffixen, die mit /i/ oder /j/ anlauten wie *-ité, -ien*.

-ique und *-ic-*: *atomique, analytique, historique, périodique, touristique, volcanique* u. v. a.; *atomicité, analyticité, historicité, périodicité; académicien, électricien*.

-atique und *-atic-*: Im Französischen ergibt sich *-atique* aus *arome – aromatique, système – systématique* usw., *-atic-* aus *systématicien* u. Ä.[56]

{**-ier₂**}. Zur Allomorphie *-(i)er₂ ~ -(i)èr₂-* s. II, 3.3. (latentes /r/). Hauptsächlich dient *-(i)er₂, -(i)èr₂-e* zur Ableitung von Relationsadjektiven: *plante jardinière, appareil ménager, betterave sucrière, industrie horlogère, chien policier, gare routière, temps printanier*; qualifizierend: *des gens très orduriers* (Beispiele nach PR).

2.6.2.3. Derivation A → A

{**-âtre**}. Das Suffix drückt eine Tendenz zu der im Grundwort bezeichneten Eigenschaft aus: *bellâtre, blanchâtre, bleuâtre, douceâtre, folâtre, rougeâtre*.

2.6.3. Adverbderivation

{**-ment**} dient vor allem der Derivation von deadjektivischen Adverbien: *clairement, lentement, poliment, dûment, élégamment, indépendamment, prudemment, récemment, aisément, assurément, aveuglément (≠ aveuglement!), précisément*. Die unterschiedlichen Formen der Derivationsbasis lassen sich nur diachronisch erklären; hierzu s. Nyrop (1908: 292–297), Grevisse/Goosse (2011: 1258f.).[57] Im Einzelfall geht die Ableitung nicht von einem Adjektiv aus: *diablement, vachement, tellement, quasiment, comment* (Nyrop 1908: 297–299; Grevisse/Goosse 2011: 1259f.).

---

[56] Im Lateinischen, das viele solche Wörter aus dem Griechischen entlehnt hat, ist *-at-* Teil des Stamms: griech. *arôma, arômat-os* n., lat. *aroma, aromat-is* n., davon abgeleitet *aromat-icus*.

[57] Adverbien wie *clairement* enthalten die volle Femininform des Adjektivs (mit *-e*), denn sie gehen auf eine lateinische Ablativkonstruktion mit dem Substantiv *mens, mentis* f. zurück: *clara mente* usw. Zu den *e*-losen Formen wie *poliment, élégamment, aisément* s. Nyrop (1908: 294–297).

2.6.4. Verbderivation

2.6.4.1. Derivation N → V und A → V

{-is-} ist gelehrt und dient der desubstantivischen und der deadjektivischen Ableitung; N → V: *alcooliser, atomiser, étatiser*; A → V: *mobiliser, moderniser, tranquilliser, utiliser*. Bei Mehrfachsuffigierung kann *-is-* die Form des vorangehenden Suffixes beeinflussen (2.4.3.): *-ain/-an-, -aire/-ar-, -el/-al-, -ible/-ibil-* u. a.; *américaniser, fonctionnariser, scolariser, formaliser, individualiser, sensibiliser*.

Als grobe Näherung lassen sich folgende Bedeutungsgruppen angeben: (a) 'zu *x* machen' (N → V): *capitaliser, coloniser*; (b) 'mit *x* versehen' (N → V): *alcooliser, motoriser*; (c) 'mit der Eigenschaft *x* versehen' (A → V): *tranquilliser, moderniser*; (d) sonstige (meist N → V): *économiser, étatiser, tyranniser*.

{-ifi-} ist ebenfalls gelehrt und dient der desubstantivischen und der deadjektivischen Ableitung; N → V: *codifier, gazéifier, personnifier, panifier* (zu *pain*), *planifier, pétrifier* (zu *pierre*), *saponifier* (zu *savon*); A → V: *intensifier, russifier, solidifier*.

Vor gelehrtem Suffix erscheint {-ifi-} als *-ific-*: *plan-ific-ation, cod-ific-ateur*. Aus synchronischer Perspektive wird *-ifi-*, *-ific-* als Suffix gewertet; diachronisch geht es auf die lateinischen Komposita mit *-i-ficare* zurück, z. B. *amplifier, purifier, simplifier* von lat. *amplificare, purificare, simplificare* (*crucifier* dagegen kommt von *crucifigere*). In einigen Wörtern erscheint *-éfi-*: *liquéfier, raréfier, stupéfier, torréfier, tuméfier*; die Substantive dazu lauten *stupéfaction, torréfaction* usw. Die Verben auf *-éfi-* entsprechen den lateinischen Bildungen auf *-e-facere*, z. B. *liquefacere, tumefacere*; aus Sicht des Französischen sind sie nicht analysierbar.

Es lassen sich die gleichen Bedeutungen wie bei {-is-} feststellen: (a) *panifier, saponifier*; (b) *codifier, planifier*; (c) *intensifier, solidifier*; (d) *personnifier, signifier*.

Nullsuffigierung. Diese wurde in 2.5. ausführlich besprochen. Derivation N → V: *fusiller, grouper, masquer, piocher, réglementer, sélectionner*. Derivation A → V: *activer, aveugler, contenter*.

2.6.4.2. Derivation V → V

Es gibt eine Reihe von Suffixen, mit denen Verben von Verben abgeleitet werden, u. a. *-aill-* (*criailler, discutailler, tirailler*), *-ass-* (*écrivasser, rêvasser*), *-onn-* (*chantonner, mâchonner, tâtonner*), *-ot-* (*neigeoter, siffloter, toussoter, vivoter*); hierzu Thiele (1993: 140f.). Diese Suffixe drücken eine diminutive, frequentative oder pejorative Nuance aus: *chantonner* 'chanter à mi-voix', *sautiller* 'faire de petits sauts successifs', *disputailler* 'disputer longuement et inutilement' (Ang. nach PR).

3. Präfigierung

1. Allgemeines zur Präfigierung
2. Was ist ein Präfix?
3. Abgrenzung der Präfigierung gegenüber der Komposition
4. Eine Auswahl von Präfixen

3.1. Allgemeines zur Präfigierung

Präfigierung ist die Anfügung eines Präfixes an einen Wortstamm: *avantage* → *désavantage*, *forme* → *méforme*, *disponible* → *indisponible*, *content* → *mécontent*, *compos-(er)* → *décompos-(er)*, *demand-(er)* → *redemand-(er)*. Im Französischen dienen alle Präfixe der Wortbildung.

Es sei betont, dass die Präfigierung nicht als Anfügung eines Präfixes an eine Flexionsform aufzufassen ist, etwa von *re-* an die Verbform *demander*, sondern als Anfügung eines Präfixes an einen Stamm, hier also als Übergang vom Verbstamm *demand-* zu einem neuen Verbstamm *redemand-*:

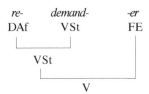

Diese Analyse ist im ersten Teil begründet worden (I, 3.2., Prinzip 5, drittes Beispiel). Wir rufen die Argumente in Erinnerung: (1) Würde man das Präfix als zuletzt angefügtes Element betrachten, so müsste man für jede einzelne Flexionsform einen eigenen Präfigierungsprozess annehmen. (2) Alle Wortbildungsprozesse werden nach dem gleichen Schema beschrieben: Wortbildung "innen" – Flexion "außen"; d. h., *re-demand-(er)* wird von *demand-(er)* so abgeleitet wie *état-is-(er)* von *état*.

Bei der Suffigierung haben wir gesehen: Das Derivat kann der gleichen Wortart wie das Grundwort angehören oder aber einer anderen Wortart. Wie verhält es sich bei der Präfigierung? In der Literatur ist die Auffassung verbreitet, dass durch Präfigierung kein Übergang in eine andere Wortklasse möglich ist, d. h., dass man mit einem Präfix aus einem Substantiv stets wieder ein Substantiv, aus einem Adjektiv stets wieder ein Adjektiv, aus einem Verb stets wieder ein Verb bekommt:

Schema	Beispiel
N → N	*ordre → désordre*
A → A	*content → mécontent*
V → V	*fermer → refermer*

Eine Präfigierung nach dem Schema N → V oder A → V ist hiernach grundsätzlich ausgeschlossen. Eine Konsequenz davon ist, dass wortartverändernde Ableitungen wie *barque → embarquer, terre → atterrir, triste → attrister, pauvre → appauvrir* nicht zur Präfigierung gezählt werden. Von den meisten Autoren werden sie der Parasynthese zugeordnet, s. Kap. 4.

Neben der Wortartkonstanz gibt es weitere Besonderheiten, durch die sich die Präfigierung gegenüber der Suffigierung auszeichnet; in der Literatur werden vor allem folgende genannt:

1. Oft verbindet sich das gleiche Präfix mit unterschiedlichen Wortarten, während bei Suffixen die Tendenz ausgeprägter ist, eine bestimmte Wortart auszuwählen; ein Beispiel ist *mé-* (*méforme, mécontent, méconnaître*) gegenüber *-ation*, das fast nur an verbale Basen tritt.
2. Die Präfigierung bewirkt keine formale Veränderung der Basis gegenüber dem Grundwort (*réductible – irréductible, faire – refaire*),[58] während die Anfügung eines Suffixes häufig eine bestimmte Variante verlangt (*réductible – réductibilité, raison – raisonnable*).
3. Präfixe sind nicht immer gebunden; einige kommen auch frei vor, z. B. *contre, entre, sur*.

Ob der letzten Behauptung zuzustimmen ist, hängt ganz von der Definition des Präfixes ab, der wir uns nun zuwenden.

3.2. Was ist ein Präfix?

Die meisten Präfixe gehen, diachronisch gesehen, zurück auf Adverbien und Präpositionen. Dieser Umstand fließt in älteren Arbeiten in die Definition des Präfixes ein und führt dazu, dass auch freie Formen als Präfixe bezeichnet werden. So unterscheidet Nyrop (1908: 206) ausdrücklich zwischen abtrennbaren Präfixen wie *avant* und

---

[58] Das gilt zwar für das Französische, nicht aber für das Lateinische. Hier bewirkt die Präfigierung häufig eine lautliche Modifikation: *amicus – inimicus, facere – perficere*. Im Vulgärlatein wurden solche Stammveränderungen oft rückgängig gemacht: *perfacere*.

nicht abtrennbaren wie *pré-*. Und in den älteren Auflagen des Grevisse, z. B. der sechsten, wird folgende Definition gegeben:

> Un **préfixe** est une particule (préposition ou adverbe) ou encore une simple syllabe qui, placée devant un nom, un adjectif, un verbe ou un participe, modifie le sens du mot primitif en y ajoutant une idée secondaire. (Grevisse 1955: 91)

An diese Definition schließt sich eine Liste von Beispielen an, die mit derjenigen Nyrops (1908: 206) weitgehend übereinstimmt (Grevisse 1955: 91):

– abtrennbar: *à, avant, bien, contre, en, entre, mal, moins, non, par, plus, pour, sous, sur, sus*;
– nicht abtrennbar: *dé-, dés-, é-, for-, in-, mé-, més-, mi-, pré-, re-, archi-, para-, anti-*.

In neueren Arbeiten wird üblicherweise als eines der Definitionsmerkmale des Präfixes angegeben, dass es gebunden ist. Hiernach ist der Begriff "abtrennbares Präfix" ein Widerspruch in sich. Diese Auffassung hat auch in die neueren Auflagen des Grevisse Eingang gefunden (ab 12. Aufl.):

> Un **préfixe** est une suite de sons (ou de lettres, si on envisage la langue écrite) qui n'a pas d'existence autonome et qui s'ajoute devant un mot existant pour former un mot nouveau. (1986: 242; 2011: 185)

Der Paragraph "Les principaux préfixes" enthält die Beschreibung von nur acht Präfixen und ihren Varianten:

(1) *a-*
(2) *co- (con-, com-)*
(3) *dé- (dés-, des-, dis-, dys-)*
(4) *é-*
(5) *in- (im-, il-, ir-)*
(6) *mé- (més-)*
(7) *pré-*
(8) *re- (r-, res-, ré-)*

Die Elemente, die nach der alten Terminologie abtrennbare Präfixe sind, werden im Kapitel "Les composés" abgehandelt. Auch die Wortbildung mit gelehrten Elementen wie *anti-, archi-, ex-, extra-, inter-, super-, ultra-* wird bei Grevisse seit der 12. Auflage zur Komposition gezählt.

In I, 2.2.3. haben wir Affixe definiert als gebundene, grammatische, reihenbildende Morph(em)e. Ein Präfix ist ein Derivationsaffix, das der Derivationsbasis vorangeht, an die es angefügt wird. Somit sind Präfixe definitionsgemäß gebunden, freie Präfixe kann es nicht geben. Im folgenden Abschnitt wollen wir die Konsequenzen dieser Auffassung beleuchten.

Zum Begriff des Präfixes und den damit verbundenen Abgrenzungsproblemen s. auch Spence (1968).

3.3. Abgrenzung der Präfigierung gegenüber der Komposition

In vielen älteren Arbeiten, z. B. Darmesteter (1894) oder den älteren Auflagen des Grevisse, wird die Präfigierung als Sonderfall der Komposition behandelt. Dann gibt es natürlich kein Abgrenzungsproblem. Für die nachfolgende Diskussion wird vorausgesetzt, dass Präfigierung als eine Art der Derivation verstanden wird.

3.3.1. *sur, sous, entre, contre*

Gehören Verben wie *surchauffer, sous-exposer, contredire, entrecouper, pourvoir* zu den Präfixbildungen? Wie in 3.2. bereits betont, sind Präfixe definitionsgemäß gebunden, so dass die Antwort davon abhängt, ob man die Verbbestandteile *sur-*, *sous-* usw. als freie oder als gebundene Morphe auffasst. Dazu stellen wir folgende Überlegung an:

Wenn man *surchauffer* vergleicht mit *sur le boulevard*, *sur la tête*, hat man es dann mit verschiedenen Vorkommen des gleichen *sur* zu tun oder mit zwei homonymen *sur*? Wenn es das gleiche *sur* ist, dann enthält *surchauffer* die freie Form *sur*, und es liegt laut Definition kein Präfix vor. Dann muss *surchauffer* als Kompositum gelten. Wenn wir aber Homonymie annehmen, dann haben wir ein sur_1 als Präposition und daneben ein sur_2- als Präfix, denn dieses sur_2- ist ja stets gebunden. Dann ist *surchauffer* eine Ableitung. Vor der gleichen Alternative steht man bei *sous-exposer, contredire, entrecouper, pourvoir* usw.

Unbestreitbar ist die Bedeutung nicht genau die gleiche; frei vorkommend bedeutet *sur* 'auf, über'; in *surchauffer* bedeutet es 'zu sehr, zu viel'. Es ist aber die Frage, ob der Bedeutungsunterschied groß genug ist, um von der Homonymie zweier Formen zu sprechen, oder so gering, dass nur von Polysemie (oder Bedeutungsverschiebung) einer Form die Rede sein kann. Zu untersuchen ist auch, ob es einen solchen Bedeutungsunterschied nur vereinzelt oder bei allen hier zu betrachtenden Verben gibt. Wir verschaffen uns zunächst einen Überblick:

sur-

   (a) *surprendre, surseoir, surveiller, survivre*
   (b) *suralimenter, surcharger, surestimer, surexciter, surexposer, surproduire*
   (c) *surmonter, surnager, survoler*

Die Beispiele der Serie (a) sind zwar formal analysierbar, aber demotiviert. Bei der Serie (b) 'zu sehr' liegt ein Bedeutungsunterschied gegenüber der Präposition vor. In (c) ist die semantische Beziehung zur Präposition klar erkennbar.

sous-
- (a) *soupeser, sourire, soutenir, souvenir*
- (b) *sous-employer, sous-estimer, sous-exposer, sous-payer, sous-utiliser*
- (c) *souligner, sous-louer, souscrire, sous-titrer*

Die Beispiele der Reihe (a) sind demotiviert, in Reihe (b) bedeutet der Verbbestandteil *sous-* ('zu wenig') etwas anderes als die Präposition, und in (c) ist die Beziehung zur Präposition deutlich sichtbar.

entre-
- (a) *entrebâiller, entrouvrir, entrevoir*
- (b) *s'entraccuser, s'entraimer, s'entraider, s'entre-nuire, s'entre-tuer*
- (c) *entrelacer, s'entremettre, entremêler*

In (a) 'zum Teil, ein wenig' ist der Bedeutungsunterschied zur Präposition offenkundig. In (b) 'gegenseitig' steht der Verbbestandteil der Präposition nahe: *Les loups ne se mangent pas entre eux.* In (c) ist ein vager Bezug zur Präposition zu erkennen.

contre-
- (a) *contrefaire, contre-passer, contresigner*
- (b) *contrebalancer, contredire, contre-indiquer, contre-manifester*

In Reihe (a) sehen wir einen Unterschied zur Präposition, in (b) nicht. Zu (b) kann man noch die wenig gebräuchlichen Verben *contrebattre, contrebraquer* und *contrebouter* anführen.

Es ergibt sich kein klares Gesamtbild: Ein Bedeutungsunterschied zur entsprechenden Präposition ist deutlich vorhanden bei *sur-* und *sous-* (wenn auch nicht in allen Verben), und er ist in Einzelfällen festzustellen bei *entre-* und *contre-*. Außerdem gibt es eine Reihe von Bildungen, die nicht mehr motiviert sind, z. B. *surprendre, soutenir, entreprendre, entretenir*. Unter diesen Umständen scheinen beide Schlussfolgerungen gleichermaßen einleuchtend:

Standpunkt A. Der Verbbestandteil ist identisch mit der Präposition; Bedeutungsunterschiede sind als Polysemie dieser Präposition zu werten. Somit sind die Verben Komposita.

Standpunkt B. Der Verbbestandteil ist ein zur Präposition homonymes Präfix, somit sind die Verben Derivata.

Statt eines Elements E, das mehrere Bedeutungen hat (Polysemie), darf man synchronisch nur dann zwei homonyme Elemente E_1 und E_2 annehmen, wenn ihre

Bedeutung oder ihre grammatische Funktion deutlich verschieden ist.[59] Da die Semantik unserer Beispiele, wie gerade gezeigt, keine eindeutigen Schlüsse erlaubt, wenden wir uns den grammatischen Eigenschaften zu:

(1) *refaire, défaire, contrefaire*
(2) *recouper, découper, entrecouper*
(3) *revoir, prévoir, entrevoir, pourvoir*
(4) *recharger, décharger, surcharger*

Betrachtet man Reihen wie (1) – (4), so erkennt man leicht, dass die Verbbestandteile *contre-, entre-, pour-, sur-* in der gleichen Strukturposition vorkommen wie die "echten" Präfixe *re-, dé-* und *pré-*, und dass sie wie diese die Bedeutung des jeweiligen Grundverbs modifizieren.

Präpositionen regieren Nominalgruppen, Präfixe verbinden sich mit Wortstämmen. Es gibt viele Präfixe, die nicht als Präposition vorkommen, z. B. *anti-, dé(s)-, ex-, in-, mé(s)-, pré-, re-, trans-* u. v. a., und umgekehrt auch viele Präpositionen, die nicht als Präfix auftreten, z. B. *avec, chez, dans, de, depuis, derrière, dès, devant, durant, envers, hormis, jusque, malgré, parmi, pendant, près, sauf, selon, vers*. Ins Gesamtbild passt es daher besser, wenn wir der Reihe *anti-, dé-* etc. die Affixe sur_1-, $sous_1$- usw. hinzufügen, der Reihe *avec, chez* etc. die Wörter sur_2, $sous_2$ usw.

Fazit: Da wir für eine strukturelle Beschreibung das grammatische Verhalten als ausschlaggebend ansehen, entscheiden wir uns für Standpunkt B und postulieren für den Fall, dass einem Wortbaustein eine gleichlautende Präposition zur Seite steht, eine Homonymie zwischen (gebundenem) Präfix und (freier) Präposition. Verben wie *surchauffer, sous-employer* usw. betrachten wir somit als abgeleitet.[60] Diese Lösung steht im Einklang mit dem Prinzip 5 aus I, 1.5.2.

Die obigen Überlegungen betrafen nur Verben. Eine eingehendere Untersuchung müsste auch Substantive und Adjektive mit einbeziehen, das würde jedoch über den Rahmen dieser Einführung hinausgehen. Wir begnügen uns mit einigen Beispielen: (a) *surintensité, survaleur, survente, survoltage, surréalité, surtaxe*; (b) *sous-arrondissement, sous-comité, sous-bibliothécaire, sous-officier, sous-bois, sous-nappe, sous-équipement*; (c) *entracte, entrecôte, entre-rail, entresol, entretoile*; (d) *contre-allée, contre-amiral, contre-écrou, contre-rail, contre-courant, contre-espionnage,*

---

[59] Das etymologische Kriterium (gleiche Herkunft – Polysemie, verschiedene Herkunft – Homonymie) spielt dagegen bei einer synchronischen Betrachtungsweise keine Rolle.
[60] Hiermit wird ein anderer Standpunkt eingenommen als in der 1. Auflage dieser Einführung, in der die grammatisch-funktionelle Verschiedenheit von Präposition und Präfix nicht konsequent genug beachtet und der Lösung A (Komposition) der Vorzug gegeben wurde.

contre-culture, contre-mesure, contre-offensive, contrepoison, contresens. Beispiele für Adjektive sind *surdoué, suréminent, surfin, surpuissant, sous-développé, sous-peuplé, sous-qualifié, contre-productif*; viele sind von Partizipien abgeleitet.

In der Literatur findet man sowohl Standpunkt A als auch B vertreten. Martinet (1979: 242f.) sieht hier Homonymie zwischen Präfix und gleichlautender Präposition. Für Rohrer (1977: 171) liegt Komposition aus Präposition und Verb vor, wobei er behauptet, die Verbalkomposition beschränke sich auf Bildungen mit den Partikeln *entre, contre, sous, sur*. Grevisse/Goosse (2011: 198) geht noch weiter als Rohrer und sieht Komposition in allen Fällen, wo der Verbbestandteil mit einer Präposition formal identisch ist oder als Variante einer Präposition angesehen werden kann. Weidenbusch (1993: 44–46) betont die Bedeutungsnähe von *sur-, sous-* usw. zu den Präpositionen und bezeichnet sie als "präpositionale Elemente". Amiot (2005) kommt auf Grund einer Reihe von formalen und semantischen Kriterien zu dem Schluss, dass *sur-, sous-, en-, entre-* und *contre-* als "real prefixes" zu werten sind, dagegen *sans, avant* und *après* als "formatives, but not real prefixes", die auch als Wortbestandteil (*sans-papiers, avant-guerre, après-midi*) ihren präpositionalen Charakter bewahren.

3.3.2. *en*

Ein etwas komplizierterer Fall sind die mit *en-* gebildeten Verben. Wir beginnen mit einer Bestandsaufnahme (s. Gauger 1971b: 87–101).

(1) desubstantivisch: (a) *empoisonner, engraisser, engommer, encourager, endetter, enfariner*; (b) *embarquer, emmagasiner, empocher, emprisonner, encadrer, encaisser, encoffrer, enregistrer, enrober, enterrer*

(2) deadjektivisch: *embellir, enivrer, enlaidir, ennoblir, enrichir, ensanglanter*

(3) deverbal: *engraver, enfermer, emmêler, enrouler, enfumer*

Die Verben in (1) und (2) gelten gemeinhin als Parasynthetika; in Kap. 4 kommen wir darauf zurück. Hier interessiert uns nur das Verhältnis von *en* als Verbbestandteil zu *en* als selbständigem Wort. Nur in (1b) und einigen Verben in (3) bedeutet *en-* 'hinein' und steht damit der Präposition nahe. Für eine detaillierte semantische Analyse s. Gauger (1971b: 87–101).

Wir können nun ganz ähnlich wie oben bei *sur-, sous-* usw. argumentieren: Der Verbbestandteil *en-* ist in bestimmten Fällen bedeutungsverschieden von der Präposition; außerdem kann *en-* durch *dé-* substituiert werden, wenn die jeweils entgegengesetzte Aktion bezeichnet werden soll, so dass sich hier besonders deutlich die strukturelle Parallele zu einem "echten" Präfix zeigt:

embarquer   *débarquer*
emboîter   *déboîter*
embobiner   *débobiner*

encourager	*décourager*
endommager	*dédommager*
engourdir	*dégourdir*
empoussiérer	*dépoussiérer*
enraciner	*déraciner*

Deshalb ist es naheliegend, den Verbbestandteil *en-* als Präfix aufzufassen, trotz seiner partiellen Bedeutungsgleichheit mit dem Wort *en*. Wir haben somit ein Morphem {en_1}, das frei ist und als einziges Allomorph *en* hat, und ein Morphem {en_2-}, welches gebunden ist und graphisch die beiden Allomorphe *en-* und *em-* hat.

Neben {en_1} und {en_2-}, die auf lat. *in* zurückgehen, gibt es noch das Pronomen {en_3} und das Präfix {en_4-}, die von lat. *inde* kommen. Es ergibt sich folgendes Gesamtbild:

Morphem		Allomorphe		Beispiele für das Vorkommen
gesprochen	geschrieben	gesprochen	geschrieben	
{/$ãn_1$/}	{en_1}	/$ã_1$/	en_1	*en France*
		/$ãn_1$/		*en Irlande*
{/$ãn_2$-/}	{en_2-}	/$ã_2$-/	en_2-	*enfermer*
			em_2-	*emmêler*
		/$ãn_2$-/	en_2-	*enivrer* (parasynthetisch)
{/$ãn_3$/}	{en_3}	/$ã_3$/	en_3	*j'en prendrai une*
		/$ãn_3$/		*il y en a*
{/$ãn_4$-/}	{en_4-}	/$ã_4$-/	en_4-	*enlever*
			em_4-	*emporter*
		/$ãn_4$-/	en_4-	– (Grenzfall: *s'en aller*)

Angesichts von Paaren wie *enflammer – inflammable, entonner – intonation, trône – introniser* wäre es durchaus vertretbar, für {en_2-} noch zusätzlich ein gelehrtes Allomorph *in_2-* anzunehmen.

3.4. Eine Auswahl von Präfixen

Im Folgenden wird eine begrenzte Zahl von Präfixen vorgestellt. Einzelheiten zu diesen und anderen Präfixen findet man u. a. bei Darmesteter (1894), Nyrop (1908), Meyer-Lübke (1966), Thiele (1993), Weidenbusch (1993); weitere Literaturangaben s. Schpak-Dolt (2003).

Präfixe, die bei verschiedenen Wortarten auftreten, werden zur besseren Übersicht mehrfach aufgeführt. So erscheint *dés-* dreimal: als Substantiv-, Adjektiv- und Verbpräfix. Damit wird natürlich nicht behauptet, dass es drei verschiedene *dés-* gibt. Es ist ja gerade eine Besonderheit der Präfigierung gegenüber der Suffigierung, dass ein- und dasselbe Affix an Stämme unterschiedlicher Wortarten treten kann (s. o., 3.1.).

3.4.1. Substantivderivation

Morphem		Allomorphe		Beispiele für das Vorkommen
gesprochen	geschrieben	gesprochen	geschrieben	
{/ko-/}	{co-}	/kɔ̃-/	con- com-	concitoyen compatriote
		/ko-/	co-	coauteur, codébiteur, codirecteur
{/kɔ̃trə-/}	{contre-}	/kɔ̃tr(ə)-/	contre-	contremesure, contrepoison
{/dez-/}	{dés-}	/dez-/	dés-	désavantage, déshonneur, désordre
		/de-/	dé-	défaveur, déraison
			des-	–
		/dis-/	dis-	disproportion, dissymétrie
{/ɛks-/}	{ex-}	/ɛks-/	ex-	ex-député
{/in-/}	{in-}	/ɛ̃-/	in-, im-	inconfort, insuccès, impolitesse
		/in-/	in-	inadaptation, ininterruption
		/im-/	im-	immodération
		/il-/	il-	–
		/ir-/	ir-	irrespect
		/i-/	im-, ir-	immodération, irrespect
{/mez-/}	{més-}	/mez-/	més-	mésaise, mésintelligence
		/me-/	mé-	méforme
			mes-	–
{/pre-/}	{pré-}	/pre-/	pré-	préfinancement, préretraite
			pres-	–

in- ist in erster Linie ein Adjektivpräfix; es gibt nur wenige Substantivableitungen. *dés-* ist vor allem ein Verbpräfix, verbindet sich aber auch mit Substantiven und Adjektiven. Typische Substantivpräfixe sind *co-*, *contre-* und *ex-*.

{co-}: Die Variante *co-* tritt vor allem bei Substantiven auf (Thiele 1993: 60); Beispiele sind *coacquéreur, coadministrateur, coassurance, coauteur, codébiteur, codemandeur, codominance, cogérance, cohéritier, colocataire, copilote, coproduction* u. a. Adjektive und Verben: *coextensif, coresponsable, coexister, cohabiter*. Die Varianten *con-, com-, cor-* findet man vor allem bei Verben; viele von ihnen sind demotiviert: *condamner, contribuer, convenir, comparaître, complaire, corrompre*.

{contre-} tritt zwar in einer Reihe von Verben auf (s. o., 3.3.1.), ist aber heute vor allem ein Substantivpräfix. Bei den Verben gibt es nur wenige neuere Belege (Weidenbusch 1993: 167; Amiot 2004: 73).

{ex-}: Beispiele sind *ex-député, ex-directeur, ex-ministre, ex-mari, ex-femme* (PR, s. v. *ex-*). Es gibt viele Gelegenheitsbildungen, die im Wörterbuch nicht verzeichnet sind.

3.4.2. Adjektivderivation

Morphem		Allomorphe		Beispiele für das Vorkommen
gesprochen	geschrieben	gesprochen	geschrieben	
{/an-/}	{an-}	/a₁-/	a₁-	amoral, apolitique, areligieux
		/an-/	an-	anorganique, anisotrope
{/ãti-/}	{anti-}	/ãti-/	anti-	antigouvernemental, antinational
{/dez-/}	{dés-}	/dez-/	dés-	désagréable, désavantageux
		/de-/	dé-	déraisonnable, défavorable
			des-	–
		/dis-/	dis-	discourtois, dissemblable
{/εkstra₁-/}	{extra₁-}	/εkstra₁-/	extra₁-	extraconjugal, extraterrestre
{/εkstra₂-/}	{extra₂-}	/εkstra₂-/	extra₂-	extra-fin, extra-fort, extrafrais
{/ipεr-/}	{hyper-}	/ipεr-/	hyper-	hypernerveux, hypersensible
{/in-/}	{in-}	/ɛ̃-/	in-, im-	insuffisant, insoucieux, imbuvable, impopulaire, immangeable
		/in-/	in-	inarticulé, inharmonieux
		/im-/	im-	immoral, immotivé
		/il-/	il-	illogique, illisible
		/ir-/	ir-	irremplaçable, irrespectueux
		/i-/	im-, il-, ir-	s. o.: immoral, illisible, irréel
{/mez-/}	{més-}	/mez-/	més-	–
		/me-/	mé-	mécontent
			mes-	–
{/pre-/}	{pré-}	/pre-/	pré-	préclassique, prénatal, préscolaire
			pres-	–
{/sypεr-/}	{super-}	/sypεr-/	super-	superfin, super-léger, super-plat
{/trãs-/}	{trans-}	/trãz-/	trans-	transafricain, transatlantique
		/trãs-/		transcontinental, transpyrénéen
{/yltra-/}	{ultra-}	/yltra-/	ultra-	ultrachic, ultralibéral, ultramoderne

In der Tabelle erscheinen einige Allomorphe von {in-} mehrfach. Natürlich werden sie nur einmal gezählt. {in-} hat somit sechs Allomorphe in der gesprochenen und vier in der geschriebenen Sprache.

Typische Adjektivpräfixe sind (a) die Negationspräfixe *in-* und *a-*, (b) Steigerungspräfixe wie *extra₂-, hyper-, super-, ultra-*, (c) Präfixe, die sich mit Relationsadjektiven verbinden wie *anti-, extra₁-, pré-, trans-*. Die Steigerungspräfixe *hyper-, super-, ultra-* findet man auch bei Substantiven: *hyperémotivité, hyperréalisme, superbombe, superciment, supermarché, ultramicroscope*. Von Relationsadjektiven abgeleitete Bildungen wie *antigouvernemental, extraterrestre, préscolaire, transafricain* können auch als parasynthetisch aufgefasst werden, hierzu s. 4.2.2.

3.4.3. Verbderivation

Morphem		Allomorphe		Beispiele für das Vorkommen
gesprochen	geschrieben	gesprochen	geschrieben	
{/a₂-/}	{a₂-}	/a₂-/	a₂-	abaisser
			ar-, as- u. a.	arranger, assécher, attirer
		/ad-/	ad-	adjoindre, adjuger, admettre
{/ko-/}	{co-}	/kɔ̃-/	con-	contenir, contribuer
			com-	complaire, comporter
		/ko-/	co-	coexister, coordonner
{/dez-/}	{dés-}	/dez-/	dés-	désencadrer, désorganiser
		/de-/	dé-	déstabiliser, défaire
			des-	desserrer, desservir, dessaouler
		/dis-/	dis-	disjoindre, disparaître
{/ãn₂-/}	{en₂-}	/ãn₂-/	en₂-	enamourer (parasynth.)
		/ã₂-/	en₂-	enlier, enfermer, enfumer, enserrer
			em₂-	embrouiller, emmêler
{/mez-/}	{més-}	/mez-/	més-	mésestimer, se mésallier
		/me-/	mé-	méconnaître, se méconduire
			mes-	messeoir
{/pre-/}	{pré-}	/pre-/	pré-	prédisposer, prépayer
			pres-	pressentir
{/rə-/}	{re-}	/rə-/	re-	refermer, redemander, recoller
			res-	ressaisir, resserrer, resservir
		/r-/	r-	rhabiller, rapporter, rapprendre
		/re-/	ré-	réanimer, réassembler, réassurer

{a-} und {en-}: Es gibt einige deverbale Präfixbildungen wie *abaisser* und *enfermer*, doch sind die meisten Ableitungen parasynthetisch: *affiner, embellir* u. v. a.

{dés-}: Beispiele für die einfache Präfigierung sind *désactiver, désadapter, désapprendre, désapprouver, désassembler, déshabiller*, ferner *décentraliser, démilitariser, démoraliser, désorganiser* u. a. Außerdem gibt es viele parasynthetische Bildungen: *débarquer, débourgeoiser, décourager, dégourdir* u. a. Bemerkenswert ist die Antonymenbildung: *embobiner – débobiner* oder *désembobiner, engourdir – dégourdir* oder *désengourdir*, dagegen *embarquer* – nur *débarquer, enivrer* – nur *désenivrer*. Zu Substantiven wie *désordre* s. o., 3.4.1.

{re-} tritt fast ausschließlich bei Verben auf; Bildungen wie *revoici, revoilà, rebonjour, recoin* sind Einzelfälle. Manchmal ist die Präfixbedeutung verblaßt, z. B. in *remplir, remercier, raccourcir*. Zu *remplir* und *raccourcir* nennt der PR die veralteten *emplir* und *accourcir*; *mercier* gibt es nur bis zum 17. Jh. (BW).

4. Parasynthese

1. Allgemeines zur Parasynthese
2. Verschiedene Beschreibungsansätze
3. Eine Auswahl von parasynthetischen Bildungen

4.1. Allgemeines zur Parasynthese

Unter Parasynthese versteht man die gleichzeitige Anfügung eines Präfixes und eines Suffixes an einen Stamm: *rat* → *dé-rat-is-(er)*, *caféine* → *dé-caféin-Ø-(er)*; *seuil* → *en-seuill-ement*.

Eine gleichzeitige Anfügung der beiden Affixe wird vor allem dann angenommen, wenn es weder eine Suffix- noch eine Präfixbildung als Zwischenstufe gibt. So gibt es weder **ratiser*, **caféiner*, noch **dérat*, **décaféine*. Diesen Sachverhalt gibt man durch eine dreigliedrige Struktur wieder, in der die Derivationsbasis weder mit dem Suffix noch mit dem Präfix enger zusammengehört:

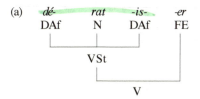 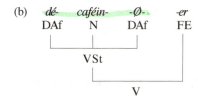

Vor allem in der älteren Literatur wird die Parasynthese bei Verben wie *décaféiner* als Anfügung von Präfix und Infinitivsuffix dargestellt: *dé-caféin-er*. Diese Auffassung geht auf Darmesteter zurück (1890: 80f., 1894: 96–103) und ist von vielen nachfolgenden Autoren übernommen worden: Nyrop (1908: 206), Thiele (1993: 144), Béchade (1992: 134) u. a. Das Infinitivsuffix ist aber, wie in 2.5.2. dargelegt, kein Derivationssuffix. Deshalb haben wir angenommen, dass die Parasynthese mit Hilfe eines Nullsuffixes erfolgt, s. Struktur (b). Eine ausführliche Diskussion folgt in 4.2.

Es kommt auch vor, dass eine der möglichen Zwischenstufen zwar existiert, aber semantische Gründe doch für eine parasynthetische Derivation sprechen (Darmesteter 1890: 80). Ein Beispiel ist das Verb *aligner*. Wegen seiner Bedeutung ('ausrichten, in einer geraden Linie anordnen') ist es plausibler, das Verb direkt auf *ligne* 'Linie, Zeile, Reihe' zu beziehen, als es von *ligner* '[Papier] liniieren' abzuleiten. Also: nicht *ligne* → *ligner* → *aligner*, sondern (1) *ligne* → *ligner*, (2) *ligne* → *aligner*.

In erster Linie tritt die Parasynthese im Bereich der Verbderivation auf. Dabei ist im Französischen, anders als etwa im Spanischen, die Ableitung mit explizitem Suffix äußerst selten. Außer *rat* → *dératiser* gibt es kaum überzeugende Beispiele; es lässt sich noch das entlehnte *introniser* anführen (BW: "Empr. du lat. eccl. *inthronizare*"), dessen Beziehung zu *trône* auch aus Sicht des Frz. transparent ist. In großer Zahl gibt es dagegen Ableitungen des Typs *caféine → décaféiner*:

| N → V | *barque → embarquer, terre → atterrir* |
| A → V | *triste → attrister, pauvre → appauvrir* |

Die Parasynthese darf nicht verwechselt werden mit Derivationsprozessen, bei denen die Präfigierung auf die Suffigierung folgt oder umgekehrt, wie in den Ableitungsreihen *perméable → imperméable → imperméabiliser* und *militaire → militariser → remilitariser*. Man macht sich den Unterschied klar, indem man die Struktur (a) mit (c) und (d) vergleicht:

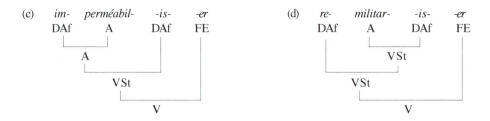

4.2. Verschiedene Beschreibungsansätze

In der neueren Literatur wird immer wieder bestritten, dass die Parasynthese ein eigenständiges Wortbildungsverfahren ist, und es fehlt nicht an Versuchen, sie doch in eine Abfolge mehrerer Schritte aufzulösen; ausführlich hierzu s. Gather (1999). Es erscheint sinnvoll, die Argumente nach Wortarten getrennt zu diskutieren.

4.2.1. Verben

An der klassischen Parasynthesekonzeption (*em-barqu-er*) sind vor allem zwei Punkte bemängelt worden: 1. die dreigliedrige Konstituentenstruktur, 2. die Auffassung des Infinitivmorphems als Derivationssuffix. Im Folgenden wägen wir verschiedene Alternativvorschläge gegeneinander ab.

Analyse A: Präfigierung allein. Diese Lösung vertritt Corbin (1987: 129–131). Sie verwirft den Grundsatz der Wortartkonstanz bei der Präfigierung und deriviert Verbstämme unmittelbar durch die Anfügung von Präfixen an Substantive und Adjektive.

So lautet Corbins Ableitung von *embarquer*: [*barque*]$_N$ → [*embarqu-*]$_{VSt}$; an den Stamm tritt dann die Flexionsendung: [[*embarqu-*]$_{VSt}$-*er*]$_V$. Die Infinitivendung ist an der Derivation nicht beteiligt, die Konstituentenstruktur ist binär. Ähnliche Analysen gibt es zum Englischen: [*slave*]$_N$ → [*enslave*]$_V$, vgl. Bauer (1983: 217).

Corbins Lösung zeigt klar, vor welche Alternative man gestellt ist: Entweder man räumt ein, dass die Anfügung eines Präfixes einen Wortartwechsel bewirken kann, oder aber man hält an dem Grundsatz fest: Präfigierung allein kann keine Änderung der Wortart zur Folge haben. Dann ist man gezwungen anzunehmen, dass in irgendeiner Form eine Suffigierung an der Ableitung beteiligt ist. Für das Zusammenspiel kann man nun verschiedene Annahmen machen: (1) erst Suffigierung, dann Präfigierung, (2) gleichzeitige Suffigierung und Präfigierung, d. h. Parasynthese. Mit beiden Hypothesen lassen sich dann noch unterschiedliche Vorstellungen über die Natur des beteiligten Suffixes kombinieren.

Analyse B: erst Suffigierung, dann Präfigierung. So postuliert Scalise (1984a: 147–150) für die Ableitung von ital. *imbruttire* 'hässlich machen' (zu *brutto* 'hässlich') eine hypothetische Zwischenstufe **bruttire*. Hier scheint Scalise die Infinitivendung als Derivationssuffix zu zählen, doch präzisiert er an anderer Stelle:

> […] una rappresentazione più corretta dunque sarebbe la vocale tematica e non la 'forma di citazione' *are/ire* che fa pensare direttamente al morfema dell'infinito […]. (Scalise 1984b: 205)

In dieser Form wird Scalises Analyse auch von Gather (1999: 101–108) vertreten: Die Suffigierung geht der Präfigierung voraus; dabei zählt die vokalische Stammerweiterung (der "Themavokal") als Derivationsmorphem, im Beispiel **bruttire* also das *-i-*. Das bedeutet für das Französische, dass auch bei den Verben auf *-er* ein Themavokal abgetrennt wird: *em-barqu-e-r* wie *at-terr-i-r*. Dann kann man ableiten:

[*terre*]$_N$ → [*terr-i-*]$_{VSt}$ → [*at-*[*terr-i-*]$_{VSt}$]$_{VSt}$
[*barque*]$_N$ → [*barqu-e-*]$_{VSt}$ → [*em-*[*barqu-e-*]$_{VSt}$]$_{VSt}$

Diese Lösung unterstellt eine Unzahl von hypothetischen Verben: **barquer*, **platir*, **surer*, **terrir*, **trister* usw. Und was wäre die Bedeutung von **barquer*? Darüber hinaus kann man die gleichen Einwände vorbringen wie schon in 2.5.2. (Standpunkt B): 1. Der Themavokal *-i-* wäre zwar in *atterrir* ein Derivationssuffix, nicht aber in *punir*. 2. Bei der I. Konjugation des Französischen ist die Annahme eines Themavokals sicher möglich, aber für die synchronische Analyse doch problematisch.

Um den letzten beiden Kritikpunkten zu begegnen, könnte man Gathers Analyse modifizieren, indem man **barquer* usw. nicht mit dem Themavokal, sondern durch ein Nullsuffix ableitet: [*barque*]$_N$ → [*barqu-Ø-*]$_{VSt}$ → [*em-*[*barqu-Ø-*]$_{VSt}$]$_{VSt}$. Es bleibt aber immer noch der Einwand, dass dann zahlreiche hypothetische Verben mit oft unklarer Bedeutung angenommen werden müssten.

Analyse C: Parasynthese. Will man einerseits die Annahme einer wortartverändernden Präfigierung (Bauer, Corbin), andererseits die Annahme hypothetischer Verben (Scalise, Gather) vermeiden, so bleibt nur übrig, doch eine dreigliedrige Struktur in Kauf zu nehmen und an der Parasynthesekonzeption festzuhalten. Als beteiligtes Suffix kann wieder entweder der Themavokal oder -Ø- angesehen werden.

Die Einwände gegen den Themavokal wurden schon unter B vorgebracht, und so entscheiden wir uns für die verbleibende Lösung: Parasynthese mit Nullsuffix (Togeby 1965: 166; Reinheimer-Rîpeanu 1974: 36–40).

Hier noch einmal die verschiedenen Lösungen im Überblick: (a) Corbin: wortartverändernde Präfigierung; (b) Scalise/Gather: Suffigierung mit Themavokal, dann Präfigierung; (c) Scalise/Gather, modifiziert: Suffigierung mit -Ø-, dann Präfigierung; (d) und (e) unser Vorschlag, Togeby folgend: Parasynthese mit -Ø-.

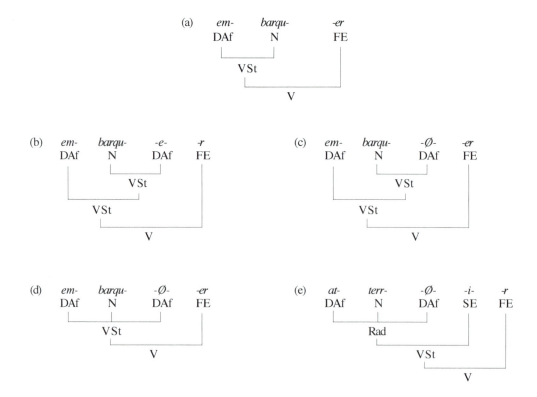

Es ist auch die Auffassung vertreten worden, dass überhaupt keine Präfigierung im Spiel sei, sondern dass es sich bei *atterrir, embarquer* usw. um die Ableitung eines Verbstamms aus einer präpositionalen Fügung wie *à terre*, *en barque* durch Konversion handele; s. Weidenbusch (1993: 66–74), Lüdtke (2005: 139–156 u. 2011), ähnlich auch Grevisse/Goosse (2011: 196). Schwierig zu erklären bleibt aber die deadjektivische Ableitung, denn es gibt keine Syntagmen *en riche, *à douce usw., von denen *enrichir*, *adoucir* etc. abzuleiten wären. Bei Darmesteter (1894: 101) ist zwar zu lesen: "*Enrichir* est mettre en riche, en l'état de riche; *déniaiser* est mettre hors de niais, de l'état de niais; *assagir* est amener à sage, à l'état de sage", doch sind dies metasprachliche Bedeutungsangaben; im "normalen" Sprachgebrauch ist *mettre en riche nicht möglich.

4.2.2. Substantive und Adjektive

Substantive. Hierzu gibt es nur wenige Beispiele, denn Bildungen wie *embarquement*, *embellie*, *encadrement* sind keine Parasynthetika, sondern ganz normale Suffixableitungen von *embarquer*, *embellir*, *encadrer*. Das heißt, als echte parasynthetische Ableitungen können nur solche Substantive gelten, denen kein Verb zugrunde liegt, also z. B. *encablure, encolure, encorbellement, enseuillement*.

Adjektive. Es sind drei Typen von Adjektiven zu erörtern: (a) *antibruit*, wie z. B. in *casque antibruit*, (b) *antialcoolique*, (c) *inchavirable*.

Zu (a): Bei desubstantivischen Adjektiven wie *antibruit, antibrouillard, antichar, anticasseurs* u. v. a. hat man die Wahl, entweder dem Präfix eine wortartverändernde Funktion zuzuschreiben oder aber Strukturen wie [*anti*-[*bruit*]$_N$-Ø]$_A$ anzusetzen. Diese Frage wurde bereits ausführlich erörtert (4.2.1., Analyse A). Wir folgen der traditionellen Auffassung, dass Präfixe allein die Wortart nicht verändern können, und betrachten diese Adjektive als parasynthetisch.

Zu (b): Den Adjektiven *anticancéreux, intercontinental, subalpin, transocéanique* u. a. stehen *cancéreux, continental, alpin, océanique* usw. gegenüber; doch legt die Bedeutung eher eine direkte Ableitung nahe: *cancer* → *anticancéreux* (PR: 'qui combat le cancer'). Andererseits wäre eine solche Analyse für Wörter wie *antiémétique, interurbain* nicht möglich, da ein frz. Substantiv fehlt. Außerdem ist das Suffix im präfigierten Wort immer dasselbe wie im nicht präfigierten: *anticancéreux* wie *cancéreux*, *antialcoolique* wie *alcoolique* usw. Das spricht für die Auffassung 'erst Suffigierung, dann Präfigierung'; diese liegt in den meisten Fällen auch den Angaben des PR und des TLF zugrunde, z. B. *anticancéreux*: 'de *anti*- et *cancéreux*'.

Zu (c): Adjektive wie *inchavirable* werden manchmal als parasynthetisch bezeichnet, da kein *inchavirer und kein *chavirable belegt ist (s. z. B. Béchade 1992: 134). Ebenso: *inchauffable, indécrochable, indéformable, indéracinable* u. a. Die Alternative besteht darin, hypothetische Ableitungsstufen doch zuzulassen: *chavirable usw. Hier scheinen Bedenken weniger angebracht als oben bei *barquer (4.2.1., Analyse B), denn *chauffable, *déformable, *décrochable usw. haben eine absolut klare Bedeutung, und als Gelegenheitsbildungen sind sie viel eher vorstellbar als ein **barquer*, z. B. in Aussagen wie *Cette maison n'est pas chauffable* (Noailly 1999: 33). Deshalb ist eine parasynthetische Analyse nicht zwingend.

Fazit: Bei der Substantiv- und Adjektivderivation scheint die Annahme einer parasynthetischen Ableitung nur für Bildungen des Typs *encablure* (N → N) und *antibruit* (N → A) geboten. Eine wirklich bedeutende Rolle spielt die Parasynthese nur bei der Derivation von Verben, der wir uns nun wieder zuwenden.

4.3. Eine Auswahl von parasynthetischen Bildungen

Die verbalen Parasynthetika gehören alle der I. und der II. Konjugation an. Von den desubstantivischen Bildungen gehören fast alle zur I. Konjugation; deadjektivische Verben findet man in beiden Flexionsklassen, aber doch überwiegend in der II. Konjugation (Darmesteter 1894: 97–101, Thorn 1909). Die Präfixe, die bei der Parasynthese vorkommen, sind *a-* (*ac-*, *af-* usw.), *en-/em-*, *dé-/dés-* und *é-*; andere Präfixe spielen kaum eine Rolle (Thorn 1909: 17).

Wir geben einen Überblick über die theoretischen Kombinationsmöglichkeiten, dann folgen weitere Beispiele (s. Thorn 1909, Thiele 1993: 144, Gather 1999: 82).

Konjug.	Präfix	N → V	A → V
I.	*a-*	*adosser*	*ajuster*
	en-	*encourager*	*enivrer*
	dé-	*décourager*	*dépareiller*
	é-	*ébrancher*	*épurer*
II.	*a-*	*atterrir*	*appauvrir*
	en-	*s'enorgueillir*	*enlaidir*
	dé-	–	*dégourdir*
	é-	–	*élargir*

1. Desubstantivische Verben der I. Konjugation: *accoutumer, acheminer, adosser, atterrer, embarquer, embrasser, encaisser, encourager, s'endimancher, enrager, enterrer, débarquer, décourager, ébrancher, ébourgeonner, égoutter* u. v. a.
2. Desubstantivische Verben der II. Konjugation: *aboutir, s'accroupir, atterrir, s'enorgueillir* und einige andere.
3. Deadjektivische Verben der I. Konjugation: *affiner, appareiller, enivrer, enjoliver* (*joli*, afrz. *jolif, jolive*), *déniaiser, dépareiller, écourter, élonger, émincer* u. a.
4. Deadjektivische Verben der II. Konjugation: *abrutir, amollir, adoucir, amincir, anoblir, appauvrir, approfondir, attendrir, embellir, enchérir* (*cher*), *engourdir, enlaidir, ennoblir, défraîchir, dégourdir, égayer* (*gai*), *élargir* u. v. a.

5. Komposition

1. Allgemeines zur Komposition
2. Abgrenzung gegenüber der syntaktischen Fügung
3. Beziehungen zwischen Gesamtwort und Kompositionsgliedern
4. Eine Auswahl von Komposita

5.1. Allgemeines zur Komposition

Komposition ist die Zusammenfügung von flektierten Wörtern oder Wortstämmen zu einem neuen Wort(stamm): *bloc-cylindres, porte-avions, psychologie.*

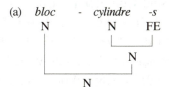 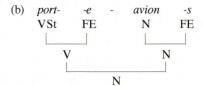

In den meisten Fällen ist ein Kompositum einfach ein Wort, das in zwei Wörter zerlegt werden kann, so wie hier die Beispiele (a) und (b). Will man aber den Begriff so definieren, dass auch gelehrte Bildungen wie *carnivore* oder *psychologie* darunterfallen, so muss man berücksichtigen, dass deren Bestandteile in der Regel gerade nicht als Wörter vorkommen. Deshalb: Ein Wort ist ein Kompositum, wenn jede unmittelbare Konstituente seines Stamms eine Wurzel enthält. Man überzeugt sich leicht davon, dass das Wort [[*port-e*]-[*avion-s*]] diese Bedingung ebenso erfüllt wie [[*psych-o-*][-*log-ie*]].

5.2. Abgrenzung gegenüber der syntaktischen Fügung

Es ist zu überlegen: Sind die Ausdrücke unter (1) bis (6) morphologisch gebildete Komposita oder syntaktisch gebildete Wortgruppen?

(1) *pomme de terre, course de chevaux, arme à feu, arc-en-ciel*
(2) *salle à manger, machine à coudre*
(3) *assurance-vie, assurance maladie, timbre-poste*
(4) *homme-grenouille, homme-sandwich, wagon-citerne, chirurgien(-)dentiste*
(5) *chaise longue, coffre-fort, fromage blanc, sang-froid*
(6) *laissez-passer, cessez-le-feu*

Standpunkt A. Die Ausdrücke in (1) bis (6) sind Wortgruppen (Fradin 2009, Booij 2012). Dafür lassen sich zwei Argumente anführen: (a) die innere Struktur dieser Gruppen, die auf syntaktischen Regeln beruht, (b) die Stellung des Pluralmorphems.

> Certain lexical expressions in Romance languages are sometimes incorrectly called compounds although they have in fact a phrasal form. This applies to French *salle à manger* 'dining room' and *chambre d'hôtes* 'guest room'. The structures *N à N* and *N de N* are instantiations of the syntactic structure [N PP]$_{NP}$, a noun phrase consisting of a head N followed by a PP complement [...] Note, however, that their plural forms are *salle-s à manger* and *chambre-s d'hôtes* respectively, with an internal plural ending. This proves their phrasal nature since the plural form of a French word is expressed by a suffix at its right edge. Another type of apparent French compound is *homme-grenouille* [...]. Its plural form requires both constituents to be pluralized (*hommes-grenouilles*) which suggests that we have to do with an NP in which the phrasal head is followed by a noun with an appositional function. (Booij 2012: 85f.)

Standpunkt B. Die Ausdrücke unter (1) bis (6) sind Komposita. In der Literatur findet man eine Reihe von Argumenten für diese Auffassung, so z. B. bei Rohrer (1977: 28–33 u. 114–117), Thiele (1993: 25f.), Béchade (1992: 141–143). Die Überlegungen stützen sich auf die Kohäsion als definierendes Merkmal des Worts (s. o., I, 2.1.1.): Es ist in der Regel unmöglich, die Bestandteile eines Worts umzustellen oder zwischen ihnen etwas einzufügen. Aus *pomme de terre* lässt sich nicht **pomme jaune de terre* und auch nicht **pomme de notre terre* bilden, aus *chaise longue* nicht **chaise plus longue*. Die Konstruktion lässt sich nur als Ganzes modifizieren: *bonne pomme de terre*, *pomme de terre jaune*. Auch können die Bestandteile eines Kompositums nicht mit anderen Wörtern koordiniert werden: **pommes de terre et de pin*, **coffre-fort et lourd*.

Das Verhalten der Ausdrücke bei der Pluralbildung und ihr innerer Aufbau sprechen zwar dafür, sie als (erstarrte) syntaktische Fügungen anzusehen, aber ihr Verhalten im Satz, d. h. ihr grammatisches Verhalten nach außen, ist doch eindeutig das von Wörtern: *Les chances d'un cessez-le-feu négocié demeuraient sérieuses* (Mauriac). Der Umstand, dass solche Ausdrücke oft lexikalisiert sind (*coffre-fort, fromage blanc, chemin de fer, pomme de terre*) und nur als ganze modifiziert werden können, spricht eher dafür, sie als komplexe Wörter aufzufassen. Aus diesem Grunde entscheiden wir uns für Standpunkt B und betrachten sie als Komposita.

> Standpunkt B bedeutet natürlich nicht, dass j e d e Konstruktion, die zu einem der obengenannten Typen gehört, als Kompositum einzustufen ist. So wird man *coffre-fort* und *eau lourde* zu den Komposita zählen, *homme fort* und *valise lourde* nicht. Eine differenzierte Erörterung hierzu bietet Spence, der verschiedene Unterscheidungskriterien diskutiert und zeigt, "combien il est difficile en français de distinguer *de façon conséquente* entre ce qu'on classe traditionnellement sous la rubrique des composés et les ‹groupements syntaxiques› correspondants" (Spence 1969: 22).

5.3. Beziehungen innerhalb des Kompositums

5.3.1. Endozentrische und exozentrische Komposita

Es gibt Komposita, bei denen eines der beiden Elemente den Charakter des Gesamtworts bestimmt, und solche, bei denen das nicht der Fall ist. Die ersteren nennt man endozentrische, die letzteren exozentrische Komposita.

Endozentrische Komposita bestehen aus einem Kopf und einem modifizierenden Element. Der Kopf von *timbre-poste* ist *timbre*, der von *gentilhomme* ist *homme*.

Der Kopf ist dasjenige Kompositionsglied, das bestimmte formale und oft auch bestimmte semantische Eigenschaften des Gesamtwortes festlegt. Als formale Eigenschaften sind zu nennen: die Wortart, bei Substantiven auch das Genus. Einige Beispiele sollen das illustrieren: *coffre-fort* ist kein Adjektiv wie *fort*, sondern ein Substantiv wie *coffre*; *timbre-poste* ist nicht fem. wie *poste*, sondern mask. wie *timbre*; *station-service* ist nicht mask. wie *service*, sondern fem. wie *station*. Was die Semantik angeht, so drückt der Kopf oftmals einen Oberbegriff aus, unter den das Gesamtkompositum fällt: Eine *assurance-vie* ist eine *assurance*; mehr dazu in 5.3.2.

Unter den volkstümlichen Komposita sind die Substantive meist linksköpfig (*bloc-cylindres*, *coffre-fort*, aber: *gentilhomme*, *grand-mère*). Bei gelehrten Bildungen wie *pisciculture*, *psychologue*, *aristocratie* steht der Kopf rechts.

Exozentrische Komposita haben keinen Kopf. Als klassisches Beispiel werden immer wieder die V+N-Komposita wie *gratte-ciel*, *ouvre-boîte*, *porte-plume* angeführt. Das Kompositum ist ein maskulines Substantiv; die formalen Merkmale des Gesamtworts stimmen nicht überein mit denen der Erstkomponente, denn die ist verbal; sie stimmen aber auch nicht oder nur zufällig überein mit den Merkmalen der Zweitkomponente, denn diese ist zwar substantivisch, aber sie kann maskulin oder feminin, Singular oder Plural sein. Außerdem steht das Gesamtwort niemals in einer Hyponymiebeziehung zum Erstglied oder zum Zweitglied; so ist *gratte-ciel* 'Wolkenkratzer' weder ein Unterbegriff zu *gratter* noch zu *ciel*.

Possessivkomposita wie *casque bleu* 'Blauhelm' werden oft zu den exozentrischen Komposita gezählt. Man tut aber gut daran, den formalen und den semantischen Aspekt sauber zu trennen (s. auch Scalise/Fábregas 2010: 120–125), denn formal gibt es zwar einen Kopf (*casque*), doch drückt er keinen Begriff aus, der dem Gesamtkompositum übergeordnet wäre: Ein *casque bleu* ist in der üblichen Lesart kein Helm, sondern ein Mitglied der UNO-Truppen, die bekanntlich blaue Helme tragen. Man könnte sagen: Formal ist *casque bleu* endozentrisch, semantisch dagegen exozentrisch. Einige Possessivkomposita sind auch formal exozentrisch: *rouge-gorge* 'Rotkehlchen' ist nicht feminin wie *gorge*, sondern maskulin wie *oiseau*.

5.3.2. Determinativ- und Kopulativkomposita

Wenn wir die Possessivkomposita (s. o., 5.3.1.) beiseite lassen, dann können wir innerhalb der formal endozentrischen Bildungen zwei Typen unterscheiden: Solche, bei denen eines der Kompositionsglieder einen Oberbegriff ausdrückt und durch das andere näher bestimmt wird, und solche, bei denen beide Glieder semantisch gleichwertig nebeneinander stehen. Im ersten Falle spricht man von Determinativkomposita, z. B. *homme-grenouille*, im zweiten von Kopulativkomposita, z. B. *boulanger-pâtissier*. Ein *homme-grenouille* ist ein Mann, aber kein Frosch; ein *boulanger-pâtissier* ist dagegen sowohl Bäcker als auch Konditor.

Determinativkomposita. Dasjenige Kompositionsglied, welches semantisch näher bestimmt wird, bezeichnet man als Determinatum, und dasjenige, das spezifizierend hinzutritt, als Determinans. Das Determinatum ist immer auch formal der Kopf (in den Beispielen fett): ***homme**-grenouille*, ***timbre**-poste*, ***assurance** décès*.

Kopulativkomposita. Bei den Kopulativkomposita haben die beiden Glieder, wie gesagt, semantisch den gleichen Rang: *compositeur-pianiste*, *boulanger-pâtissier* (N + N); *sourd-muet*, *aigre-doux* (A + A). Hinter der Formulierung "semantisch gleichrangig" können sich unterschiedliche Sachverhalte verbergen:

In vielen Fällen drücken beide Kompositionsglieder jeweils einen Oberbegriff aus, unter den das Gesamtwort fällt: Ein *compositeur-pianiste* ist eine Art von Komponist und zugleich auch eine Art von Pianist.

In anderen Fällen drücken die beiden Kompositionsglieder keinen Oberbegriff aus, sondern benennen verschiedene Seiten oder Bestandteile des Gesamtgegenstandes, z. B. in *point-virgule* 'Semikolon'. Ein *point-virgule* ist weder eine Art Punkt noch eine Art Komma. Ein ähnlicher Typ von Komposita begegnet uns auch bei den Adjektiven: *franco-allemand* bezieht sich auf etwas, das beide Länder oder Völker zugleich betrifft, z. B. *coopération franco-allemande*; ebenso: *contacts américo-soviétiques*, *front belgo-hollandais*, *manœuvres navales franco-espagnoles* (Rohrer 1977: 158).

Auch wenn die Glieder eines Kopulativkompositums semantisch gleichberechtigt sind, ist eines von ihnen der Kopf, der die formalen Eigenschaften des Gesamtworts festlegt. Dass es einen Kopf gibt, der das Genus bestimmt, erkennt man an Ausdrücken wie *le **tiroir**-caisse*, *le **bar**-épicerie*, *le **point**-virgule*. Meistens ist dieser Sachverhalt dadurch verdunkelt, dass die verknüpften Elemente das gleiche Genus haben: *porte-fenêtre*, *compositeur-pianiste*.

Eine ausführliche Diskussion der Kopulativkomposita anhand deutscher Beispiele bietet Poitou (2007). Zu einer allgemeinen Klassifikation der Komposita s. Scalise/Bisetto (2009).

5.4. Eine Auswahl von Komposita

Im Folgenden stellen wir eine kleine Auswahl von Komposita vor. Sehr viel ausführlichere Informationen bieten u. a. Darmesteter (1894), Rohrer (1977), Thiele (1993); zu weiteren Literaturangaben s. Schpak-Dolt (2003).

5.4.1. Volkstümliche Bildungen

5.4.1.1. Substantivische Komposita: Überblick

N + N: (a) determinativ: *bloc-cylindres, bloc-note(s), station-service, voiture sport, wagon-lit,* (b) kopulativ: *bar-restaurant, boulanger-pâtissier, boulangerie-pâtisserie, chasseur-bombardier, guide-interprète, moissonneuse-batteuse.*

N + Präp + N: *arme à feu, avion à réaction, brosse à dents, chambre à air, fer à cheval, pied-à-terre, ver à soie; chemin de fer, colonie de vacances, force de frappe, jardin d'enfants, point de vue, pomme de terre, salle de bains, soupe de poissons.*

N + Präp + Inf: *crème à raser, chambre à coucher, fer à repasser, salle à manger, machine à coudre, machine à écrire.*

A + N: *beaux-arts, belles-lettres, bon sens, gentilhomme, grand-route, grand-mère, grand-messe, haute fréquence, libre-service, moyen âge, petit pain, rond-point, sage-femme, Extrême-Orient, Proche-Orient.*

N + A: *bande dessinée, blouson noir, bombe atomique, chaise longue, coffre-fort, eau lourde, fromage blanc, guerre froide, opéra-comique, procès-verbal, sang-froid.*

V + N: s. u.

V + Adv: *lève-tôt, passe-partout, couche-dehors.*

V + V: *laissez-passer, laisser-aller.*

5.4.1.2. Substantivische Komposita: V + N

Die Komposition nach dem Schema V + N ist ein außerordentlich produktives Verfahren; wegen ihrer großen Bedeutung wird sie hier gesondert besprochen. Aus der Fülle der Beispiele kann nur ein geringer Ausschnitt angegeben werden: *abat-jour, brise-glace, casse-croûte, casse-noix, coupe-papier, couvre-feu, couvre-lit, crève-cœur, cure-dent, garde-boue, essuie-glace, garde-fou, gratte-ciel, lance-grenades, lance-pierre, ouvre-bouteille, pare-balles, porte-avions, porte-cigarettes, porte-clés, porte-monnaie, porte-plume, tire-bouchon, tourne-disque.*

Die Bedeutung eines V+N-Kompositums lässt sich meist durch eine Konstruktion wiedergeben, in der V als Prädikat und N als direktes Objekt erscheint. So gibt der PR für *lance-missiles* an: 'engin servant à lancer des missiles', und für *lave-mains*: 'petit bassin où l'on se lave les mains'. Die V+N-Komposita bezeichnen meist Geräte, Werkzeuge, technische Vorrichtungen usw.

Das Erstglied gehört fast immer der I. Konjugation an; es gibt nur ganz wenige Komposita mit Verben der III. Konjugation, z. B. *couvre-feu, couvre-lit, ouvre-boîte, ouvre-bouteille, abat-jour, abat-son, bat-flanc, tord-boyaux*. Das Zweitglied kann im Singular oder im Plural stehen. Beispiele für das Zweitglied im Sg. sind *essuie-glace, lance-pierre, pare-brise, porte-parole, presse-citron*, Beispiele für das Zweitglied im Pl. sind *lance-grenades, pare-chocs, porte-avions, presse-papiers* (neuerdings findet man auch *lance-grenade, parechoc, porte-avion, presse-papier* etc.).

Die Natur des Erstelements ist viel diskuktiert worden; zusammenfassend hierzu s. u. a. Bork (1990: 22–38), Gather (2001: 87–108). Folgende Standpunkte sind vertreten worden: (a) das Erstglied ist ein Imperativ; (b) das Erstglied ist die 3. Sg. des Präsens Indikativ; (c) das Erstglied ist der reine Verbstamm, der außerhalb des Paradigmas steht; (d) das Erstglied ist ein deverbales Substantiv. Eine ausführliche Diskussion ist hier nicht möglich; wir beschränken uns auf einige Anmerkungen.

Zu (a) und (b): Während sich die Imperativthese diachronisch gut begründen lässt, s. Darmesteter (1894: 168–204), scheint für eine synchronische Analyse die Indikativthese einleuchtender, dies vor allem aus semantischen Gründen:

> Il faut pourtant ajouter que de nos jours on n'a plus une idée bien nette de la forme employée, le sens de l'impératif s'étant effacé peu à peu. Pour un Français de nos jours, un *porte-plume* est tout simplement un instrument qui porte la plume et non pas un instrument auquel on dit: *porte (la) plume* [...]. (Nyrop 1908: 273)

Zu (c): Die Auffassung des Erstelements als Verbstamm (s. Marouzeau 1955: 83–93) lässt die Frage nach der Rolle des *-e* in *gratte-ciel, ouvre-bouteille, couvre-lit* usw. offen; während nach der Indikativthese dieses *-e* die Endung der 3. Person Singular ist. Das Fehlen einer Endung in *abat-jour* u. Ä. ist mit (b) wie mit (c) vereinbar.

Zu (d): Gegen die Interpretation des Erstglieds als Substantiv (Rohrer 1977: 128–130, Coseriu 1977: 58) spricht, dass N+N-Komposita den Plural immer am Erstglied realisieren, daneben oft auch am Zweitglied: *voitures sport, hommes-grenouilles*. Das ist bei *gratte-ciel, porte-bonheur* usw. nicht der Fall. Nur manche Komposita sind auf Grund ihrer Pluralbildung als N + N aufzufassen: *des gardes-barrière(s), des appuis-bras* im Gegensatz zu *des garde-corps, des appuie-bras*.

5.4.1.3. Adjektivische Komposita

Adv + A: (a) mit *bien* (meist Partizipien): *bien-aimé, bienséant, bienvenu, bienveillant* (von *veillant*, der alten Form des Part. Präs. von *vouloir*), *bienheureux*; (b) mit *mal*: *maladroit, malgracieux, malhabile, malheureux, malhonnête, malintentionné, malpropre, malsain, malséant, malveillant*.

A + A: (a) determinativ, wobei das determinierende Adjektiv adverbial gebraucht wird: *clairsemé, clairvoyant, dernier-né, nouveau marié*; (b) kopulativ: *aigre-doux, doux-amer, sourd-muet*, (c) kopulativ: *hispano-français, franco-allemand*.

Nach Rohrer (1977: 157f.) gehören zur Gruppe (c) auch solche Ausdrücke wie *diplomatico-militaire, poético-sentimental, érotico-mystique*. Es ist jedoch zu bedenken, dass diese Adjektive zwar formal dem Typ (c) entsprechen, semantisch aber eher unter (b) einzureihen sind. So bedeutet *diplomatico-militaire* 'diplomatisch und militärisch', z. B. in *stratégie diplomatico-militaire*, während *franco-allemand* nicht einfach 'französisch und deutsch' heißt, vgl. *relations franco-allemandes* (s. o., 5.3.2.).

5.4.2. Gelehrte Bildungen

Gelehrte Komposita bestehen aus lateinischen oder griechischen Bausteinen, die in der Regel nicht wortfähig sind, wie z. B. *omni-, psycho-, thermo-, -vore, -logie*. Nur einige Elemente wie *manie, phobie, graphie* kommen auch frei vor. Die gelehrten Komposita sind in Orthographie und Lautgestalt nur geringfügig an das Französische angepasst. Teilweise gehören sie dem allgemeinen Wortschatz an wie *thermomètre, psychologie*, zu einem Teil sind sie nur dem Gebildeten verständlich wie *mégalomanie, cacophonie*, und zu einem großen Teil sind sie typische Elemente von Fachterminologien wie *isotherme, tomographie, dynamomètre*.

Einige Komposita sind aus dem Lateinischen oder Griechischen entlehnt, sehr viele sind hingegen nach lateinischem oder griechischem Muster neu gebildet. Entlehnt sind z. B. *carnivore, homicide, agricole (-culture, -culteur), géomètre, géographe, géographie, aristocratie, démocratie*; neu gebildet sind *herbivore, suicide, horticole (-culture, -culteur), thermomètre, bibliographe, bibliographie, gérontocratie* u. v. a. (Ang. nach BW).

Wir bringen noch einige ausgewählte Beispiele, angeordnet in einer Tabelle (s. nächste Seite). Die ersten drei Spalten enthalten lateinische, die letzten vier griechische Elemente.

-vore	-cide	-cole	-mètre	-graphe	-logie	-cratie
carni-	*fratri-*	*api-*	*baro-*	*bio-*	*anthropo-*	*aristo-*
fumi-	*herbi-*	*arbori-*	*dynamo-*	*biblio-*	*cardio-*	*géronto-*
herbi-	*insecti-*	*flori-*	*chrono-*	*lexico-*	*géo-*	*mono-*
insecti-	*liberti-*	*horti-*	*hygro-*	*historio-*	*lexico-*	*plouto-*
omni-	*sui-*	*pisci-*	*thermo-*	*typo-*	*ornitho-*	*techno-*

Auch Mischbildungen gibt es. Griechisch-lateinisch sind z. B. *automobile*, *polyvalence*, *télévision*. Lateinisch-griechisch sind *sociologie*, *spectroscope*, *radiophonie*, *pluviomètre*. Kombinationen aus gelehrten und volkstümlichen Elementen sind *aérogare*, *autoallumage*, *bureaucratie*, *pyrogravure*.

Zur Struktur gelehrter Komposita: Das Erstglied besteht meistens aus Wurzel + Übergangsvokal.[61] Bei griechischen Elementen ist dieser Vokal *-o-* wie in *anthropologie*, *graphologie*, *logopédie*, *lexicographie*, *gastroscopie*, bei lateinischen in der Regel *-i-* wie in *insecticide*, *piscivore*, *calorifère*, *frigorifique*, *centrifuge* (aber: *ferrosilicium*). Dieser Vokal fällt aus, wenn das Zweitglied vokalisch anlautet: *psychiatrie*, *logarithme*. Als Zweitglied kann ein abgeleiteter Stamm aus Wurzel + Suffix auftreten: [[*bibli-o-*][*-graph-ie*]].

Einige (nominale) Wurzeln können sowohl in Erst- als auch in Zweitposition stehen, und einige können auch außerhalb eines Kompositums als Basis einer Ableitung dienen:

Wurzel	in Erststellung	in Zweitstellung	in Zweitst. suffigiert	als Deriv.-basis
phon-/-phone	*phonologie*	*teléphone*	*stéréophonie*	*phonie, phonème*
graph-/-graphe	*graphologue*	*télégraphe*	*cryptographie*	*graphie, graphème*
log-/-logue	*logopédie*	*ophtalmologue*	*biologie*	*logique*
métr-/-mètre	*métronome*	*baromètre*	*isométrie*	*métrique*
therm-/-therme	*thermomètre*	*isotherme*	*hypothermie*	*thermique*

Ausführliche Listen von Erst- und Zweitelementen findet man in der einschlägigen Literatur, z. B. bei Darmesteter (1877: 218–220 u. 238–245), Béchade (1992: 153–156), Thiele (1993: 76–80 u. 130–133), Grevisse/Goosse (2011: 204–206). Zur Abgrenzung gelehrter Erstelemente gegenüber Präfixen s. Spence (1968). Zur Integration eines lateinischen Kompositionsmusters ins Französische am Beispiel der Bildungen auf *-fère* s. Rainer (2003).

---

61 Bei manchen Erstelementen gibt keinen Übergangsvokal, z. B. bei *eu-* und *télé-* (beide adverbial): *euphonie*, *téléphone*.

6. Komplexe Wörter

Zum Abschluss soll noch einmal auf einen Sachverhalt eingegangen werden, der immer wieder am Rande zur Sprache kam, dass nämlich ein Wort durch mehrere Wortbildungsschritte aufgebaut sein kann. Wir führen einige Fälle exemplarisch vor; weitere Beispiele findet man in den Aufgaben zu Teil III.

1. Suffigierung, dann Präfigierung: *accepter → acceptable → inacceptable*.

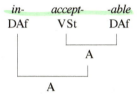

2. Präfigierung, dann Suffigierung: *moral → immoral → immoralité*.

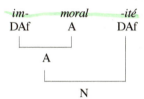

3. Suffigierung, dann Präfigierung, dann Suffigierung: *stable → stabiliser → déstabiliser → déstabilisation*.

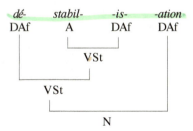

4. Zweimal Suffigierung, dann Präfigierung, dann Suffigierung: centre → central → centraliser → décentraliser → décentralisation.[62]

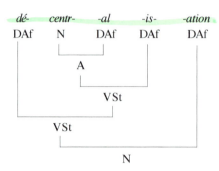

5. Parasynthese, dann Suffigierung (Verb ohne Stammerweiterung; I. Konjugation): barque → embarquer → embarquement.

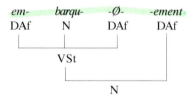

6. Parasynthese, dann Suffigierung (Verb mit Stammerweiterung; II. Konjugation): large → élargir → élargissement.

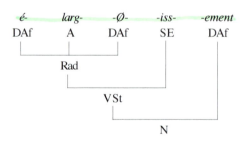

---

[62] Eine solche systematische Ableitungsreihe besagt nicht unbedingt, dass jeder Schritt so im Frz. erfolgt ist. So ist *central* keine Neubildung des Frz., sondern aus dem Lat. entlehnt (*centralis*).

7. **Parasynthese, dann Präfigierung:** *ivre → enivrer → désenivrer.*

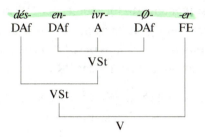

8. **Komposition, dann Suffigierung:** *extrême + orient = Extrême-Orient → extrême-oriental.*

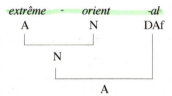

9. **Suffigierung, dann Komposition:** (a) *horloge → horloger*; (b) *bijou → bijoutier*; (c) *horloger + bijoutier = horloger bijoutier.*

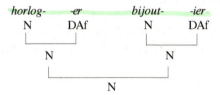

Anm.: Gebundene Varianten sind wie die entsprechenden freien Formen etikettiert: *stabil-*, *ivr-* und *larg-* mit A, *centr-*, *barqu-*, *horlog-* und *bijout-* mit N.

Aufgaben und Fragen zu Teil III

1. Geben Sie die Konstituentenstruktur folgender Wörter an: *sapeur-pompier, indéformabilité, anticonstitutionnellement, désinternationalisation, ferblantier-zingueur, invraisemblablement, réimperméabilisation, ininflammabilité, régler, réglementairement*. In Zweifelsfällen ist der PR oder der TLF zu konsultieren.

2. Ist *réarrangement* mit dem Präfix *ré-* vom Substantiv *arrangement* abgeleitet oder mit dem Suffix *-ement* vom Verbstamm *réarrang-*? Begründen Sie Ihre Antwort.

3. Simplex, Derivat oder Kompositum? Begründen Sie Ihre Antworten: *non-fumeur, non-agression, non-interventionniste, finir, laissez-passer, tester, auto-stoppeur, autoroute, autoroutier, chirurgien-dentiste, mots-croisiste, compositeur-pianiste, libre-échangiste, vers-libriste, nature mortiste, je-m'en-fichiste, court-circuiter, accueil*.

4. (a) Welches Verhältnis besteht zwischen *rond, rondeur, rotondité*?
   (b) Wie verhält sich *inflammable* zu *enflammer*?

5. Suchen Sie zusätzliche Beispiele zu den in 3.4.3. angegebenen Allomorphen von {dés-}, {més-} und {re-}. Formulieren Sie die Bedingungen, unter denen die verschiedenen Allomorphe von {dés-}, {més-} und {re-} auftreten.

6. Suchen Sie im Wörterbuch Beispiele für die Präfixe *re-* und *ré-*. Kann man das Paar *reformer – réformer* als Argument dafür anführen, dass *re-* und *ré-* nicht zum selben Morphem gehören?

7. Wenn man Nullmorphe als Beschreibungsmittel einsetzt, bekommt *débarquer* die Struktur (a), *désarmer* dagegen die Struktur (b). Wie erklärt sich der Unterschied?

Lösungshinweise findet man im Internet auf der Homepage des Verlages.

Anhang I. Zur Analyse des Futurs und des Passé simple

Wir erinnern uns (II, 4.3.1.): In der Literatur findet man zwei Zerlegungen der Formen des Futurs und des Passé simple, wobei die Entscheidung für die eine oder die andere Lösung in der Regel nicht begründet wird:

Verbform	Beispiel	Zerlegung A		Zerlegung B	
1. Pl. Präs. Ind.	vendons	vend-	-ons	vend-	-ons
1. Pl. Futur	vendrons	vend-	-r-ons	vend-r-	-ons
1. Pl. Konditional	vendrions	vend-	-r-i-ons	vend-r-	-i-ons
1. Pl. Passé simple	vendîmes	vend-	-î-mes	vend-î-	-mes
1. Pl. Imperf. Konj.	vendissions	vend-	-issi-ons	vend-i-	-ssi-ons

Nach Zerlegung A enthält nur eine Präsens-Indikativ-Form kein Tempus-Modus-Suffix. Nach B werden drei Tempora durch die Abwesenheit eines solchen Affixes charakterisiert: Präsens, Futur, Passé simple.

Nach Zerlegung A hat ein Verb nur einen Stamm (bei dem allerdings Allomorphie vorliegen kann), in unserem Beispiel *vend-* bzw. /vã-/, /vãd-/. Nach Zerlegung B hat ein Verb, abgesehen von möglichen Allomorphien, grundsätzlich drei verschiedene Stämme; in unserem Beispiel 1. *vend-*, 2. *vendr-*, 3. *vendi-* bzw. *vendî-*.

Bei der Zerlegung B erhält man zwei regelmäßig auftretende stammbildende Elemente: *-er-*, *-r-* zur Bildung des Futurstammes und *-a-*, *-i-*, *-u-* zur Bildung des Passé-simple-Stammes. Diese stammbildenden Suffixe sind semantisch nicht "leer" wie die Erweiterung *-i-*, *-iss-* bei der II. Konjugation, sondern enthalten Tempusinformation.

Es werden gebildet

– vom Präsensstamm: Präsens Indikativ und Konjunktiv, Imperfekt Indikativ, Imperativ, Partizip Präsens,
– vom Futurstamm: Futur und Konditional,
– vom P.-simple-Stamm: Passé simple, Imperf. Konjunktiv, z. T. Partizip Perfekt.

Die Zerlegung B spiegelt die diachronischen Verhältnisse wider. Futur und Konditional gehen auf ein Syntagma aus lateinischem Infinitiv + verkürzten Formen von *habere* zurück. Der Vokal des schwachen Passé simple setzt in vielen Fällen den Kennvokal einer lateinischen Konjugationsklasse fort:[63] lat. *canta(v)i* > frz. *chantai*, lat. *dormi(v)i* > afrz. *dormi* (nfrz. *dormis*). Für das starke Passé simple ist die Analyse B diachronisch ohnehin näherliegend.

---

[63] Aber nicht immer: Dem Passé-simple-*i* in *écrivis* liegt kein lateinischer Kennvokal zugrunde; das Perfekt von *scribere* lautet *scripsi*.

Zur Veranschaulichung geben wir die Konstituentenstrukturen der Formen *vendrons*, *vendîmes* und *vendissions* an, und zwar einmal nach A und einmal nach B:

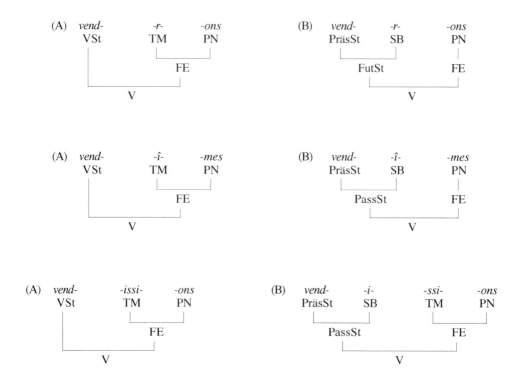

V – Verbform, VSt – Verbstamm, PräsSt – Präsensstamm, FutSt – Futurstamm, PassSt – Passé-simple-Stamm, SB – stammbildendes Affix, FE – Flexionsendung, TM – Tempus-Modus-Affix, PN – Person-Numerus-Affix.

Wenn man A und B gegeneinander abwägt, so scheinen sich die Vor- und Nachteile die Waage zu halten.

Zugunsten von B lässt sich Folgendes sagen: Es erscheint dann nicht als Zufall, sondern als gesetzmäßiges Bildungsprinzip, dass Futur und Konditional das gleiche Element -r- bzw. -er- enthalten; ebenso, dass im Passé simple, im Imperfekt Konjunktiv (und z. T. auch im Partizip) der gleiche Vokal auftritt. Von *vendis* aus ist *vendisse*, von *voulus* aus ist *voulusse* vorhersagbar. Deshalb ist eine Stamm-Endungs-Struktur *vendi-* + *-s*, *vendi-* + *-sse* einleuchtender als *vend-* + *-is*, *vend-* + *-isse*, und zwar unabhängig davon, wie man dann die Endung noch einmal in sich strukturiert.

Dagegen lässt sich einwenden, dass der Beschreibungsgewinn nicht sehr hoch ist: Es lassen sich nur zwei Tempora vom Futurstamm und zwei vom Passé-simple-Stamm ableiten.

Anders ist es beim lateinischen Perfektstamm. Es ist üblich, das *-v-* in *cantavi, cantaverim, cantaveram, cantavissem, cantavero* als stammbildendes Suffix zu bezeichnen; vom Perfektstamm ausgehend bekommt man fünf Tempora. Würde man das *-v-* in diesen 30 Verbformen der Endung zuordnen, dann wäre seine systematische Rolle nicht zu erklären. Für das Französische dagegen ist ein solches Argument nicht so überzeugend, wenn man "Tempusstämme" für nur jeweils zwei Tempora postulieren kann.

Hinzu kommt noch Folgendes: Auch bei Zerlegung B muss man "tiefer" in den jeweiligen Tempusstamm hineinschauen, um die Unregelmäßigkeit der Form *voud-r-a* gegenüber *croi-r-a* oder der Form *naqu-i-s* gegenüber *écriv-i-s* nicht zu unterschlagen. Da scheint es doch einfacher, gleich nach A zu analysieren.

Der Vorteil von A ist, dass der Flexionsteil vom Stammbildungsteil klar getrennt ist. Alle Flexionsbausteine sind Bestandteil der Endung; alle Wortbildungsbausteine (und die Stammerweiterung der Verben auf *-ir*) sind Bestandteil des Stamms. Aus diesem Grunde haben wir uns für A entschieden.

Anhang II. Wie analysiert man gelehrte Ableitungen?

Bei der morphologischen Analyse kann es vorkommen, dass man eine feinere Segmentierung gegen mehr Allomorphie abwägen muss. Ein gutes Beispiel dafür sind die gelehrten deverbalen Bildungen:

(a)
	I	II	III	IV
	créer	*répéter*	*distribuer*	*punir*
	création	*répétition*	*distribution*	*punition*
	créateur	*répétiteur*	*distributeur*	– (*punisseur*)
	créatrice	*répétitrice*	*distributrice*	–
	créatif	*répétitif*	*distributif*	*punitif*

(b)
	V	VI	VII	VIII
	inspecter	*agresser*	*exploser*	*diviser*
	inspection	*agression*	*explosion*	*division*
	inspecteur	*agresseur*	*exploseur*	*diviseur*
	inspectrice	–	–	–
	–	*agressif*	*explosif*	–

Analyse A. Durch den Vergleich der abgeleiteten Wörter mit dem jeweiligen Verbstamm, so wie er im Infinitiv auftritt, bekommt man *-ation* aus I (*cré-ation*), *-ition* aus II (*répét-ition*), *-tion* aus III und IV (*distribu-tion, pun-i-tion*), *-ion* aus V–VIII (*inspect-ion, agress-ion, explos-ion, divis-ion*); entsprechend für die übrigen Suffixe. Wir erinnern daran, dass *répétition* anders zerlegt wird als *punition*: *pun-i-tion* wegen *pun-i-r*, *répét-ition* wegen *répét-er*. Es ergibt sich als Gesamtbild:

(A)
	Morpheme:	{-ation}	{-ateur}	{-atrice}	{-atif}
	Allomorphe:	*-ation*	*-ateur*	*-atrice*	*-atif*
		-ition	*-iteur*	*-itrice*	*-itif*
		-tion	*-teur*	*-trice*	*-tif*
		-ion	*-eur*	*-rice*	*-if*

Entnasalierte Varianten wie *-ationn-*, *-itionn-* usw. (*oppositionnel*) werden hier außer Acht gelassen.

Störend ist, dass nach dieser Analyse so viele Suffixe gleich anlauten: *-ation*, *-ateur*, *-atrice*, *-atif* usw. Wir versuchen daher eine feinere Zerlegung.

Analyse B. Vergleicht man die abgeleiteten Wörter nicht mit dem Infinitiv, sondern untereinander, dann kommt überall, auch in I–IV, *-ion*, *-eur* usw. heraus: *créat-ion*, *créat-eur*, *répétit-ion*, *répétit-eur*, *distribut-ion*, *distribut-eur* usw. Die Elemente *-at-*, *-it-* und *-t-* lassen sich als Stammerweiterungen interpretieren, die nur bei der gelehrten Derivation auftreten: *cré-at-*, *répét-it-*, *distribu-t-*. Diese Analyse wird in der Literatur häufiger vertreten, so z. B. von Di-Lillo (1983: 131–133), Zwanenburg (1983: 74–114), Huot (2005: 53–61), Bonami/Boyé/Kerleroux (2009: 112–125). Somit:

(B) Morpheme: {-ion}   {-eur}   {-rice}   {-if}   {Erw.}
     Allomorphe: -ion   -eur   -rice   -if   -at-, -it-, -t-

Bevor wir A gegen B abwägen, verschaffen wir uns einen größeren Überblick und erweitern unser Corpus um folgende Ausdrücke:

(c)   IX   X   XI   XII
      diriger   *comprimer*   *décider*   *construire*
      direction   *compression* *décision*   *construction*
      directeur   *compresseur* – (*décideur*)   *constructeur*
      directrice   –   –   *constructrice*
      directif (1)   *compressif*   *décisif*   *constructif*

Anm.: (1) Meist substantiviert: *la directive*.

Bei IX–XII liegt in den Ableitungen ein deutlich anderer Stamm vor als im Grundverb, so dass ein direkter Vergleich nur zwischen den abgeleiteten Formen möglich ist; er ergibt wieder (wie oben bei V–VIII) *-ion, -eur, -if* usw. Zur Stammalternation *dirig-* ~ *direct-*, *comprim-* ~ *compress-*, *décid-* ~ *décis-*, *construi-* ~ *construct-* usw. s. III, 2.2.3. Man beachte auch die Ähnlichkeit zwischen *direct-ion* und *inspect-ion*, *compress-ion* und *agress-ion*, *décis-ion* und *divis-ion*.

Wir fassen zusammen:

	Verb	Nomen	Zerlegung A	Zerlegung B
(a)	*créer*	*création*	*cré-ation*	*cré-at-ion*
	répéter	*répétition*	*répét-ition*	*répét-it-ion*
	distribuer	*distribution*	*distribu-tion*	*distribu-t-ion*
	punir	*punition*	*pun-i-tion*	*pun-it-ion*
(b)	*inspecter*	*inspection*	*inspect-ion*	
	agresser	*agression*	*agress-ion*	
	exploser	*explosion*	*explos-ion*	
	diviser	*division*	*divis-ion*	
(c)	*diriger*	*direction*	*direct-ion*	
	comprimer	*compression*	*compress-ion*	
	décider	*décision*	*décis-ion*	
	construire	*construction*	*construct-ion*	

Wie man sieht, unterscheiden sich die beiden Analysen nur in der Fallgruppe (a), wo nach Zerlegung A Suffixallomorphie, nach B dagegen Allomorphie der Stammerweiterung vorliegt. Das Gemeinsame der Gruppen (b) und (c) ist, dass immer *-ion* abgetrennt wird; dabei ist in (b) die Basis immer gleich dem Verbstamm (synchronisch, s. Anm. 46), während die Beispiele unter (c) Stammallomorphie zeigen.

Die Bedingungen, unter denen ein Verb mit seinen Ableitungen in eine dieser Gruppen fällt, sind vom Französischen her nicht zu verstehen; sie müssen mit Bezug auf das Lateinische formuliert werden; s. auch III, 2.6.1.1. Sie seien hier noch einmal kurz skizziert (ohne Anspruch auf Vollständigkeit):

1. *-ation* (bzw. *-at-ion*) tritt nur dann mit gelehrten Verbstämmen der I. Konjugation auf, wenn auch das entsprechende lateinische Verb der I. Konj. (*-are*) angehört: *créer – création* wie lat. *creare, creatus – creatio*.[64] Gehört das lat. Verb einer anderen Konjugation an, so gibt es Abweichungen.
2. *-ition* (bzw. *-it-ion*) erscheint bei einigen Verben der frz. I. Konjugation, denen kein Verb der lat. I. Konj. entspricht, z. B. *composer* (*componere, compositus*), *prohiber* (*prohibēre, prohibitus*), *répéter* (*repetere, repetitus*).[65]
3. *-tion* (bzw. *-t-ion*) tritt bei einigen Verben auf *-uer* auf: *distribuer* (*distribuere, distributus*), *instituer* (*instituere, institutus*), *polluer* (*polluere, pollutus*), *évoluer* (*evolvere, evolutus*);[66] *-i-tion* (bzw. *-it-ion*) erscheint bei einigen Verben der II. Konjugation: *fin-i-r, pun-i-r, répart-i-r* u. a.
4. *-ion* erscheint in den übrigen Fällen, wobei der Stamm meistens gegenüber dem Grundverb variiert wie bei *comprim-er – compress-ion*.

Fazit: Offensichtlich gelten diese Bedingungen unabhängig davon, ob man nach A oder B zerlegt, so dass sich aus ihnen kein Argument für oder gegen eine der Analysen ableiten lässt. Was aber die Beschreibungsökonomie angeht, so bietet B den Vorteil, dass der Parallelismus zwischen dem Auftreten von *-ation, -ateur* und *-atif*, dem Auftreten von *-ition, -iteur* und *-itif* usw. deutlicher zum Ausdruck kommt.

Andererseits scheint für eine erste Bestandsaufnahme doch die Analyse A näher zu liegen. So werden bei Di-Lillo (1983: 120–128), ebenso bei Bonami/Boyé/Kerleroux (2009: 113; "classification de surface"), zuerst die Daten nach A analysiert und geordnet, bevor eine Neuinterpretation nach B erfolgt. Wir sind dieser Vorgehensweise gefolgt und haben in Teil III die Zerlegung A zugrunde gelegt; erst in diesem Anhang wurde die Analyse B als mögliche Alternative vorgestellt.

---

[64] Bei frz. Neubildungen, z. B. auf *-iser, -isation* wie *centraliser, centralisation*, kann natürlich nur von fiktiven lateinischen Entsprechungen die Rede sein; s. auch Darmesteter (1877: 185).
[65] Auch: *exposer, déposer, imposer, opposer; exhiber, inhiber*.
[66] Auch: *attribuer, contribuer, rétribuer; constituer, déstituer*; aber: *saluer* (< *salutare*) – *salutation*, *évaluer* (BW, PR: abgeleitet von afrz. *value*) – *évaluation*.

Glossar

Affix (*affixe* m.): Ein Affix ist ein gebundenes, grammatisches, reihenbildendes Morph bzw. Morphem. Da man nur gleichartige Morphe zu einem Morphem zusammenfasst (*s.* Morphemdefinition), lässt sich die Bezeichnung "Affix" auf Morphe wie auf Morpheme anwenden. Beispiele für Affixe sind *re-*, *r-*, *-ation*, *-ition*, *-e*, *-s* bzw. {re-}, {-ation}, {-$s_{1.Sg.}$}.

Allomorph (*allomorphe* m.): Die Morphe, die zu einem Morphem zusammengefasst werden, nennt man die Allomorphe dieses Morphems. Die Allomorphe des Morphems {craind-} sind *crain-*, *craign-*, *craind-* wie in *crains, craignons, craindre*.

Alternation, freie (*alternance libre*): *s.* freie Variation.

Alternation, morphologisch bedingte (*alternance conditionnée morphologiquement*): Unter diesem Namen werden alle Alternationen zusammengefasst, die nicht frei, aber auch nicht phonologisch (bzw. orthographisch) bedingt sind. Ob z. B. das 1.-Pl.-Morphem als *-ons* oder als *-mes* auftritt, hängt nicht von der lautlichen Umgebung ab, sondern vom Tempus des Verbs: *chantons* vs. *chantâmes*.

Alternation, phonologisch bedingte (*alternance conditionnée phonologiquement*): Zwei oder mehr Allomorphe eines Morphems stehen in phonologisch bedingter Alternation, wenn die Wahl zwischen ihnen nur von phonologischen Faktoren abhängt. Ob z. B. das Morphem {de} als *de* oder *d'* auftritt, ist durch den Anlaut des nachfolgenden Worts bestimmt.

Basisallomorph (*forme de base d'un morphème*): Allomorph, dem gegenüber den übrigen Allomorphen eines Morphems ein besonderer Status zugeschrieben wird. Bei phonologisch bedingter Alternation ist es dasjenige Allomorph, von dem man die übrigen am einfachsten ableiten kann. In bestimmten Fällen kann es sinnvoll sein, mehr als ein Basisallomorph anzunehmen.

Derivat (*dérivé* m.): Ein Derivat ist ein Wort, dessen Stamm im letzten Schritt durch Anfügung eines Derivationsaffixes gebildet ist: *refermer, centraliser, pianiste* sind Derivate; *compositeur-pianiste* ist kein Derivat.

Derivation (*dérivation* f.): Unter Derivation versteht man die Anfügung eines Derivationsaffixes an eine sprachliche Form (meistens: einen Wortstamm), so dass ein neuer, komplexerer Stamm entsteht. Die Hauptverfahren der Derivation sind Suffigierung, Präfigierung und Parasynthese.

Derivationsaffix (*affixe dérivationnel*): Derivationsaffixe dienen, im Gegensatz zu Flexions- und Stammerweiterungsaffixen, zur Bildung neuer lexikalischer Wörter aus gegebenen Wörtern (bzw. neuer Wortstämme aus gegebenen Wortstämmen).

Derivationsbasis (*base* [*dérivationnelle*]): unmittelbare Ausgangsform bei einer Derivation. So ist *fiscal* die Derivationsbasis von *fiscaliser*, und *fiscalis-* ist die Basis von *fiscalisation*.

Determinativ- und Kopulativkomposita (*composés déterminatifs*, ~ *copulatifs*): Bei einem Determinativkompositum, z. B. *assurance-vie*, wird der Kopf (*assurance*) durch das andere Kompositionsglied semantisch näher bestimmt. Bei einem Kopulativkompositum, z. B. *boulangerie-pâtisserie*, stehen die beiden Glieder semantisch gleichwertig nebeneinander.

Distribution (*distribution* f.): Die Distribution eines Elements ist die Gesamtheit der Umgebungen, in denen es vorkommen kann.

Distribution, komplementäre (*distribution complémentaire*): Zwei Elemente stehen in komplementärer Distribution, wenn sie niemals in der gleichen Umgebung auftreten können; so tritt die Artikelform *le* nur vor konsonantischem, *l'* nur vor vokalischem Anlaut auf.

Endung (*désinence* f.): Die Endung eines grammatischen Worts ist die Folge von Flexionsaffixen, die als unmittelbare Konstituente dieses Worts auftritt. Die Endung von *chant-i-ons* ist *-i-ons*.

Flexion (*flexion* f.): Unter Flexion versteht man die Bildung unterschiedlicher Formen desselben lexikalischen Worts.

Flexionsaffix (*affixe flexionnel*): Flexionsaffixe drücken grammatische Kategorien aus (Tempus, Modus, Person, Numerus usw.), treten häufiger und regelmäßiger auf als Derivationsaffixe und besetzen gegenüber den Derivationsaffixen "äußere" Positionen im Wort. Flexionsaffixe dienen zur Bildung von verschiedenen Formen desselben lexikalischen Worts, während Derivationsaffixe zur Ableitung neuer lexikalischer Wörter dienen.

Flexionsendung (*désinence* f.): s. Endung.

Grammatische Kategorien (*catégories grammaticales*): Man unterscheidet spezifische und generische Kategorien. Spezifische Kategorien sind Inhaltselemente sehr allgemeiner Natur, die in einer gegebenen Sprache regelmäßig ausgedrückt werden, z. B. 'Singular', 'Plural', 'Präsens', 'Imperfekt' usw. Spezifische Kategorien, die bei der gleichen Wortart auftreten, aber sich gegenseitig ausschließen, werden zu einer generischen Kategorie zusammengefasst. So umfasst die generische Kategorie 'Tempus' die spezifischen Kategorien 'Präsens', 'Imperfekt', 'Futur' usw.

Komposita, endozentrische und exozentrische (*composés endocentriques, ~ exocentriques*): Endozentrische Komposita wie z. B. *timbre-poste* haben einen Kopf (*timbre*), der die grammat. Eigenschaften des Gesamtworts bestimmt: *timbre-poste* ist mask. wie *timbre*. Exozentrische Komposita wie *porte-clés* haben keinen Kopf.

Komposition (*composition* f.): Komposition ist die Zusammenfügung von flektierten Wörtern und/oder Wortstämmen zu einem neuen Wort(stamm).

Kompositum (*composé* m.): Ein Wort ist ein Kompositum, wenn jede unmittelbare Konstituente seines Stamms eine Wurzel enthält. [[*port-e*]-[*avion-s*]] ist ein Kompositum, [[*graph-o-*][*-log-ie*]] ebenfalls.

Konstituente (*constituant* m.): Die Bestandteile, in die man eine sprachliche Form zerlegen kann, nennt man die Konstituenten dieser Form. Die Konstituenten des Worts *porte-chéquier* sind *porte*, *chéquier*, *port-*, *-e*, *chéqu-* und *-ier*.

Konstituenten, unmittelbare (*constituants immédiats*): Diejenigen Bestandteile einer Form, die man im ersten Zerlegungsschritt bekommt, sind die unmittelbaren Konstituenten dieser Form. Die unmittelbaren Konstituenten des Worts *porte-chéquier* sind *porte* und *chéquier*, die unmittelbaren Konstituenten von *porte* sind *port-* und *-e*, die unmittelbaren Konstituenten von *chéquier* sind *chéqu-* und *-ier*.

Kontrast (*opposition* f.): Zwei Morphe *M* und *M'* kontrastieren in einer bestimmten Umgebung, wenn sie beide in dieser Umgebung vorkommen können und sich durch Ersetzung von *M* durch *M'* ein Bedeutungsunterschied ergibt; so kontrastieren *pay-* und *chant-* in der Umgebung ____-*er*: *payer* vs. *chanter*.

Konversion (*conversion* f.): Konversion ist der Übergang eines grammatischen Worts oder eines Wortstamms aus einer Wortart in eine andere, ohne dass der Wechsel durch ein explizites Affix gekennzeichnet ist: *sourire – le sourire*.

Kopf (*tête* f.): Der Kopf ist derjenige Bestandteil eines endozentrisches Kompositums, der die grammatischen Eigenschaften des Gesamtworts bestimmt: In *assurance décès* ist *assurance* der Kopf, das Gesamtwort ein Femininum. Oftmals drückt der Kopf einen Oberbegriff aus, unter den das Gesamtwort fällt: Eine *assurance décès* ist eine *assurance*.

Lexem (*lexème* m.): *s.* lexikalisches Wort.

Morph (*morphe* m.): Ein Morph ist eine minimale sprachliche Form, d. h. eine Form, die nicht vollständig in kleinere sprachliche Formen zerlegt werden kann. Das Wort *fiscaliser* enthält die Morphe *fisc*, *-al*, *-is-* und *-er*.

Morphem (*morphème* m.): Ein Morphem ist eine Menge von Morphen, die unter bestimmten Gesichtspunkten eng zusammengehören: Die Morphe, die zu einem Morphem zusammengefasst werden, müssen hinreichend bedeutungsähnlich sein, sie dürfen in keiner einzigen Umgebung in Kontrast (Opposition) stehen, und sie müssen die gleiche Rolle im grammatischen System der Sprache spielen. Die Morphe *crain-*, *craign-*, *craind-* bedeuten dasselbe, sind komplementär verteilt (stehen also nie in Kontrast) und haben die gleiche grammatische Funktion (Verbstamm). Man fasst sie daher zu einem Morphem zusammen; dieses wird üblicherweise als {craind-} notiert.

Morph(em)e, freie und gebundene (*morph(èm)es libres, ~ liés*): Ein Morph ist frei, wenn es für sich allein als grammatisches Wort auftreten kann; ein Morph ist gebunden, wenn es nicht allein als Wort auftreten kann. Für Morpheme gilt: Ein Morphem ist frei, wenn wenigstens eines seiner Allomorphe frei ist; ein Morphem ist gebunden, wenn alle seine Allomorphe gebunden sind.

Morph(em)e, grammatische und lexikalische (*morph(èm)es grammaticaux, ~ lexicaux*): Die grammatischen Morph(em)e einer Sprache *L* sind eine kleine, geschlossene Klasse, die man durch Aufzählung definieren kann. Die lexikalischen Morph(em)e von *L* bilden den Rest. Grammatisch sind z. B. *-ons*, *-age*, *il*, *le*, *que*, *de*. Lexikalisch sind z. B. *avion*, *idée*, *-logue*, *petit*, *craind-*, *parl-*.

Morphophonemische Regel (*règle morphophonologique*): Mit Hilfe morphophonemischer Regeln kann man aus einem Basisallomorph diejenigen Allomorphe ableiten, deren Auftreten phonologisch bedingt ist. Für das Französische sind zwei Regeln besonders wichtig: die Regel der Konsonantentilgung (*effacement de la consonne latente*) und die Regel der *e-instable*-Tilgung (*effacement du e instable*).

Neubildung, französische (*mot de formation française*): Unter Neubildungen versteht man Wörter, die selbst nicht ererbt oder entlehnt sind, sondern innerhalb des Französischen aus ererbten oder entlehnten Bestandteilen gebildet wurden.

Nullallomorph (*allomorphe zéro*): Materiell nicht realisiertes Allomorph, das zur Vereinheitlichung der Beschreibung angenommen wird, z. B. bei der Pluralbildung: Für Wörter wie *(les) prix* nimmt man an, der Plural werde durch ein Nullallomorph ausgedrückt: *prix-Ø*. Damit gleicht man die Beschreibung an die von *chien-s* und *chou-x* an. Das Pluralmorphem hat dann die Allomorphe *-s*, *-x* und *-Ø*.

Nullmorphem (*morphème zéro*): Ein Nullmorphem ist ein Morphem, dessen einziges Allomorph -Ø ist. Ein Beispiel ist das Derivationssuffix, das für Ableitungen wie *aveugle* → *aveugl-Ø-er* postuliert wird. Dieses Suffix erscheint immer als -Ø, es gibt keine anderen Allomorphe.

Opposition (*opposition* f.): *s.* Kontrast.

Paradigma (*paradigme* m.): Ein Paradigma ist die Menge der Formen eines lexikalischen Worts, angeordnet in einer konventionell festgelegten Reihenfolge.

Parasynthese (*parasynthèse* f., *formation parasynthétique*): Parasynthese ist die gleichzeitige Anfügung eines Präfixes und eines Suffixes an einen Wortstamm.

Präfix (*préfixe* m.): Ein Präfix ist ein Affix, das der sprachlichen Form vorangeht, an die es angefügt wird. Im Französischen dienen Präfixe immer der Wortbildung.

Radikal (*radical* m.): Das Radikal ist der Teil des Stamms, der nach Abtrennung der Stammerweiterung übrig bleibt. Ist keine Stammerweiterung vorhanden, so ist das Radikal gleich dem Stamm. In *part-i-r* ist *part-i-* der Stamm, *part-* das Radikal. In *part-ons* fallen Stamm und Radikal zusammen. Zu beachten: Nicht immer ist das Radikal eines Worts identisch mit einer Wurzel; in *res-sais-i-r* ist *ressais-* das Radikal, aber keine Wurzel.

Simplex (*mot simple*): Wort, das weder abgeleitet noch zusammengesetzt ist.

Sprachliche Form (*forme linguistique*): Eine sprachliche Form ist eine Phonemfolge bzw. Graphemfolge, die eine Bedeutung (oder wenigstens eine klar umrissene grammatische Funktion) hat. Eine sprachliche Form kann ein Satz, ein Satzteil, ein Wort oder ein Wortteil sein. Die kleinste sprachliche Form ist das Morph.

Stamm (*thème* m., oft auch: *base* f.): Der Stamm eines Worts ist der Teil, der nach Abtrennung seiner Endung übrig bleibt. Hat ein Wort keine Flexionsendung, so kann man den Stamm mit dem Wort gleichsetzen. Der Stamm von *chant-i-ons* ist *chant-*, der Stamm von *fin-iss-i-ons* ist *fin-iss-*, der Stamm von *chien* ist *chien*.

Stammerweiterung (*allongement thématique*): Suffix, das weder den Flexions- noch den Derivationsaffixen zuzurechnen ist: *-i-* und *-iss-* bei der II. Konjugation (*punir*), *-i-* bei der III. Konjugation auf *-ir* (*dormir*).

Suffix (*suffixe* m.): Ein Suffix ist ein Affix, das der sprachlichen Form folgt, an die es angefügt wird. Man unterscheidet Derivations-, Stammerweiterungs- und Flexionssuffixe.

Umgebung (*environnement* m.). In einer sprachlichen Form *F* tritt ein Element *X* in der Regel nicht isoliert auf, sondern in der Nachbarschaft von weiteren Elementen der gleichen Art. Diese benachbarten Elemente bezeichnet man als die Umgebung von *X* in *F*. Die Umgebung des Morphs *-is-* in *canalisation* ist *canal-_____-ation*.

Variation, freie (*variation libre*): Zwei Morphe stehen in einer bestimmten Umgebung in freier Variation, wenn in dieser Umgebung zwischen ihnen frei gewählt werden kann. *pay-* und *pai-* variieren frei in der Umgebung ____*-ement*; man sagt *payement* oder *paiement*.

Wort, gelehrtes (*mot savant*): Gelehrte Wörter sind zum einen Wörter, die aus dem Lateinischen oder Griechischen entlehnt sind (gelehrte Entlehnungen, *emprunts savants*), und zum anderen Wörter, die erst im Französischen von einer gelehrten Basis abgeleitet oder aus Stämmen zusammengesetzt wurden, die dem Lat. oder Griech. entlehnt sind (gelehrte Neubildungen, *mots savants de formation française*). So ist z. B. *aspiration* aus dem Lat. entlehnt, *aspirateur* im Frz. gebildet.

Wort, grammatisches (*mot grammatical*): Ein grammatisches Wort (kurz: Wort) ist eine sprachliche Form, zwischen deren Teile man in der Regel nichts einschieben kann und deren Teile in der Reihenfolge nicht vertauschbar sind, die aber als Ganzes in einem Satz verschiebbar ist. Zwischen die Bestandteile eines Worts lassen sich manchmal Elemente einfügen, die dann aber n u r an der betreffenden Stelle stehen dürfen: Der Einschub von *-i-* in *re-ferm-ons* ergibt *re-ferm-i-ons*.

Wort, lexikalisches (*mot lexical*, *lexème* m.): Ein lexikalisches Wort (Lexem) ist eine maximale Menge von grammatischen Wörtern, deren Stamm (genauer: deren Radikal) auf der Ebene der Morpheme gleich ist und die im gleichen Flexionsschema stehen. Zu beachten: Auf der Ebene der Allomorphe muss der Stamm nicht unbedingt gleich sein; so hat POUVOIR mehrere Stammvarianten.

Wort, volkstümliches (*mot populaire*): Volkstümliche Wörter sind zum einen Wörter, die aus dem Lateinischen ererbt sind (Erbwörter, *mots héréditaires*), und zum anderen Wörter, die erst im Französischen aus ererbten Bestandteilen gebildet worden sind (volkstümliche Neubildungen, *mots populaires de formation française*). So ist z. B. *pêcheur* ererbt (< *piscatorem*), *charmeur* im Frz. gebildet.

Wurzel (*racine* f.): Eine Wurzel ist ein Morph(em), das kein Affix ist, d. h., das mindestens eines der drei Kriterien *gebunden, grammatisch, reihenbildend* nicht erfüllt. Da man nur gleichartige Morphe zu einem Morphem zusammenfasst, lässt sich der Begriff "Wurzel" auf Morphe wie auf Morpheme anwenden. Beispiele für Wurzeln sind *craind-, crain-, craign-* bzw. {craind-}.

Literatur

Amiot, Dany (2004): Préfixes ou prépositions? Le cas de *sur(-)*, *sans(-)*, *contre(-)* et les autres. In: Danielle Corbin (éd.): *La formation des mots: horizons actuels* (Lexique 16). Lille: Presses Universitaires du Septentrion, 67–83.
– (2005): Between compounding and derivation. Elements of word-formation corresponding to prepositions. In: Wolfgang U. Dressler / Dieter Kastovsky / Oskar E. Pfeiffer / Franz Rainer (eds.): *Morphology and its Demarcations*. Amsterdam – Philadelphia: John Benjamins.
Apothéloz, Denis (2002): *La construction du lexique français*. Paris: Ophrys.
Aronoff, Mark (1976): *Word Formation in Generative Grammar*. Cambridge (Mass.) and London, England: MIT Press.
Ayer, Cyprien (1885): *Grammaire comparée de la langue française*. Quatrième édition, entièrement refondue et considérablement augmentée. Bâle, Genève & Lyon: H. Georg.
Bally, Charles (1965): *Linguistique générale et linguistique française*. Quatrième édition revue et corrigée. Bern: Francke.
Bauer, Laurie (1983): *English Word Formation*. Cambridge: Cambridge University Press.
– (2000): Word. In: Geert Booij / Christian Lehmann / Joachim Mugdan (Hrsg.): *Morphologie. Ein internationales Handbuch zur Flexion und Wortbildung*. 1. Halbband. Berlin – New York: Walter de Gruyter, 247–257.
– (2003): *Introducing Linguistic Morphology*. 2nd Edition. Edinburgh: Edinburgh University Press.
Bazell, Charles E. (1949): On the Problem of the Morpheme. In: *Archivum Linguisticum* 1, 1–15.
Béchade, Hervé-D. (1992): *Phonétique et morphologie du français moderne et contemporain*. Paris: Presses Universitaires de France.
Bergenholtz, Henning / Mugdan, Joachim (1979): *Einführung in die Morphologie*. Stuttgart: Kohlhammer.
– (2000): Nullelemente in der Morphologie. In: Geert Booij / Christian Lehmann / Joachim Mugdan (Hrsg.): *Morphologie. Ein internationales Handbuch zur Flexion und Wortbildung*. 1. Halbband. Berlin – New York: Walter de Gruyter, 435–450.
Bloomfield, Leonard (1926): A Set of Postulates for the Science of Language. In: *Language* 2, 153–164.
– (1933): *Language*. New York: Holt, Rinehart and Winston 1933. London: Allen & Unwin 1935, reprinted 1969.
Bolinger, Dwight L. (1948): On Defining the Morpheme. In: *Word* 4, 18–23.
Booij, Geert (2000): Morphology and phonology. In: Geert Booij / Christian Lehmann / Joachim Mugdan (Hrsg.): *Morphologie. Ein internationales Handbuch zur Flexion und Wortbildung*. 1. Halbband. Berlin – New York: Walter de Gruyter, 335–344.
– (2012): *The Grammar of Words*. Third edition. Oxford: Oxford University Press.
Bonami, Olivier / Boyé, Gilles (2003): Supplétion et classes flexionnelles. In: *Langages* 152, 102–126
Bonami, Olivier / Boyé, Gilles / Kerleroux, Françoise (2009): L'allomorphie radicale et la relation flexion-construction. In: Bernard Fradin / Françoise Kerleroux / Marc Plénat (éds.): *Aperçus de morphologie du français*. Paris: Presses Universitaires de Vincennes, 103–125.
Boyé, Gilles (2011): Régularités et classes flexionnelles dans la conjugaison du français. In: Michel Roché / Gilles Boyé / Nabil Hathout / Stéphanie Lignon / Marc Plénat: *Des unités morphologiques au lexique*. Paris: Lavoisier, 41–61.
Bork, Hans Dieter (1990): *Die lateinisch-romanischen Zusammensetzungen Nomen + Verb und der Ursprung der romanischen Verb-Ergänzung-Komposita*. Bonn: Romanistischer Verlag.

Brunot, Ferdinand (1966): *Histoire de la langue française des origines à nos jours*. Tome I: *De l'époque latine à la Renaissance*. Paris: Armand Colin.

Chevalier, Jean-Claude / Blanche-Benveniste, Claire / Arrivé, Michel / Peytard, Jean (1964): *Grammaire Larousse du français contemporain*. Paris: Larousse.

Corbin, Danielle (1987): *Morphologie dérivationnelle et structuration du lexique*. Tübingen: Niemeyer.

Corbin, Danielle / Corbin, Pierre (1991): Un traitement unifié du suffixe *-ier(e)*. In: Danielle Corbin (éd.): *La formation des mots: structures et interprétations* (Lexique 10). Lille: Presses Universitaires de Lille, 61–145.

Coseriu, Eugenio (1977): Inhaltliche Wortbildungslehre (am Beispiel des Typs "coupe-papier"). In: Herbert E. Brekle / Dieter Kastovsky (Hrsg.): *Perspektiven der Wortbildungsforschung. Beiträge zum Wuppertaler Wortbildungskolloquium vom 9.–10. Juli 1976*. Bonn: Bouvier, 48–61.

Csécsy, Madeleine (1968): *De la linguistique à la pédagogie: le verbe français*. Paris: Hachette/Larousse.

Darmesteter, Arsène (1877): *De la création actuelle de mots nouveaux dans la langue française*. Paris: F. Vieweg.

– (1890): Traité de la formation de la langue française. In: Adolphe Hatzfeld / Arsène Darmesteter / Antoine Thomas: *Dictionnaire général de la langue française du commencement du XVIIe siècle jusqu'à nos jours*. Paris: Delagrave, 1–300.

– (1894): *Traité de la formation des mots composés dans la langue française comparée aux autres langues romanes et au latin*. 2e édition revue, corrigée et en partie refondue. Paris: Éd. Bouillon.

Dell, François (1980): *Generative Phonology and French Phonology*. Cambridge: Cambridge University Press [= Dell, François: *Les règles et les sons*. Paris: Hermann 1973].

Dell, François / Selkirk, Elisabeth (1978): On a Morphologically Governed Vowel Alternation in French. In: S. Jay Keyser (ed.): *Recent Transformational Studies in European Languages*. Cambridge (Mass.) – London, 1–52.

Di-Lillo, A. (1983): Morphologie des noms en *(-t)-ion* du français. In: *Cahiers de lexicologie* 43, 117–135.

Dietrich, Wolf / Geckeler, Horst (2012): *Einführung in die französische Sprachwissenschaft. Ein Lehr- und Arbeitsbuch*. 5., neu bearbeitete und erweiterte Auflage. Berlin: Erich Schmidt Verlag.

Dubois, Jean (1962): *Étude sur la dérivation suffixale en Français moderne et contemporain*. Paris: Larousse.

– (1966): Essai d'analyse distributionnelle du verbe (les paradigmes de conjugaison). In: *Le français moderne* 34, 185–209.

Elson, Benjamin / Pickett, Velma (1983): *Beginning Morphology and Syntax*. Mexico City: Summer Institute of Linguistics.

Fouché, Pierre (1959): *Traité de prononciation française*. 2ᵉ Édition. Paris: Klincksieck.

Fradin, Bernard (2003): *Nouvelles approches en morphologie*. Paris: PUF.

– (2009): IE, Romance: French. In: Rochelle Lieber / Pavol Štekauer (eds.): *The Oxford Handbook of Compounding*. Oxford: Oxford University Press, 417–435.

Gather, Andreas (1999): Die morphologische Struktur französischer und spanischer verbaler Parasynthetika. In: *Zeitschrift für romanische Philologie* 115, 79–116.

– (2001): *Romanische Verb-Nomen-Komposita. Wortbildung zwischen Lexikon, Morphologie und Syntax*. Tübingen: Narr.

Gauger, Hans-Martin (1971a): *Durchsichtige Wörter. Zur Theorie der Wortbildung*. Heidelberg: Carl Winter Universitätsverlag.

– (1971b): *Untersuchungen zur spanischen und französischen Wortbildung*. Heidelberg: Carl Winter Universitätsverlag.
Gertner, Michael H. (1973): *The Morphology of the Modern French Verb*. The Hague – Paris: Mouton.
Gleason, Henry A. (1961): *An Introduction to Descriptive Linguistics*. Revised Edition. New York: Holt, Rinehart & Winston.
Grevisse, Maurice (1955): *Le bon usage. Grammaire française avec des remarques sur la langue française d'aujourd'hui*. Sixième édition revue. Paris – Gembloux: Duculot.
– (1986): *Le bon usage. Grammaire française*. Douzième édition refondue par André Goosse. Paris – Gembloux: Duculot.
Grevisse, Maurice / Goosse, André (2011): *Le bon usage. Grammaire française*. 15e édition. Bruxelles: De Boeck / Duculot.
Grundstrom, Allan W. (1983): *L'analyse du français*. Lanham – New York – London: University Press of America.
Haas, William (1957): Zero in Linguistic Description. In: John R. Firth (ed.): *Studies in Linguistic Analysis*. Oxford: Basil Blackwell, 33–53.
Hall, Robert A. (Jr.) (1948): *French*. Baltimore: Linguistic Society of America (Supplement to Language, vol. 24, no. 3).
Harris, Zellig S. (1942): Morpheme Alternants in Linguistic Analysis. In: *Language* 18, 169–180.
Hockett, Charles F. (1947): Problems of Morphemic Analysis. In: *Language* 23, 321–343.
– (1958): *A Course in Modern Linguistics*. New York: Macmillan.
Hunnius, Klaus (1990): Flexionslehre. In: Günter Holtus / Michael Metzeltin / Christian Schmitt (Hrsg.): *Lexikon der Romanistischen Linguistik*, Band V, 1. Tübingen: Niemeyer, 59–71.
Huot, Hélène (2005): *La Morphologie. Forme et sens des mots du français*. Deuxième édition revue et actualisée. Paris: Armand Colin.
Iliescu, Maria / Mourin, Louis (1991): *Typologie de la morphologie verbale romane*. Innsbruck: Verlag des Instituts für Sprachwissenschaft.
Jensen, John T. (1990): *Morphology. Word Structure in Generative Grammar*. Amsterdam – Philadelphia: John Benjamins.
Kelling, Carmen (2004): Protorolleneigenschaften von Verbargumenten und Suffixselektion bei deverbalen Nomina auf fr. *-age* und *-(e)ment*. In: Rolf Kailuweit / Martin Hummel (Hrsg.): *Semantische Rollen*. Tübingen: Narr, 341–354.
Kilbury, James (1976): *The Development of Morphophonemic Theory*. Amsterdam: John Benjamins.
Klein, Hans-Wilhelm / Kleineidam, Hartmut (1994): *Grammatik des heutigen Französisch*. Neubearbeitung. Stuttgart: Klett.
Langlard, H. (1928): *La liaison dans le français*. Paris: Champion.
Le Goffic, Pierre (1997): *Les formes conjuguées du verbe français: oral et écrit*. Paris: Ophrys.
Leumann, Manu (1977): *Lateinische Grammatik von Leumann-Hofmann-Szantyr*. Erster Band: *Lateinische Laut- und Formenlehre* von Manu Leumann. Neuausgabe 1977 der 1926–1928 in 5. Auflage erschienenen 'Lateinischen Laut- und Formenlehre'. München: C.H. Beck.
Lüdtke, Jens (1978): *Prädikative Nominalisierungen mit Suffixen im Französischen, Katalanischen und Spanischen*. Tübingen: Niemeyer.
– (2005): *Romanische Wortbildung. Inhaltlich – diachronisch – synchronisch*. Tübingen: Stauffenburg.
– (2011): La »parasynthèse« – une fausse piste? In: *Romanische Forschungen* 123, 473–483.

Luschützky, Hans Christian (2000): Morphem, Morph und Allomorph. In: Geert Booij / Christian Lehmann / Joachim Mugdan (Hrsg.): *Morphologie. Ein internationales Handbuch zur Flexion und Wortbildung*. 1. Halbband. Berlin – New York: Walter de Gruyter, 451–462.

Lyons, John (1968): *Introduction to Theoretical Linguistics*. Cambridge: Cambridge University Press.

Mangold, Max (o. J.): *Sprachwissenschaft*. Darmstadt: Habel.

Marchand, Hans (1951): Esquisse d'une description des principales alternances dérivatives dans le français d'aujourd'hui. In: *Studia Linguistica* V, 95–112.

– (1963): On content as a criterion of derivational relationship with backderived words. In: *Indogermanische Forschungen* 68, 170–175.

– (1964a): Die Ableitung desubstantivischer Verben mit Nullmorphem im Englischen, Französischen und Deutschen. In: *Die Neueren Sprachen* 10, 104–118.

– (1964b): A Set of Criteria for the establishing of derivational relationship between words unmarked by derivational morphemes. In: *Indogermanische Forschungen* 69, 10–19.

– (1969a): Die Ableitung deadjektivischer Verben im Deutschen, Englischen und Französischen. In: *Indogermanische Forschungen* 74, 155–173.

– (1969b): *The Categories and Types of Present-Day English Word-Formation*. Second, completely revised and enlarged edition. München: C. H. Beck.

Marouzeau, Jules (1955): *Notre Langue*. Paris: Delagrave.

– (1975): *Du latin au français*. Paris: Les Belles Lettres.

Martinet, André (1949): Communication écrite (unter der Rubrik "Communications écrites. Réponses à la question III."). In: Michel Lejeune (éd.): *Actes du sixième congrès international des linguistes*. Paris: Klincksieck, 292–295.

– (1963): *Grundzüge der Allgemeinen Sprachwissenschaft*. Stuttgart: Kohlhammer.

Martinet, André et al. (1979): *Grammaire fonctionnelle du français*. Sous la direction d'André Martinet. Paris: Didier.

Marty, Fernand (2001): Les signaux morphologiques du français parlé. In: *Le français moderne* 69, 211–240.

Matthews, Peter H. (1991): *Morphology. An Introduction to the Theory of Word-Structure*. Second edition. Cambridge: Cambridge University Press.

Meinschaefer, Judith (2004): *Deverbale Nominalisierungen im Französischen und Spanischen. Eine Untersuchung der Schnittstelle von Morphologie, Syntax und Semantik*. Habilitationsschrift Konstanz.

Meisenburg, Trudel / Selig, Maria (1998): *Phonetik und Phonologie des Französischen*. Stuttgart: Klett.

Mel'čuk, Igor A. (1976): *Das Wort*. München: Fink.

Merrifield, William R. / Naish, Constance M. / Rensch, Calvin C. / Story, Gillian (1974): *Laboratory Manual for Morphology and Syntax*. Fifth edition, revised. Santa Ana (Cal.): Summer Institute of Linguistics.

Meyer-Lübke, Wilhelm (1894): *Grammatik der romanischen Sprachen*. Zweiter Band: Formenlehre. Leipzig: O. R. Reisland.

– (1966): *Historische Grammatik der französischen Sprache*. Zweiter Teil: *Wortbildungslehre*. Zweite, durchgesehene und ergänzte Auflage von J. M. Piel. Heidelberg: Carl Winter Universitätsbuchhandlung.

Nida, Eugene A. (1948): The Identification of Morphemes. In: *Language* 24, 414–441.

– (1949): *Morphology. The Descriptive Analysis of Words*. Second Edition. Ann Arbor: University of Michigan Press.

Noailly, Michèle (1999): *L'adjectif en français.* Paris: Ophrys.
Nyrop, Kristoffer (1903): *Grammaire historique de la langue française.* Tome deuxième. Copenhague: Det Nordiske Forlag.
– (1908): *Grammaire historique de la langue française.* Tome troisième. Copenhague: Det Nordiske Forlag.
Pichon, Édouard (1942): *Les principes de la suffixation en français.* Paris: Éditions d'Artrey.
Picoche, Jacqueline (1979): *Précis de morphologie historique du français.* Paris: Nathan.
Pinchon, J. / Couté, B. (1981): *Le système verbal du français.* Paris: Nathan.
Poitou, Jacques (2007): Les composés dits copulatifs. In: *Nouveaux cahiers d'allemand* 25 (2), 127–138.
Price, Glanville (1988): *Die französische Sprache. Von den Anfängen bis zur Gegenwart.* Tübingen: Francke [= Price, Glanville: *The French Language. Present and Past.* Repr. with corrections and revised bibliographical notes. London: Arnold 1975].
– (1991): *An Introduction to French Pronunciation.* Oxford: Basil Blackwell.
Pustka, Elissa (2011): *Einführung in die Phonetik und Phonologie des Französischen.* Berlin: Erich Schmidt Verlag.
Rainer, Franz (2003): L'intégration des composés latins du type *aurifer* en français. In: Bernard Fradin et al. (éds.): *Les unités morphologiques. Forum de morphologie (3e rencontres* [sic]). *Actes du colloque de Villeneuve d'Ascq (19–21 septembre 2002)* (Silexicales 3). Villeneuve d'Ascq: U.M.R. 8528 du C.N.R.S. (SILEX) – Université de Lille 3, 151–168.
Reinheimer-Rîpeanu, Sanda (1974): *Les dérivés parasynthétiques dans les langues romanes.* The Hague – Paris: Mouton.
Rheinfelder, Hans (1976a): *Altfranzösische Grammatik.* Erster Teil: *Lautlehre.* 5. Auflage. München: Hueber.
– (1976b): *Altfranzösische Grammatik.* Zweiter Teil: *Formenlehre.* 2. Auflage. München: Hueber.
Roché, Michel (2009): Un ou deux suffixes? Une ou deux suffixations? In: Bernard Fradin / Françoise Kerleroux / Marc Plénat (éds.): *Aperçus de morphologie du français.* Paris: Presses Universitaires de Vincennes, 143–173.
Rohrer, Christian (1977): *Die Wortzusammensetzung im modernen Französisch.* Tübingen: Narr.
Scalise, Sergio (1984a): *Generative Morphology.* Dordrecht: Foris.
– (1984b): *Morfologia lessicale.* Padova: CLESP.
Scalise, Sergio / Bisetto, Antonietta (2009): The classification of compounds. In: Rochelle Lieber / Pavol Štekauer (eds.): *The Oxford Handbook of Compounding.* Oxford: Oxford University Press, 34–53.
Scalise, Sergio / Fábregas, Antonio (2010): The head in compounding. In: Sergio Scalise / Irene Vogel: *Cross-Disciplinary Issues in Compounding.* Amsterdam – Philadelphia: John Benjamins Publishing Company, 109–125.
Schane, Sanford A. (1968): *French Phonology and Morphology.* Cambridge, Mass.: MIT Press.
Schpak-Dolt, Nikolaus (2003): *Bibliographische Materialien zur französischen Morphologie. Ein teilkommentiertes Publikationsverzeichnis für den Zeitraum 1875–1950.* Frankfurt/Main: Peter Lang.
Schwarze, Christoph (1970): Suppletion und Alternanz im Französischen. In: *Linguistische Berichte* 6, 21–34.
– (1995): *Grammatik der italienischen Sprache.* 2., verbesserte Auflage. Tübingen: Niemeyer.
Schwarze, Christoph / Lahiri, Aditi (1998): *Einführung in die französische Phonologie.* Konstanz: Fachgruppe Sprachwissenschaft der Universität Konstanz, Arbeitspapier Nr. 88.
Seewald, Uta (1996): *Morphologie des Italienischen.* Tübingen: Niemeyer.

Söll, Ludwig (1985): *Gesprochenes und geschriebenes Französisch*. Bearbeitet von Franz Josef Hausmann. Dritte, überarbeitete Auflage. Berlin: Erich Schmidt Verlag.

Spence, Nicol C. W. (1968): What are the French prefixes? In: *Revue de linguistique romane* XXXII, 324–333.

– (1969): Composé nominal, locution et syntagme libre. In: *La Linguistique* 5, Heft 2, 5–26.

Stein, G. (1971): La dérivation française et le problème des consonnes intercalaires. In: *Cahiers de lexicologie* 18, 43–64.

Thiele, Johannes (1993): *Wortbildung der französischen Gegenwartssprache*. 3., durchgesehene Auflage Leipzig u. a.: Langenscheidt.

Thorn, A. Chr. (1909): *Les verbes parasynthétiques en français*. Lund: Imprimerie Håkan Ohlsson (Lunds Universitets Årsskrift. N. F. AFD. 1. Bd. 6, Nr. 2).

Togeby, Knud (1965): *Structure immanente de la langue française*. Paris: Larousse.

Tranel, Bernard (1987): *The Sounds of French*. Cambridge: Cambridge University Press.

Valdman, Albert (1976): *Introduction to French Phonology and Morphology*. Rowley, Mass.: Newbury House Publishers.

Van Den Eynde, Karel / Blanche-Benveniste, Claire (1970): Essai d'analyse de la morphologie du verbe français. Présentation d'hypothèses de travail. In: *Orbis* XIX, 404-429.

Wagner, R. L. / Pinchon, J. (1988): *Grammaire du français classique et moderne*. Édition revue et corrigée. Paris: Hachette.

Wandruszka, Ulrich (1976): *Probleme der neufranzösischen Wortbildung*. Tübingen: Niemeyer.

Weidenbusch, Waltraud (1993): *Funktionen der Präfigierung. Präpositionale Elemente in der Wortbildung des Französischen*. Tübingen: Niemeyer.

– (2008): Produktive Wortbildung im Französischen. In: Ingo Kolboom / Thomas Kotschi / Edward Reichel: *Handbuch Französisch*. 2., neu bearbeitete und erweiterte Auflage. Berlin: Erich Schmidt Verlag, 235–238.

Wells, Rulon S. (1947): Immediate Constituents. In: *Language* 23, 81–117.

Wise, Hilary (1997): *The Vocabulary of Modern French. Origins, Structure and Function*. London – New York: Routledge.

Zwanenburg, Wiecher (1983): *Productivité morphologique et emprunt. Étude des dérivés déverbaux savants en français moderne*. Amsterdam: Benjamins.

– (1990): Französisch: Wortbildungslehre. In: Günter Holtus / Michael Metzeltin / Christian Schmitt (Hrsg.): *Lexikon der Romanistischen Linguistik*, Band V, 1. Tübingen: Niemeyer, 72–77.

Wörterbücher:

BW: Bloch, Oscar / von Wartburg, Walther: *Dictionnaire étymologique de la langue française*. Cinquième édition revue et augmentée par Walther von Wartburg. Paris: Presses Universitaires de France 1968.

PR: *Le Petit Robert. Dictionnaire alphabétique et analogique de la langue française*. Nouvelle édition du *Petit Robert* de Paul Robert. Texte remanié et amplifié sous la direction de Josette Rey-Debove et Alain Rey. Paris: Dictionnaires Le Robert 2013.

TLF: *Trésor de la langue française. Dictionnaire de la langue du XIXe et du XXe siècle (1789–1960)*, publié sous la direction de Paul Imbs. Paris: Éditions du CNRS 1971–1994.

TLFi: *Le Trésor de la Langue Française informatisé*. Im Internet: http://atilf.atilf.fr/tlf.htm

Warnant, Léon: *Dictionnaire de la prononciation française dans sa norme actuelle*. Paris – Gembloux: Duculot 1987.

Index

Affix 27–30; 153
Allomorph 13; 153
Allomorphie (*s. auch* Alternation) 13–15
Alternation
    ~ beim Derivationssuffix 87; 96–97;
      100–101
    ~ der Derivationsbasis 87; 88–96
    ~ des Stamms *s.* Stammalternation
    ~ zwischen volkstümlichen und gelehrten
      Elementen 93–95
    automatische ~ 16
    freie ~ 10; 16; 153
    morphologisch bedingte ~ 17; 153
    phonologisch bedingte ~ 16; 153

Basisallomorph 17–19; 48; 50; 52–53;
  89; 91; 153
Bindekonsonant 92–93

Demotivierung 83
Derivat 81; 153
Derivation 79; 153
Derivationsaffix 29; 154
Derivationsbasis 38; 82; 154
    ~ bei der Präfigierung 118
    ~ bei der Suffigierung 86
Determinans 138
Determinatum 138
Diachronie 2
Distribution 10; 154
    komplementäre ~ 10; 154
Dubletten 85

e instable 19; 48; 53; 65; 108
Endung 36; 37; 154
    ~ des Adjektivs 47–49
    ~ des Substantivs 45
    ~ des Verbs 57–58; 62–68; 147–149
Erbwort 84

Flexionsaffix 29–30; 45; 48–49; 63–68; 154
Flexionsendung *s.* Endung
Flexionslehre 1
Flexionsschema 41

Formale Analysierbarkeit 83
Formenlehre 1
Freie Variation 10; 158

Gelehrte Wortbildungselemente 85
Genus 44; 47–52
Grammatische Kategorien 42–43; 154
    ~ des Adjektivs 43; 47
    ~ des Substantivs 43; 44
    ~ des Verbs 43; 54–55
Grammatisches Wort 22; 158
Graphem 4

Homonymie 5

Kategorien
    generische ~ 42, 154
    grammatische ~ 42–43; 154
    inhärente ~ 43
    spezifische ~ 42; 154
Kohäsion 22; 136
Kombinatorik volkstümlicher und gelehrter
  Elemente 98–101
Komposition 80; 135–142; 155
Kompositum 81; 135; 155
    Determinativ~ 138; 154
    endozentrisches ~ 137; 155
    exozentrisches ~ 137; 155
    gelehrtes ~ 141–142
    Kopulativ~ 138; 154
    Verb-Nomen-~ 139–140
Konjugationsklassen 56
Konstituenten 31; 155
    mittelbare ~ 31; 32
    unmittelbare ~ 31; 32; 155
Konstituentenanalyse 32–36; 143–145
Kontrast 10; 12; 105; 110; 116; 155
Konversion 80; 102; 155
Kopf 137; 138; 155

Latente Konsonanten 18; 45; 49; 51; 52; 65;
  88; 89; 91
Lehnwort 84
Lexem 23; 24; 155

Lexikalisches Wort 23; 158
Lexikalisierung 83; 110; 136
Liaison 17; 18; 19; 45; 65

Morph 5–9; 156
Morphem 9; 11–14; 156
    freies ~ 25–26; 120; 156
    gebundenes ~ 25–26; 120; 156
    grammatisches ~ 26–27; 156
    lexikalisches ~ 26–27; 156
Morphemalternante 13
Morphemvariante 13
Morphemverschmelzung 14
Morphophonemik 15
Morphophonemische Regel (*s. auch* Tilgungs-
    regel) 18; 19; 48; 50; 53; 89; 91; 156
Motiviertheit 83

Neubildung 84; 156
Notation (phonetische, phonologische u.
    graphematische) 4
Nullallomorph 15; 45; 46; 65; 156
Nullmorphem 15; 46; 66; 105; 157
Nullsuffix (*s. auch* Nullmorphem)
    102; 104–106; 131–132
Numerus (bei Subst. u. Adj.) 45–46; 49

Opposition (*s. auch* Kontrast) 10; 157

Paradigma 42; 49; 60–61; 157
Parasynthese 79; 129–134; 157
Person u. Numerus (bei Verben) 54; 63–65
Phonem 4
Pluralbildung *s.* Numerus
Präfigierung 79; 118–128
Präfix 29; 120; 157
    ~ und Präposition 121–125
    gelehrtes ~ 85
    'abtrennbares' ~ 119–120
    volkstümliches ~ 85
Produktivität 83

Radikal 37; 59; 157

Simplex 80; 157
Sprachliche Form 3; 157

Stamm 37; 157
    ~ des Adjektivs 49–52
    ~ des Substantivs 46
    ~ des Verbs 57–59; 69–73; 147–149
Stammalternation 43
    ~ beim Adjektiv 50–52
    ~ beim Substantiv 46
    ~ beim Verb 69–73
Stammerweiterung 30; 35; 37–38; 58–59;
    131; 132; 147–149; 150–152; 157
Suffigierung 79; 86–117
Suffix 29; 157
    gelehrtes ~ 85; 98
    volkstümliches ~ 85; 97
Synchronie 2
Synonymie 4

Tempus u. Modus 54; 66–68
Themavokal (*s. auch* Stammerweiterung)
    59; 104; 131; 132
Tilgungsregel
    e-instable-Tilgung 19; 48; 53; 108
    Konsonantentilgung 18; 50; 53; 89; 91

Umgebung 10; 158

Verbformen
    finite ~ 54; 62–73
    infinite ~ 54; 73–74
    regelmäßige u. unregelmäßige ~ 62
    stamm- u. endungsbetonte ~ 16; 74–76
    zusammengesetzte ~ 55
Volkstümliche Wortbildungselemente 85

Wort
    grammatisches ~ 22; 158
    lexikalisches ~ 23; 158
Wortbildungslehre 1
Wortform 23
Wortkürzung 80
Wortstamm *s.* Stamm
Wurzel 27–29; 59; 80–81; 85; 135; 158
    gelehrte ~ 85
    volkstümliche ~ 85

Zitierform 23